수미 런던의 가족을 위한 명상

수미 런던의
가족을 위한 명상

부모 명상 가이드

Sitting Together

a family-centered curriculum on mindfulness,

meditation, and Buddhist teachings

Adult Study Guide

수미 런던 김(Sumi Loundon Kim) 지음

김미옥 옮김

담앤북스

깊은 감사와 사랑을 담아
'베리(Barre)의 보디사트바'에게 이 책을 바칩니다.

이 명상 과정의 연구와 집필, 삽화, 웹사이트를 위해 기금을 제공한 재단들:

허쉬 가족 재단(Hershey Family Foundation)

헤메라 재단(Hemera Foundation)

켄체 재단(Khyentse Foundation)

차례

서문 ⋯⋯⋯⋯⋯⋯⋯⋯⋯⋯⋯⋯⋯⋯⋯⋯⋯⋯⋯⋯⋯⋯⋯⋯⋯⋯⋯⋯⋯⋯⋯⋯

가족의 삶은 요람이자 근간이며 인간 존재의 몸과 마음, 영의 성장에 필요한 시련의 장이기도 하다. 가족이 자애와 마음챙김을 지니게 되면, 우리 자신의 삶과 우리 자녀들의 삶이 풍부해진다. 이 놀라운 3권의 책에서 당신은 이러한 가치를 구현하고 가르치는 데 필요한 즉각적이며 쉽게 접근할 수 있고 강력한 방법을 찾을 수 있을 것이다.

수년간 수미 런던의 가족이 아이들과 함께 집필한 결과 탄생한 『수미 런던의 가족을 위한 명상(Sitting Together)』은 온 가족의 수행을 위한 귀중한 책으로 사용하기 쉽고, 지혜롭고, 이해하기 쉬우며, 검증된 명상 가이드다. 마음챙김 명상 지도자이자 교사이며 부모로서 우리는 여기에 제시된 훌륭한 가르침을 낱낱이 살펴보게 된 것을 매우 기쁘게 생각한다. 즐거운 마음으로 진심에서 우러나오는 격려를 보낸다.

이 책을 가까이 두고 지혜로운 조언에 늘 귀를 기울여 보라. 이 책을 읽고 실험하고 탐구하며 건강한 가정생활의 일부로 녹아들게 하라. 당신과 마찬가지로 당신의 아이들도 즐거워할 것이다. 또한 이 책은 아이들과 새로운 세대를 준비시켜서 지혜와 정서 지능, 연민을 지닐 수 있게 할 것이다.

이것이 바로 세상이 가장 필요로 하는 것이다.

축복이 함께하길 바라며

잭 콘필드(Jack Kornfield)와 트루디 굿맨(Trudy Goodman)

미국의 대표적인 불교명상 지도자 가운데 한 명인 잭 콘필드와 트루디 굿맨은 2016년에 결혼했다. 그들은 1973년에 불교 수행자이자 친구로 만났으며, 수십 년 동안 가르침과 자녀 양육을 함께 해왔다.

들어가는 글

한 대학의 심리학과 교수에게 이런 질문을 한 적이 있다. "우울증에 걸리든 자동차 사고를 당하든 가족의 죽음을 겪든 간에 어떤 학생들이 위기를 더 잘 이겨내는가요? 위기 상황에서 어떤 학생들은 영적인 성장을 하고 어떤 학생들은 그러지 못하는가요?" 그 교수는 주저하지 않고 대답했다. "정신적으로 풍요로운 유년기를 보낸 학생들은 청소년기에도 유복하게 지냈든 그러지 못했든 간에 위기를 이겨냈을 뿐 아니라 위기에서 인격을 성장시켰지요." 그는 또한 "이런 학생들은 자신이 직면하고 있는 상황을 분명히 말할 수 있는 언어, 즉 자신의 경험에서 의미를 만들어내는 틀을 가지고 있지요." 하고 덧붙였다.

몇 년 후에 내 아이들이 대학에 진학하는 모습을 상상해보면서 이 심리학자의 말을 곰곰이 생각해 보았다. 나의 직접적인 보살핌을 더 이상 받지 못하게 된 아들과 딸은 스스로 선택하며 도전을 헤쳐 나가야 할 것이다. 아이들이 위기에서 살아남는 것은 물론이고 성공할 가능성을 높이기 위해 지금 무엇을 할 수 있을까? 아이들에게 자신의 건강을 돌보는 법, 돈을 관리하는 법과 운전을 가르치는 것 이상으로 중요한 한 가지 생활 기술은 정신적인 유연성이다. 실제로 컬럼비아 대학 교수 리자 밀러(Lisa Miller)의 획기적인 연구에 따르면, 유년기에 영적인 면과 긍정적이고 적극적인 관계를 맺는 것은 십대의 우울증과 마약 복용, 위험한 행동을 감소시킨다. 더욱이 유년기의 영적인 성장은 성인기의 회복력과 성격, 정체성 형성, 건강한 관계, 성공을 위한 필수 기반을 마련한다.[1]

우리 아이들이 긍정적인 소양을 확실히 가지고 있다면 실망과 질병, 상실 같은 삶의 어려움을 헤쳐 나가게 될 것이며, 대부분의 부모들은 이러한 사실을 직관적으로 알고 있다. 또한 우리는 아이들이 회복탄력성을 가지고 있을 뿐 아니라, 수년 후에는 성숙하고 다정하고 사려 깊은 사람으로 자라나서 자신이 받은 것을 세상에 되돌려주기를 바란다. 하지만 자기반성, 의미와 목적 찾기, 가치를 명확히 하기, 지혜와 연민을 지니고 살기와 같은 삶의 기술은 학교에서 배우는 필수 과목이 아니다. 때로는 자녀들에게 이런 덕목을 심어주려고 애쓰는 과정에서 오히려 부모 자신이 영적인 성장을 하는 것을 알게 된다. 옛말 그른 것 없더라는 말에는 동의하지 않지만, 대체할 만한 것도 별로 없다.

이 책에 제시된 명상 과정은 여러분과 여러분의 아이들이 이른바 '영적인 추구'을 하는 데 있어 유익한 출발점이 될 것이다. 이 과정은 마음챙김과 명상, 불교의 가르침을 통합하여 영성 발달의 심리적, 철학적, 관계적 차원을 강조하는, 가치에 기반한 명상 프로그램이다.

마음챙김 명상이 점차 널리 보급되고 있기 때문에 많은 사람들이 명상에 대해 들어본 적 있거나 실제로 명상을 배우는 것에 관심 있다. 그렇기에 이 명상 과정은 우리에게 익숙한 명상과 마음챙김으로 시작한다. 1부에서 우리는 아이들과 함께 생각과 마음속에서 일어나는 일과 주변에서 일어나고 있는 일을 모두 더 잘 알아차리는 중요한 기술을 수련할 수 있다. 특히 우리는 가족의 변화무쌍한 상황을 늘 알아차리고 부모 역할에 더 집중할 수 있게 된다(하지만 우리 아이들은 아직도 식탁을 차리라고 하는 내 말에 주의를 기울이지 않고 있으니 이 방식에도 한계가 있나 보다!).

가정생활에 좀 더 주의를 기울여 보면, 가족 구성원들 사이에는 물론이고 우리 자신의 마음속에서도 고함이나 비난, 비판, 모욕, 가혹함, 억제, 거부, 방어, 성냄 등 다양한 행동 패턴을 더 잘 알아차릴 수 있다. 이런 이유로 이 책에서는 1부 마음챙김 명상에 이어 2부에서 친절 명상을 다루고 있다. 친절은 가족끼리 좀 더 다정하게 대하는 습관을 들이는 데 있어서 가장 중요한 것이기 때문이다.

마음챙김 명상과 친절 명상을 배우고 나서 "그럼 어떻게 행동해야 하나요? 말과 행동을 어떻게 하는 것이 좋을까요?" 하고 물을 수도 있을 것이다. 3부에서는 윤리, 즉 삶이 우리 앞에 던져주는 수많은 결정의 순간에 어떤 가치를 따를 것인지에 대한 일관된 생각을 다룬다. 하지만 우리는 윤리보다 명상을 중시하기에 '안에서 밖으로(inside-out)' 나아가는 방식으로 윤리에 접근할 것이다. 누군가에게 못된 말을 했을 때 마음속에 얼마나 끔찍한 기분이 드는지를 알아차리게 되면, 바로 그 지점에서 (외부로 드러나는) 지혜로운 말은 (내면의) 친절에서 나온다는 사실을 알게 된다. 따라서 여러분과 여러분의 자녀들은 외적인 규율로 강요되는 윤리보다는 무엇이 더 큰 웰빙을 가져오는지를 몸소 경험함으로써 새로운 대응 방식을 터득하게 된다.

시간이 지나면서 우리의 윤리적 선택은 우리 자신의 성격을 형성하게 된다. 정직하게 말하는 습관이 있다면 정직한 성격을 지니게 된다. 또 이런 성격이 결국 매 순간 윤리적 선택을 하는 데 영향을 미친다. 4부에서는 영성 수행의 주요 부분인 성격의 특성은 물론이고 그런 성격 특성을 기르는 명상 수련에 대해 배울 것이다. 출처를 잘 알 수 없지만, 생각과 말, 행동, 습관, 운명의 인과관계를 훌륭하게 보여주는 간결하고 아름다운 격언이 있다.

그대의 생각을 지켜보라. 그것이 그대의 말이 되나니.
그대의 말을 지켜보라. 그것이 그대의 행동이 되나니.
그대의 행동을 지켜보라. 그것이 그대의 습관이 되나니.
그대의 습관을 지켜보라. 그것이 그대의 성격이 되나니.
그대의 성격을 지켜보라. 그것이 그대의 운명이 되나니.

5부 봉사에서 마지막 단어로 '운명'을 고른 것은 우리가 처한 전 세계적 상황과 지구 공동체의 운명에 있어서 개인의 역할을 생각해 보기 위해서다. 여기에서는 명상 수련과 영성 수행을 어떻게 세상에 통합해 나갈 수 있는지에 대해 살펴본다. 5부의 취지는 가족들이 관심 영역을 확대하여 능동적으로 영적인 수행에 참여하는 것이다. 그렇게 함으로써 우리는 자기중심성에서 벗어나 살아있는 모든 존재와 깊이 연결될 수 있다.

부모 명상 과정

아이들의 영성을 기르는 것은 부모 자신의 영성을 기르는 것에서부터 시작한다. 우리는 자신의 영적인 부분을 망각한 채 살아가고 있을 수도 있다. 특히 일과 가정의 분주한 일정을 소화하기에 급급한 나머지 그런 것을 생각할 겨를이 없을 수도 있다. 그럼에도 불구하고 아이들에게 부모는 처음 만나는 가장 중요한 스승이다. 우리 자신이 어떤 사람이 되는지가 아이들을 만들어간다. 이런 이유로 이 명상 과정은 아이들의 영적인 성장에 관한 것일 뿐 아니라 부모 자신의 영적인 성장에 관한 것이다. 부모 명상 가이드(adult study guide)에서는 명상과 가르침을 자녀 양육과 가정생활에 두루 통합하는 법에 관해 다루고 있다. 부모 명상 가이드의 학습 목표는 다음과 같다.

- 자의식과 통찰, 깨달음을 수련한다.
- 정서적 균형을 기르고 유지한다.
- 특히 부모로서 스트레스를 완화하고 관리한다.
- 아이들이나 가족들에게 더욱 집중하고 공감하는 데 도움이 된다.
- 자녀 양육 기술을 강화한다.
- 부모 자신의 영성 수행을 넓고 깊게 확대한다.
- 아이들의 영성 수행에 도움이 되는 언어와 기술을 제공한다.

부모 명상 과정에서는 여러 과에 걸쳐 명상을 영적인 수행과 자녀 양육에 통합하는 법에 대해 특별히 다루고 있다.

마음챙김 자녀 양육(1.8과)

친절한 자녀 양육(2.8과)

지혜로운 자녀 양육(4.7과)

영적인 수행으로서의 자녀 양육과 파트너 관계(5.5과)

나머지 32개 과에는 가정생활의 주요 논제를 다루는 항목들이 포함되어 있다. 또한 각 과의 마지막에는 〈논의할 질문〉을 실어 특히 자녀 양육에 관해 숙고해볼 수 있도록 하고 있다.

전체적으로 소항목들과 논의해야 할 질문들이 포함되어 있는, 자녀 양육에 관한 4개의 과는 모두 부모로서 수행의 길을 가는 데 훌륭한 나침반 역할을 할 것이다. 그렇기는 해도 책에서 얻은 지식이 길을 가르쳐줄 수는 있지만 목적지에 반드시 데려다주지는 못 한다. 의미 있는 영적인 성장을 위해 명심해야 할 중요한 사항이 두 가지 더 있다.

첫째, 스스로 상황을 알아차리는 것이 중요하다. 각자의 삶의 특수한 상황과 관련해서 상황이 왜 그렇게 되었는지에 대해 스스로 통찰하는 것이 훨씬 더 유익하다. 우리는 확실히 다른 사람들의 말보다는 자신의 내면에서 나온 생각에 더 집중하며 주의를 기울인다. 이 세상에서 우리가 어떤 존재인지에 대해 어느 정도 알고, 결국 자신의 심리를 얼마간 이해하게 되는 이런 자기 인식의 순간에 우리는 자신에게 중요한 것이 무엇인지를 찾으려는 진지한 내면의 욕구에서 나아갈 방향을 찾게 된다.

이런 이유로 이 책에서 배우는 내용은 양육에 대한 조언과는 거의 무관하다. 그보다는 대부분의 과에 여러분이 자신의 경험을 반성하는 데 도움이 되는 질문들이 포함되어 있다. 또한 개인적 통찰은 진정한 성장으로 이어지기 때문에 명상 수련을 함으로써 통찰의

빈도와 깊이가 늘게 된다. 따라서 이 명상 과정은 개인의 명상 수련에 중점을 두고 있다. 여러분 자신과 가족의 역학 관계를 더 분명히 이해한다면, 더 나은 부모가 되는 자기만의 방식을 찾게 될 것이다.

의미 있는 정신적 성장을 위해 명심해야 할 두 번째 것은 우정과 공동체 의식이다. 인간의 학습은 대체로 주변 사람들의 행동을 관찰하는 과정에서 이루어진다. 엄마가 되기 전에 나는 싫증이 나서 떼를 쓰는 아기를 유아용 카시트에 앉히려고 애를 쓰는 어떤 엄마를 본 기억이 있다. 내가 그 엄마라면 아기의 엉덩이를 난폭하게 카시트에 확 밀어 넣고 싶은 충동이 일 것만 같았다. 하지만 그 아기 엄마는 가방에서 조그만 장난감을 꺼내 아기의 눈앞에 흔들어 보였다. 아기가 장난감을 잡으려 손을 뻗으면서 주의가 흐트러지자 긴장이 풀리면서 카시트에 쏙 들어가 버렸다. 바로 그때 아기 엄마는 카시트의 안전벨트를 채웠다. 여러모로 의외의 사실을 발견한 순간이었다. 특히 그때 나는 육아가 학습에 의해 터득할 수 있는 기술이라는 사실을 깨달았다. 하지만 더 중요한 것은 내가 아는 누군가의 실생활에서 교훈을 얻었다는 사실이다. 인간은 사회적 동물이며, 결국 인간의 학습은 독서가 아니라 관계를 통해 대부분 이루어진다.

따라서 이 프로그램을 진행하면서 주변에서 친절하고 호의적이고 사려 깊은 가족 공동체를 찾거나 일구는 것을 생각해보라. 부모 명상 과정은 혼자보다는 다른 사람들과 함께 진행하도록 만들어져 있다. 다른 사람들과 함께 탐색적인 질문과 논의를 하는 과정에서 여러분은 더욱 풍부하고 심오해질 것이다. 스스로 동떨어진 존재라는 생각이 들지라도 생각보다 더 마음이 맞는 부모들이 주변에 있다는 사실을 알고 놀랄지도 모른다.

이 명상 과정과 정규적인 명상 수련 및 다른 부모들과의 관계 등 세 가지가 합쳐지면, 자녀 양육과 인간적인 변화를 위한 영적인 기초를 닦는 데 도움이 될 것이다. 또한 부모로서 여러분의 영성 수행은 결국 자녀들의 영성 수행과 정진에 도움이 된다.

명상과 영적인 수행이 다양한 어려움에 대처하는 데 도움이 될 수 있기는 하지만, 가족이 직면하고 있는 수많은 어려움을 다루기 위해서는 가족지원 서비스와 심리치료, 의학적 치료, 갱생 프로그램, 약물 치료가 아주 중요하다는 사실을 알아야 한다. 여러분 자신이나 여러분의 가족이 의학적으로든 심리적으로든 환경적으로든 중대한 어려움에 직면해 있다면, 전문가의 도움을 구하도록 하라. 여러분도 또한 자신이 속해 있는 그룹의 구성원이 이런 상황에서 전문가의 도움을 구하기를 바랄 것이다. 게다가 부모 교육 강좌는 다양한 문제에 대한 훌륭한 교육 프로그램과 실천 기법을 제공하고 있다.

어린이 명상 과정

영성이 정확히 어떤 것이라고 정의를 내리기는 어렵지만, 자기 자신보다 커다란 무언가에 연결되는 느낌을 느끼는 것이라고 말할 수 있을 것이다. 문화에 따라, 그리고 사람에 따라 다르지만 더 중요한 것은 그 연결감이 얼마나 깊고 넓은가이다. 이처럼 더 큰 무언가에 연결되는 느낌을 두 단어로 표현하자면, 감탄과 경외심이다. 맑은 날 밤하늘의 무한한 공간을 응시하면서 그 완전한 고요함에 압도된 적이 있는가? 산만한 생각을 가만히 내려 놓고 의식이 머리 위에 펼쳐진 광활한 우주로 뻗어가게 놔두면, "이 모든 것이 어떻게 가능하지?", "정말 놀라워!"라며 감탄하고 경외심을 느끼게 되는 순간이 있다. 대부분의 사람들은 이런 순간에 영성을 느낀다고 말할 것이다.

우리 아이들은 확장된 연결감과 감탄, 경외심이 저절로 우러나오는 타고난 영성을 지니고 이 세계에 도달한다. 하지만 애써 보살피며 가꾸지 않으면 어린 시절의 영성은 시들어 수십 년 후에는 그 흔적도 보이지 않게 될 수도 있다. 따라서 어린이 명상 과정은 우리 아이들의 영성을 고양하고 확장하는 것을 목표로 한다.

어린이 명상 과정의 취지는 아이들에게 다음과 같은 것들을 찾는 방법을 제시하는 것이다.

- 삶의 의미와 목적
- 자기 이해
- 소비주의 탐욕과 악의, 타인에 대한 증오, 무시, 망상으로부터 벗어나기
- 지혜와 연민을 추구하는 삶
- 자신과 타인에 대한 진정한 사랑
- 행복하고 평화롭고 만족스러운 삶으로 이끄는 가치와 우선순위

어린이 명상 과정은 아이들이 오감을 통해 영성을 경험한다는 생각에 입각하고 있다. 연결감과 신비감, 경외심, 사랑, 만족감, 마음의 평화와 같은 것은 아이들이 재미난 이야기를 듣거나 함께 노래를 부르거나 향기를 맡거나 비 갠 후의 거리를 걷거나 음식을 나누어 먹거나 예술 작품을 감상하거나 촛불을 보거나 의식을 따르거나 춤을 추며 몸을 움직일 때 느낄 수 있다. (한 기독교 지도자가 말했듯이, 아이들은 음식이나 불이 포함되는 모든 행위에 대해 흥분한다.) 따라서 어린이 명상 과정의 모든 수업 계획안은 다양한 방식으로 감각에 연결되는 행위에 초점을 맞추고 있다.

어린이 명상 과정에 정좌 명상이 거의 포함되어 있지 않다는 사실을 알고 놀라는 사람들도 있을 것이다. 그 대신에 어린이 프로그램에서는 추상적인 가르침을 육체적인 행위로 바꾸는 좀 더 재미있는 명상 수련법을 사용한다. 많은 명상 지도자의 경험에 비추어 볼때 확실히 아이들은 몇 분간은 조용히 호흡 명상을 할 수 있지만 명상 시간이 길어지면 지루해하고 졸려한다. 게다가 많은 아이들이 격식에 얽매이지 않고 편안하게 명상을 하는 자기 나름의 방식을 가지고 있기에 어떤 것이 명상이고 어떤 것이 명상이 아닌지에 대해 엄격히 제한할 필요가 없다. 사캬무니 붓다의 생애 가운데 다음과 같은 아름다운 이야

기가 있다. 붓다는 깨달음을 얻으려고 여러 해 동안 고행을 했지만 얻지 못하고 좌절하게 되자 "내가 언제 평화를 경험했던가?"를 스스로에게 물었다. 그러고는 어린 시절 잠부나무 아래에서 선정에 잠겼던 순간을 떠올렸다. 그때 붓다는 한 번도 느껴본 적이 없던 무한한 만족감과 연결감을 경험했었다.

어린이 명상 수업 계획안에 포함된 명상 훈련과 재미있는 만들기와 흥미로운 활동은 정신적 발달에 아주 중요한 요소인 친구와의 우정을 발전시킬 수 있는 실제적인 기회를 여러모로 제공한다. 가족이 함께 수행하는 것이든 가족 공동체 모임이든 다양한 연령대의 불교도나 명상 단체에 속한 가족이든 간에, 장기적인 관계를 가꾸고 지속하는 것은 영적인 삶에 없어서는 안 될 귀중한 요소다. 대부분의 사람들은 영성 추구는 혼자서 하는 것이라는 관념을 가지고 있다. 하지만 붓다는 우정을 나누는 친구야말로 경건한 수행생활의 전부라고 가르쳤을 뿐 아니라, 가장 금욕적인 명상 수련원에서도 인간관계는 영적인 수행을 시험하고 발전시키는 중요한 요소로 이해되고 있다. 굳건하고 건강하고 아름다운 인간관계는 아이들에게 특히 중요하다. 아이들은 지적인 측면에서보다 관계적 정서적 심리적 측면에서 더 많이 배우기 때문이다. 어린이용 명상을 위해 수많은 계획안이 쏟아져 나오고 있는데, 그 이유 중 하나는 아이들이 영적인 친구와의 우정을 꾸준히 이어갈 수 있을 정도로 프로그램이 오래 지속되기를 바라는 것이다.

이 명상 과정을 집에서 사용하는 법

- 〈부모 명상 가이드〉에서 한 과를 읽어라.
- 명상 수련을 하고 과제를 하라. 그리고 〈논의할 질문〉의 내용은 1주일 동안 깊이 생각해 보라. 모든 과제를 하고 모든 것을 읽고 모든 질문에 답을 할 필요는 없다. 당신에게 직접 해당되는 항목만 선택하면 된다.

- 그런 후에 다음 과로 넘어가라.

- 바라건대 이 과정을 함께 할 사람을 적어도 한 명은 찾아보라. 〈논의할 질문〉의 내용에 대해 대화를 나눌 상대가 있다면 통찰력을 기르는 데 도움이 된다. 가능하면 배우자나 성인인 가족 구성원과 의견을 나누도록 하라.

- 당신의 자녀가 어린이 명상 과정을 이수하고 있다면, 어린이 명상 수업 계획안과 동일한 주제를 동시에 진행하거나 혹은 한 주 미리 배우도록 하라. 이런 방식으로 진행하면 여러분은 그 주제를 성인의 수준에서 이해할 수도 있고, 동일한 주제에 다양한 방법으로 아이들을 참여시킬 수도 있을 것이다.

- 진도에 따라 〈온 가족을 위한 열 가지 수행〉 항목에서 한 가지 수행법을 선택해서 추가해 보라. 가족에게 가장 효과가 있는 방법을 찾아 천천히 적용해 보라.

- mindfulfamilies.net 웹사이트로 가서 Songbook에 있는 노래들의 오디오 버전을 구매해서 다운로드 받도록 하라. 차에 아이들을 태우고 다닐 때 그 노래들을 틀어주어라.

- 어린이 명상 수업 계획안을 사용하는 법에 대해 더 알고 싶다면, 〈어린이 명상 가이드〉의 첫 페이지에 있는 〈교사용 가이드〉를 참조하라. 그리고 이 명상 프로그램을 그룹으로 사용하는 법을 더 알고 싶다면, 27페이지의 〈명상 과정을 그룹으로 사용하는 법〉을 참조하라.

나의 이야기

이 명상 과정을 만드는 데 나의 개인사가 적잖이 영향을 미쳤다. 나의 부모님은 두 분 모두 백인 미국인으로 불자 집안에서 자라지 않았지만, 스무 살 전후에 소토 선(Soto Zen) 센터에서 참선을 배우는 데 열의를 쏟던 학생들이었다. 나 역시 참선 수행을 배웠으며, 십대에는 통찰 명상을 수행했다. 성인이 될 무렵 엄청나게 힘들었던 그 시기를 견뎌내는 데 명상과 불교의 가르침이 아주 귀중한 정신적 지주가 되어주었다. 30대 초반에 엄마가 되었을 때 나는 부모로서 새로운 역할에 대처하는 데 더할 나위 없는 길잡이로서 불교 명상을 찾게 되었다. 2010년에 나는 노스캐롤라이나 주의 더럼(Durham)에서 가족 명상 프로그램을 시작했으며,* 5년 동안 매주 모임을 위한 자료를 개발했다. 따라서 어린이와 청소년, 엄마, 가족 프로그램 지도자로 살아온 내 삶의 4단계가 이 명상 과정의 지도 원리에 영감을 준 셈이다.

1970년대에 내가 태어났을 때 부모님은 뉴햄프셔의 시골에 있는 선 센터에서 살았다. 거기서는 사찰과 다를 바 없이 꽉 짜인 일정을 따라야 했다. 모두 아침 5시에 일어나한 시간 동안 참선을 하고 나서 독경을 하고 절을 한 다음에 45분간 태극권을 하는 식이

---

* 수미 런던은 더럼가족명상회(The Mindful Families of Durham)의 설립자이자 지도자이다.

었다. 선 센터의 어린이들도 대부분 어른들과 함께 정해진 일정을 따라야 했다. 넓은 식당을 청소하거나 마당의 잡초를 뽑는 등 선 센터의 일을 돕거나 주차장에서 선 농구(Zen basketball)를 하거나 간에 하루 중 대부분의 시간은 수행과 깨달음을 위한 기회로 여겨졌다. 하지만 내가 기억하기로는 깨달음이나 자아의 본질에 대해 길게 이야기하는 것보다 울력과 수행 같은 공동체 생활의 경험이 한 아이가 영성을 체험하는 방식에 영향을 미친다.

아침 명상이 지루할 수도 있었지만, 그래도 나는 고요하고 정적이 흐르는 이 특별한 시간을 좋아했다. 향 내음과 제단에 켜져 있는 촛불, 부처님의 온화한 미소 그리고 『반야심경』을 읽는 리드미컬한 독경 소리, 깊은 울림이 있는 종소리, 우아하게 몸을 던져 절을 하는 방식이 마음에 들었다. 이 모든 것이 성스러운 분위기를 자아냈고, 선방의 이런 모습에서 삶의 신비와 경이로움을 느낄 수 있었다. 어린이들은 자신의 오감과 육체를 통해 영성을 경험하며, 운동과 미술, 음악, 향기, 음식, 이야기를 통해, 그리고 고요와 정적을 경험함으로써 자연스레 영성에 연결된다고 생각한다. 이런 이유로 어린이 명상 과정은 주로 운동과 감각에 기반한 일련의 활동으로 구성된다.

유년 시절의 기억 가운데 가장 선명하게 떠오르는 것은 선 센터다. 나는 나이에 관계없이 선 센터의 모든 사람들과 유대 관계를 맺었다. 때로는 나보다 어린 아이들을 돌보기도 하고, 부모님 또래의 사람들을 따르며 가르침을 받기도 했다. 선 센터의 어른들은 언제나 온화하고 친절하게 대해주었다. 선 공동체 안에서 여러 사람들과 함께 살며 수행하는 가운데 친절과 관대함, 배려, 남을 섬기는 태도가 나날이 몸과 마음에 스며들었다. 또한 선 센터는 나에게 소속감을 주었으며, 내가 유익하고 필요한 사람이라는 느낌, 목적을 공유

---

* 선 농구: 저자가 어린 시절을 보낸 선 센터의 활동 중 특이한 것으로, 이 선 센터를 만든 더닐 에이모스(Deneal Amos)가 시작한 새로운 형태의 운동이다. 운동하는 중에도 명상하는 마음 상태를 지닐 수 있다는 것인데, 선 센터의 어른들은 저녁을 먹기 전에 건물 뒤 주차장에서 매일 한 시간 반씩 남녀가 함께 하는 농구 시합을 했다. -『수미, 일미를 만나다』(수미 런던 지음, 클리어마인드, 2011) 중에서

하는 느낌, 편안한 쉼터에 있는 느낌을 제공했다. 이런 훌륭한 품성은 부모님으로부터 물려받은 것이기도 했지만, 공동체의 모든 구성원들에 의해 강화되고 증폭되었다. 이것은 나에게 영적인 친구의 중요성을 말해주는 대목이기도 하다. 우리가 저마다 서로 연결되어 있으며 세상 모든 존재와 연결되어 있음을 나타내는 우리의 우정은 가르침을 실천할 수 있는 최고의 무대다. 이런 이유로 이 명상 과정에서는 영성 수행을 위한 필수 요소로 우정과 공동체 생활이 강조된다.

일찍이 명상과 수행을 배우면서 남다른 유년기를 보냈음에도 나의 십대 후반과 성년 초기의 삶은 고통으로 얼룩져 있었다. 우리 가족에게는 정신병 내력이 있어서 어린 시절 내내 그로 인한 정서 불안, 혼란, 방치, 폭력이 이어졌다. 나 자신에게는 정신질환이 없다는 것에 위안을 받은 적도 있지만, 열여덟 살 때 내게도 트라우마와 깊은 정서적 고통이 있다는 것을 알아차렸다. 그 무렵에 남동생 중 한 명이 자살을 시도했다가 가까스로 살아남았다. 남동생은 6년이나 심각한 정신질환을 앓고 있었고, 나는 자주 동생을 돌봐야 했다.

나 자신도 알코올에 의존하고 싶은 충동이 종종 생겼고 그 충동을 따르고 싶었다. 하지만 생각과 근원적인 동기를 알아차림하는 수행을 함으로써 이런 충동이 고통에 저항하고 무감각해지려는 시도임을 분명히 깨닫게 되었다. 또한 나는 명상을 통해 격정적인 감정이나 마음 상태를 알아차리고 그런 것과 함께 머무는 요령을 터득했다. 게다가 인생은 고해이며 고통은 누구에게나 일어나는 것이라는 불교의 가르침은 매우 효과가 있었다. 또한 불자로 살면서 나는 고통을 깨달음을 얻기 위한 기회로 여기는 방식을 배웠으며, 나의 경험에서 의미와 목적을 찾을 수 있었다. 마지막으로, 내게는 십대 때부터 함께 해온 영적인 친구들이 있었고, 나의 부모님이 하지 못했던 조언자이자 멘토 역할을 해준 어른들이 있었다. 어린 시절에 했던 수행 덕분에, 그리고 좋은 벗들이 있어서 나는 어른으로 성장하는 과정을 그나마 수월하게 통과할 수 있었다.

딸아이가 태어난 직후에 나는 쉼 없는 보살핌을 필요로 하는 갓난아기의 육아에 스트레스를 받았다. 이런 수준의 주의를 내내 유지하는 것이 처음에는 무척 어려웠지만, 몇 주가 지나자 초기의 불안도 상당히 누그러져서 매 순간 주의를 기울이는 마음챙김 명상과 같은 것으로 바뀌었다. 나는 자녀 양육 자체가 여러모로 지속적인 영적 수행이 될 수 있다는 사실을 깨달았다.

또한 어려서부터 마음챙김 명상을 해온 것이 부모 노릇을 하는 데에도 든든한 지원군이 된다는 사실을 알아차렸다. 결코 인정하고 싶지 않은 일이지만 아이들이 어렸을 때 나는 종종 화가 나서 목청껏 고함을 지르곤 했다. 내게 그런 면이 있으리라고는 생각지도 못했지만, 나는 아주 가혹하고 드센 사람이 될 수도 있었다. 나 자신의 이런 면을 보는 것이 부끄러워서 마음챙김을 하면서 행동을 바꿔보려고 노력했다. 그럼에도 아무리 애를 써도 거의 변화를 느낄 수 없었다. 딸아이가 대여섯 살쯤 되자 나는 하루 20분가량 참선을 하기 시작했다. 조용히 자리에 앉아 정좌 명상을 함으로써 나의 양육 태도가 어떤 심리에서 비롯된 것인지에 대해 얼마간 깊이 이해하기 시작했다. 이런 통찰과 더불어 주로 나 자신에 대해 자애 명상을 하자 내 마음이 충분히 치유되었고, 나는 완전히 바뀌어 훨씬 더 나은 부모가 되기 시작했다. 나로서는 부모 노릇을 하며 살아가는 과정이 또한 나 자신의 어린 시절을 치유하는 과정이 되었다. 이런 나의 개인적 체험에 근거하여, 부모를 위한 명상 프로그램은 의미 있는 행동 변화를 위해 필요한 내적 수행에 초점을 맞추고 있다.

여기 노스캐롤라이나 주 더럼에서 일요일 아침 가족 명상 프로그램을 시작한 것은 내 아이들의 영성 함양과 더불어 온 가족의 정신적 지주가 될 수 있는 공동체 기반의 환경을 만들기 위해서였다. 몇 년간 부모와 자녀들을 대상으로 명상 과정을 진행한 후에 나는 많은 부모들이 얼마간 시간이 지나면 오롯이 자신의 영성을 수행하는 일에 다시 집중하기 시작하는 모습을 관찰했다. 여러모로 부모들도 아이들과 마찬가지로 초심자였다. 이와 같이 부모들도 아이들이 하는 것과 같은 초보자 과정을 공부할 필요가 있었다. 나는 또한 가정생활이 마음챙김 명상과 불교의 가르침을 실천하기에 아주 좋은 무대이며, 가정이 소규모의 영성 공동체라는 사실을 깨달았다. 이런 깨달음의 순간이 계기가 되어 부모 명상 과정과 어린이 명상 과정의 주제를 연계하여 학습 교재를 만들게 되었다. 이를테면 부모들이 말을 조심하는 것에 대해 배울 때 아이들도 발달 과정에 적합한 형태로 유사한 내용을 배웠다. 주간 이메일 뉴스레터에는 교사의 보고서가 포함되어 있어서 부모는 다음 주의 학습 내용을 복습하고 가정생활에 통합할 수 있도록 했다.

더럼가족명상회(The Mindful Families of Durham)의 지도자로서 나는 부모들이 집에서 일어나는 모든 일을 숨김없이 털어놓은 이야기를 들을 수 있는 특권을 가지고 있었다. 그덕분에 겉보기에 아무리 좋아 보이는 가정이라도 대부분 꽤나 심각한 문제를 안고 있다는 사실도 알게 되었다. 완벽한 부모 같은 건 세상에 없다는 사실을 알게 되어 개인적으로 적잖이 위안이 되었다. 하지만 더 중요한 것은 그들의 이야기를 듣고 많은 가정이 고통을 받고 있으며 모두들 연민 어린 위안과 지원, 보살핌을 필요로 한다는 사실을 알게 되었다는 점이다. 나는 한국인과 결혼을 한 데다가 업무적으로도 아시아인 가족들뿐 아니라 아시아계 미국인 가족들과도 관련이 있었다. 그러다 보니 문화와 민족을 막론하고 부모들이 겪는 어려움과 불안, 욕구는 대체로 같은 것이라는 사실을 알게 되었다.

결국 내 인생의 이러한 4단계가 총체적으로 이 명상 과정의 원칙과 구조에 영향을 미친 셈이다. 내 삶의 개인적인 부분이 실은 매우 보편적인 것인 만큼, 아무쪼록 이 프로그램이 여러분에게 유익한 것이 되기를 바란다. 내 아이들도 이 명상 과정의 초기 버전을 이수했다. 자녀들의 앞날에 장밋빛 미래가 펼쳐지기를 바라 마지않지만, 그들이 스스로 세상을 헤쳐 나갈 때 내가 보호할 수 없는 불가피한 어려움이 있다는 사실을 안다. 지금 아이들과 함께 하고 있는 이 수련이야말로 아이들이 성인이 되어 생존하고 성공하는 데 꼭 필요한 준비 과정이라고 생각한다.

명상 과정을 그룹으로 사용하는 법 ············

☞ 일러두기 : 어린이 명상 수업 계획안을 실행하는 법에 관한 설명을 보려면 〈어린이 명상 가이드〉에서
교사용 지도서를 참조하라.

이 명상 과정은 유연하고 탄력적으로 운영할 수 있으며, 다양한 그룹을 대상으로 사용될
수 있다.

- 명상 프로그램을 보완하거나 더 많은 부모와 자녀를 참가시키기 위한 마음챙김 명상
프로그램
- 마음챙김 명상이나 불교의 기초적인 사상을 가르치는 활동 방법을 찾는 학교
- 모든 계보와 종파의 사찰과 명상 단체
- 아시아의 사찰과 서구의 사찰
- 홈스쿨링을 하는 부모들과 캠프, 교육 프로그램
- 명상 동아리를 시작하는 대학생
- 세계 종교적 요소를 지닌 종교단체나 각 종교의 명상 수행에 마음챙김 명상을 추가하
고자 하는 종교단체

진도

매주 한 과씩 공부하고 수련하도록 계획하라. 하지만 그룹에 따라 격주 모임이나 월별 모임이 좋을 수도 있다.

어린이 명상 수업 계획안과 연계하기

〈부모 명상 가이드〉의 주제는 어린이 명상 수업 계획안과 연계하여 운영된다. 부모는 어린이 명상 과정과 동일한 내용을 동시에 수련하거나 혹은 미리 배우는 것이 좋다. 이렇게 하면 어린이 명상 지도자는 성인 수준에서 수업 내용을 이해하고, 부모는 어린이 명상 과정을 미리 배워서 가정에서 통합할 수 있다.

부모 그룹

일부 단체나 개인들이 부모를 위한 프로그램 없이 어린이 프로그램만 개설하는 경우도 있다. 그러나 부모 교육은 가정에서 부모가 교사 역할을 할 기회를 제공하기 때문에 어린이 명상 과정만 개설하는 것은 바람직하지 않다. 더욱이 부모를 교육하지 않고 어린이를 교육한다면 부모들이 나쁜 습관과 무의식적인 패턴을 고수하는 가운데 아이들은 그것을 더욱 잘 알아차리고 예민해지는 안타까운 상황이 연출된다. 이 명상 과정의 목적은 가능하면 부모와 자녀 간의 교육적 연계와 유대 관계를 많이 만들어 가족 전체의 수련이 되도록 통합하는 것이다.

명상 지도자나 관리자

여러분이 만약 지정된 교사가 있는 선 센터나 공동체에 소속되어 있지 않다면, 그룹 지도 경험이 있는 성인이나 상급 학생이 모임을 주도할 수도 있다. 만약 또래 집단이라면 그 역할을 감당할 만한 구성원들끼리 교대로 책임을 지도록 하라. 명상 지도자나 관리자는 수련 주제를 이해하기 위해 내용을 미리 숙지해야 하는 것은 물론이고, 그 특정 명상을 수행하는 사람이어야 한다. 또한 부모 명상 과정의 지도자는 어린이 명상 과정에서 배우는 내용을 부모들과 공유하기 위해 여러분에게 어린이 명상 과정의 학습 내용을 읽도록 할 수도 있다.

모임 형식

성인 모임은 다양한 형식으로 진행될 수 있다. 주간 모임에서 부모와 성인을 지도해온 나의 경험으로는 다음과 같이 하는 것이 효과가 있다.

시간. 모임은 매회 1시간 이상 2시간 이하가 되도록 하라.

명상 지침. 5~10분 정도 명상 자세나 생각 다스리기, 종소리에 주의를 기울이기 같은 명상 훈련의 기술적인 측면에 대해 가르치는 것을 포함시켜라.

그룹 명상. 20~30분 안에 명상 수업을 마치도록 진행하되, 대체로 그보다 길게 끌지 마라. 시간이 20분 미만이면 너무 짧게 느껴지고, 대부분의 그룹이 초심자를 받아들이고 있는 상황에서 30분 이상은 초심자에게 무리일 수 있다.

좌담/반성. 매 회마다 읽을거리에서부터 개인적 일화, 인용, 심오한 생각까지 주제로 끌어들여 10~15분 정도 이야기를 나누어라. 불교를 더 공부하고자 하는 그룹의 경우에는 이 시간에 〈붓다의 말씀〉 원문 발췌를 다룰 수도 있다.

토론. 수련자들은 명상 지도자의 직접적인 가르침을 통해 배우는 것과 마찬가지로 자신의 경험을 이야기하고 친구들의 이야기를 듣는 과정에서도 많은 것을 배운다. 열린 토론 시간은 프로그램의 다른 요소들 못지않게 중요하다. 8명 이상 그룹인 경우에는 4명씩 두 그룹으로 나누어라. 시간이 허락하고 원한다면 더 큰 그룹으로 모여 이야기를 나눔으로써 토론의 결론을 끌어낼 수도 있다.

논의할 질문. 수업 계획안에는 〈논의할 질문〉 리스트가 제시된다. 모든 질문을 할 수는 없으므로 그 그룹에 가장 직접적으로 관련이 있는 질문을 골라 거기서 시작하라. 자기 나름의 질문이나 논의 주제에 대한 의견을 거리낌 없이 나누도록 하라.

부모 그룹. 부모들로 구성된 그룹의 경우 주제를 가정생활로 제한하고, 매회 수업 내용의 특정한 측면을 논의하라.

다음 모임. 명상 지도자나 관리자는 그룹에게 구체적인 명상 훈련과 과제, 읽을거리 등을 미리 일러주도록 하라.

불교 지도자들을 위한 일러두기 ··

불교적 요소

불교 전통에 따라 수행하고 정진해온 사람이라면 이 명상 커리큘럼이 승가에서 관습적으로 가르쳐온 역사와 제의, 문화, 언어 등 다양한 측면을 전반적으로 다루고 있다는 사실을 알아차릴 것이다. 그러나 무엇보다도 이 명상 과정에는 불교의 다양한 계보와 종파가 그들 나름의 독특하고 풍부한 전통을 더할 수 있는 공간이 열려 있다. 이 명상 과정이 기본적인 학습의 틀을 제공하여 여러 불교 계파가 저마다의 고유한 형태와 역사, 문화, 가르침에 더 심오한 내용을 추가할 수 있게 되기를 바란다.

아마추어 과정

이 명상 과정은 아마추어를 대상으로 하며, 특히 가족을 돌보는 주부이자 커리어우먼으로서 한창 바쁜 워킹맘들을 대상으로 한다는 사실이 강조되어야 한다. 또한 이 명상 과정은 초보자를 위한 것이기 때문에 여기서는 즉시 이해하고 통합할 수 있는 수준의 가르침과 수행만 사용된다. 특히 오늘날의 주부들은 하루 일과 후에 독서와 명상을 할 시간이 그다지 많지 않은 것 같다. 그러므로 더 많은 가르침을 원한다면, 수행 센터나 집중 수행 프로그램을 찾아 정진하기 바란다.

부모 동호인 단체

여러분 자신은 이미 이름난 사찰이나 명상 단체에 참석하고 있겠지만 가족을 위한 프로그램을 원한다면, 어린 자녀들을 위해 어린이 명상 과정만 이용할 수도 있다. 그런 경우 어린이가 모임을 가지는 사이에 부모는 별도의 공간에서 성인 모임에 참여하게 된다. 하지만 부모 동호인 단체를 만들어 어린이 명상 과정의 수업 내용을 연계해서 수행할 것을 적극 권장한다. 먼저, 어린이 명상 수업의 내용은 가정에 통합되어 부모를 통해 이루어질 때 더욱 효과적이다. 둘째, 많은 부모들이 명상과 불교의 가르침에 익숙하지 않으며, 자신의 자녀들이 배우고 있는 내용을 배울 필요가 있다. 셋째, 부모들끼리 신속하고 깊은 유대 관계를 맺게 된다. 일단 부모들이 서로 의지가 되는 우호관계를 형성하면 그로 인해 명상 센터로 계속 돌아오게 된다. 넷째, 마음챙김과 이런 가르침이 자녀 양육에 통합되는 데는 얼마간 시간이 걸리고 관심을 쏟을 필요가 있다. 이론상으로는 부모들이 교재 읽기만을 통해 이런 것을 알아차릴 수도 있지만, 다른 부모나 명상 지도자들과 함께 토론에 참여할 수 있다면 더욱 효과적이다.

반드시 부모와 자녀가 함께

그렇기에 나는 명상 과정에 아이만 데려다주는 것은 허용하지 않는 방침을 고수할 것을 적극 권장한다. 다시 말하자면, 아이가 어린이 명상 과정에 참석하면, 성인 모임이든 부모 동호인 단체든 간에 반드시 부모도 함께 성인 과정에 참석해야 한다.

가르침의 주제로서의 자녀 양육

직업적 포부에서부터 인간관계 고민이나 받은 것을 세상에 돌려주고자 하는 생각을 이야기하는 것에 이르기까지 학생들이 불교의 계율을 접할 수 있는 많은 방법이 있다. 자녀가 있는 성인의 경우에 의미 있는 변화를 도모할 수 있는 최고의 무대는 자녀 양육이다. 성인이 가정생활을 시작할 때 불교의 가르침은 즉각적인 도움이 된다. 불교 전통은 사찰에 뿌리를 두고 있는데다가 다른 역사적 이유로 일반 재가자들을 교화하는 이런 방법은 크게 발전하지 않았다. 하지만 차츰 불교의 스님과 지도자들은 저마다의 위치에서 나날의 삶을 살아가는 일반 재가자들을 대상으로 가정생활을 개선하는 방향에 더욱 힘을 쏟고 있다.

초대의 말

이 명상 과정은 명상을 기반으로 한 현대적인 가족 프로그램을 만들기 위한 최초의 시도라고 할 수 있다. 앞으로 엄청나게 많은 훌륭한 명상 과정이 선보이게 될 것이다. 불교 스님과 명상 지도자, 음악가, 화가, 교육자 등 각계각층의 많은 분들이 참가하여 귀한 시간과 재능을 제공해 주시기 바란다. 다음 세대를 일깨우는 데 큰 도움이 될 수 있는 수업 계획안과 활동 도서, 음악, 아동 도서, 영화 등이 쏟아져 나올 것으로 기대된다. 부디 여러분 자신은 어떻게 기여할 수 있을지 생각해보기를 바란다.

첫 모임을 위한 오리엔테이션 ·····································

☞ 이 항목은 신규 단체나 명상 초보자들을 지도하는 그룹 지도자들을 위한 것이다. 그러므로 성인이나 학생, 부모들은 이 부분을 건너뛰고 39쪽의 〈시작하기〉를 읽도록 하라.

명상 지도자나 단체 지도자들에게 알리는 글

이 오리엔테이션 수업 계획안은 아직 모든 참가자들이 서로를 잘 모르는, 처음 만나는 성인 단체에 사용될 수 있다. 이 오리엔테이션은 또한 완전 초보자에서부터 좀 더 능숙한 사람들까지, 같은 내용을 배우고 있는 모든 이들에게 도움이 된다.

첫 모임에서 다루어야 할 내용이 많기 때문에 활동 의제를 여기에 싣고 있다. 여러분이 스스로 과제를 만들어보거나 여기 실린 과제를 수정해도 좋다. 모임 형태 등에 대해서는 27쪽의 〈명상 과정을 그룹으로 사용하는 법〉을 참조하라.

첫 모임을 시작하기 전 적어도 1주일 정도 미리 성인 참가자들에게 연락해서 부모 명상 가이드의 '시작하기'를 읽어오게 하라. 수강생들에게 1주일 동안 '듣기 마음챙김' 명상과 일상생활 수행, 마음챙김 자녀 양육 제안 등을 연습하도록 과제를 내주어라.

오리엔테이션에서 할 일

- 성인 참가자들끼리 인사하기
- 간단한 종 명상과 호흡 명상
- 기본자세와 명상 환경
- 교재의 단원 개요 미리 보기
- 과제 검사

환영합니다

첫 모임에서는 잠시 프로그램과 교재를 소개하고 자기소개를 하도록 하라. 공동체는 배움의 중요한 부분이기 때문에 성인 참가자들은 서로 인사하고 그룹 구성원들에 대해 더 아는 것을 즐거워할 것이다.

인터뷰와 서로 소개하기

구성원들에게 각자 자신이 모르는 누군가를 찾게 하라. 서로 짝을 지어 상대방에게 자기소개를 하도록 하고, 마지막에는 자신의 새 친구를 공동체 사람들에게 소개해주게 하라. 한 사람마다 5분씩 시간을 주어라. 인터뷰를 하는 사람은 그 사람의 이름이 무엇인지, 사는 곳이 어디인지, 어떤 직업을 가지고 있는지, 왜 여기에 참석했는지, 자신에 대해 사람들에게 들려주고 싶은 웃기거나 재미있는 이야기가 있는지를 물어볼 수 있다. 10분이 지나면 다른 사람이 방금 만난 사람을 소개하도록 하라. 간단히 그 사람의 이름과 사는 곳, 직업, 그 사람에 대해 웃기거나 재미있는 것 한 가지를 말하면 된다. 그런 다음 모든 참가자들이 소개될 때까지 소개를 받은 사람이 다시 새 친구를 소개하도록 하라.

지도 만들기

지도 만들기(mapping)는 당신이 명시한 범주 내에서 사람들이 방 안에서 물리적으로 이동하게 하는 수행이다. 가령 사람들에게 자신이 사는 도시의 지도를 그려보게 할 수 있다. 그런 다음 사람들이 도시의 북쪽에 살든 남쪽에 살든 간에 지도상의 자기 위치로 이동한다. 이렇게 하면 구성원들은 서로 어디에 사는지와 관련된 부분을 시각적으로 알게 된다. 가장 어린 사람부터 가장 나이가 많은 사람까지 선을 그어 나이에 관해서도 지도를 그려볼 수 있다. 명상 경험을 한 햇수에 관해서나 여러분의 조상이 어디에서 왔는지, 혹은 자녀이 얼마나 많은지에 관해서도 지도를 그릴 수 있다.

명상 훈련: 종과 호흡[2]

명상 그룹은 지시에 따라 얼마간 명상 훈련을 하는 것을 기꺼이 받아들이게 된다. 성인 그룹과 협력하여 어린이 명상 과정을 운영하고 있다면, 어린이 수업에서도 유사한 종 명상과 호흡 명상 순서가 포함된다는 사실을 알아야 한다.

이것은 종소리 듣기와 호흡 따르기 사이의 연결을 강화하는 간단한 훈련이다.

종

이제 종소리와 관련된 세 가지 짧은 명상 훈련을 시작하겠다. 첫 번째 훈련은 더 이상 아무 소리도 들리지 않을 때까지 온전히 종소리에만 귀를 기울이는 것이다. 이 훈련을 준비하기 위해 의자에 앉아서 잠시 긴장을 풀어라. 편안하게 느껴지거든 눈을 감아라. 이제 귀로 주의를 가져가라. 잠시 후에 종을 울릴 테니 주의 깊게 들어보라.

〈긴 여운이 남도록 세게 힘껏 종을 쳐라.〉

호흡과 종

계속 고요히 자리에 앉아서 편안히 눈을 감아라. 두 번째 명상 훈련은 종이 울리는 동안 몇 번 호흡을 하는지 세는 것이다. 한 번의 호흡은 들숨과 날숨으로 이루어져 있다. 그러니까 한 차례 들이쉬고 내쉬는 것이 한 호흡이다. 그저 자연스럽게 호흡하라. 호흡을 통제할 필요는 없다. 있는 그대로 호흡을 따르도록 하라. 손가락으로 수를 세는 것도 괜찮다. 이제 종을 울릴 것이다. 종소리가 더 이상 들리지 않을 때까지 호흡하는 횟수를 세라.

〈종을 울리고 나서 잠시 멈추어라.〉

이 훈련을 하는 동안 몇 번이나 호흡을 하는지에 주의를 기울여라.

호흡

계속 고요히 자리에 앉아서 편안히 눈을 감아라. 이제 세 번째 명상 훈련을 하겠다. 1분가량 고요히 있은 다음 종을 울릴 것이다. 내가 종을 울릴 때까지 고요히 있는 동안 몇 번이나 호흡을 하는지 세어도 좋다. 물론 종소리가 사라질 때까지 오직 그 소리에 귀를 기울이는 명상을 계속해도 좋다. 손가락으로 횟수를 세는 것도 괜찮다. 이제 호흡을 세어라.

〈잠시 동안 조용히 자리에 앉아 있어라. 그런 다음 종을 울려라.〉

이 훈련을 하는 동안 몇 번이나 호흡을 하는지에 주의를 기울여라.

이제 눈을 뜨고 방 안의 상황으로 주의를 돌려라.

그룹 명상 수업

명상을 마치면서 수련생들에게 질문을 하거나 소감을 말해달라고 하라. 그런 다음 〈시작하기〉에서 준비물, 명상 장소, 명상 환경과 같이, 당신의 그룹에 적합한 다른 부분으로 넘어가라. 만약 부모 그룹을 대상으로 명상 과정을 진행하고 있다면, 어린이 명상 과정과 동일한 내용을 가르쳐 주어라. 다음 모임 전에 다음에 배울 〈1.1과 호흡 명상〉을 미리 읽어 오게 하라. 또한 학생들은 다음 모임 전에 1주일 동안 1.1과를 배우기 위한 과제를 해야 한다.

시작하기 ··

이 과에서 공부할 내용

• 명상 수행을 하는 이유와 방법
• 준비물, 명상 장소, 명상 환경
• 듣기 마음챙김
• 마음챙김 자녀 양육: 전자기기

✿ 명상의 효과에 대한 안내

수수께끼로 시작해보자.

　　20년 넘게 전 세계 연구소의 수많은 연구실에서 확실한 과학적 연구를 한 결과 다음 쪽의 표에 나타난 바와 같은 명상의 효과를 확인할 수 있었다.

　　이런 것들이 어떻게 가능할까? 자리에 앉아서 호흡을 따르거나 지금 이 순간에 일어나고 있는 일을 모조리 알아차림하는 것처럼 간단한 명상이 어떻게 그토록 많은 긍정적인 결과를 가져올 수 있을까? 참 알쏭달쏭하다!

신체 건강	뇌 기능	정신 질환	생활 기술	가치/자질
감소/저하	개선	감소/관리	개선	증가
천식	주의	ADHD(주의력 결핍 장애)	치유	연민
혈압	인지	불안	자기인식과 지식	만족
뇌 노화	정서 표현	우울증	정서적 균형	감사
만성통증	규칙성	불면증	관계	마음의 평
당뇨병	지식	OCD(강박성 장애)	회복탄력성	화
심장병	기억	성격장애	좋은 선택	성실
면역력 상승		정신장애	스트레스 감소	친밀
		PTSD(외상 후 스트레스 장애)		기쁨
		약물 남용		친절
				지혜

하지만 간단한 해답이 있다.

우리가 경험하는 것을 지각할 뿐 아니라 그 경험에 대해 어떻게 생각하고 느끼는지를 결정하는 우리 안의 한 부분이 있다. 그 한 부분이란 무엇인가? 마음이다.

그러니까 명상이 직접적으로 우리의 마음에 작용하는데, 마음은 우리 자신과 세계 사이의 접점이라면, 명상은 삶의 모든 국면에 영향을 미치게 된다.

그렇긴 해도 명상이 우리의 문제를 풀거나 치유하지는 않는 것 같다. 다만 명상은 치유와 행복을 증진시키는 과정에서 심리 치료나 약물 치료, 운동 등과 더불어 아주 귀중한 협력자가 될 수는 있다.

이 책에서 배울 내용

명상은 그저 자리에 앉아서 깨어 있는 것처럼 단순한 것이지만, 명상 수련은 진보적이고 구조화된 방식으로 시작할 수 있다. 다음 일곱 개 과에서는 호흡을 따르며 마음챙김 수행을 하고 신체에 주의를 집중하는 등 기본적인 마음챙김 기술을 단계적으로 소개한다. 또한 스트레스를 관리하고 줄이는 법은 물론이고, 감정과 마음 상태, 생각 등을 대상으로 하여 마음챙김을 수행하는 법을 공부할 것이다. 마음챙김을 삶의 모든 활동에 통합함으로써 우리의 공식 수행 시간은 명상 방석 위에 앉아 명상을 할 때뿐만이 아니라 일상생활 전반으로 확대될 수 있다. 어린이가 있는 가족을 위해 특별히 마련한 장에서는 마음챙김을 자녀 양육과 가정생활로 가져가는 법을 살펴보기로 하자.

첫 명상 수업에 들어오기 전에 명상 장소 마련하기, 자신에게 알맞은 명상 자세 찾기에 대한 안내를 잠시 읽어보라. 다음의 〈듣기 마음챙김〉 명상 지침을 이용하여 날마다 몇 분간 명상해 보라. 이 새로운 습관을 여러분의 스케줄에 서서히 끼워 넣어 삶에 통합해보라. 신기한 마음속 경험을 시작해보라!

준비물, 명상 자세, 명상 환경

준비물

명상에 필요한 것은 우리의 몸과 마음, 호흡뿐이지만, 다음과 같은 약간의 준비가 도움이 될 것이다.

DIY 명상 세트〉 판매하는 명상 방석과 매트는 비용이 많이 들 수 있으므로 돈이 들지 않는 방법은 집에 있는 물건을 활용하는 것이다. 무릎과 발목을 보호하기 위해 담요를 4등

분으로 접어 매트를 만들어라. 또 다른 담요 한 장을 사용해서 높이가 약 18cm쯤 되게 4등분으로 접어 엉덩이를 무릎보다 높게 받쳐줄 수 있는 방석을 만들어라. 푹신한 이불보다는 누비이불이나 모직담요를 이용해서 단단한 명상 세트를 만들어 보라.

방석〉 자후(zafu)라고도 불리는 이 둥근 방석은 무릎을 굽히고 앉아서 정좌 명상을 할 때 등을 곧추세우고 버티기 위한 것이다. 이 방석은 케이폭(케이폭나무의 씨앗을 싸고 있는 솜)이나 메밀로 속을 채운다. 케이폭은 촉감이 면과 같고 방석이 망가질 때까지 몇 달 동안 써도 탄탄하다. 메밀 방석은 더 무겁고 조절 가능하다. 이 방석은 무릎을 꿇은 자세로 사용하기 위해 모로 놓을 수도 있다. 이런 명상 방석이 다양한 높이로 나오고 있으므로 구매하기 전에 앉아보는 것이 좋다. 또한 초승달 모양의 명상 방석도 있다.

매트〉 자부동(zabuton)이라고도 불리는 이 직사각형 패드는 바닥에 놓고 방석이나 의자 밑에 까는 용도로 쓰이며, 앉을 때 무릎과 발목의 충격을 완화한다.

받침〉 방석을 좀 더 높이거나 받치기 위해 작고 납작한 베개나 접은 타월이 필요할 수도 있다.

정좌 의자〉 이 낮은 나무 의자는 무릎 꿇는 자세를 할 때 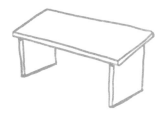 사용된다. 작은 방석을 올려 사용하기도 한다. 이 의자는 키가 큰 사람들이나 허리와 무릎이 뻣뻣한 사람들에게 좋다.

의자〉 엉덩이가 무릎과 같거나 약간 높도록 충분히 높으면서 등받이가 있는 의자이다.

느슨한 옷〉 허리와 가랑이가 느슨한 바지를 입어라. 호흡하기 불편하지 않은 넉넉한 셔츠도 좋다.

명상 자세

앉거나 서거나 걷거나 눕거나 어떤 자세로든 명상을 할 수 있지만, 정좌 명상은 각성과 이완의 올바른 균형을 제공한다. 서면 쉬 피로해지고 누우면 졸음이 온다. 의자든 방석이든 정좌 의자든 간에 정좌를 하는 것이 명상하기에 가장 좋은 자세다. 그렇더라도, 눕는 것과 같은 자세로 명상을 해야 하는 사람들도 있다.

앉는 자세

방석이나 매트가 깔린 의자〉 방석은 매트의 긴 가장자리의 뒷부분에 놓는다. 엉덩이와 다리로 삼각형의 토대를 만들면서 다리를 포개어 방석의 앞쪽에 앉아라. 방석을 조절해서 엉덩이가 무릎보다 높은 위치가 되게 하라. 대부분의 사람들은 방석이 적어도 10~18cm 두께가 되도록 할 필요가 있다(키가 클수록 두꺼운 방석이 좋다). 몸통의 무게가 척추와 엉덩이로 전해지고 다리를 통해 무릎과 종아리로 분배되는 삼각형을 만들도록 한다. 상체의 압박을 적당히 무리 없이 받으려면 무릎이 매트에 닿는 것이 중요하다. 그러므로 들린 무릎 밑에 납작한 베개나 타월을 밀어 넣어라.

다리〉 아이들이 학교에서 앉을 때 다리를 구부려 교차시키며 앉는 '책상다리'는 5분~10분 정도 지나면 꼬고 앉은 발목에 피가 잘 통하지 않게 되기 때문에 명상에 좋지 않다. 더 오래 편히 앉을 수 있는 전통적인 자세들이 있다.

버마 스타일〉 다리를 꼬고 앉아서 양쪽 발등이 바닥에 놓이게 한다.

1/4 연꽃 자세〉 한쪽 발을 종아리 위로 올리고, 아래쪽 다리는 몸 쪽으로 구부려 몸 쪽으로 당긴다. 이 자세는 다소 불균형하기 때문에 위쪽 다리의 무릎 밑에 방석을 밀어 넣어야 할 수도 있다.

반 연꽃 자세(반가부좌)〉 한쪽 발을 반대편 다리의 허벅지 위로 올리고, 아래쪽 다리는 몸 쪽으로 당긴다. 이 자세는 더욱 불균형하기 때문에 위쪽 다리의 무릎 밑에 방석을 밀어 넣어야 할 수도 있다.

온 연꽃 자세(결가부좌)〉 안정성과 좌우 대칭 때문에 전통적이고 이상적인 명상 자세이기는 하지만 이 자세는 꾸준히 하타 요가(hatha yoga)를 하는 사람들도 힘들어하는 자세다. 이 자세는 무릎과 허리에 상당한 유연성이 필요하다. 양쪽 발은 반대편 다리의 허벅지 위로 올려놓는다. 이 자세를 하는 데 조금이라도 힘이 들면 무리해서 하지 않는 것이 좋다.

무릎 꿇는 자세(금강좌)〉 무릎을 꿇고 앉는다. 정좌 의자나 명상 방석을 사용하면 종아리의 부담을 덜어줄 수 있지만, 그런 것 없이 무릎을 꿇기만 할 수도 있다. 방석을 사용할 경우에는 방석을 모로 세워 더 높게 만들어라. 방석을 높이면 대체로 척추를 곧게 하는 데 도움이 되며 종아리에 가해지는 압력을 덜어준다. 그렇게 하면 발이 매트의 뒷부분에 닿게 되고 발등이 자연스레 구부러진다.

의자〉 반드시 바닥에 앉아야 할 이유는 없으며, 의자를 사용하는 것도 좋다. 키가 크다면 엉덩이 밑에 패드를 넣고, 발이 자연히 바닥에 닿지 않으면 발밑에 패드를 사용해도 좋다. 등을 바르고 꼿꼿하게 유지하려면 상체를 뒤로 젖히고 의자에 깊숙이 앉기보다는 앞쪽으로 당겨 앉아라. 등받이가 필요하면 허리에 방석을 대라. 발은 바닥에 편평하게 놓고, L자 모양으로 약간 벌려라.

명상 자세
등〉 호흡을 충분히 자연스럽게 할 수 있도록 천천히 머리 위 상상의 점을 향해 뻗치듯이 등을 쭉 펴라. 그런 다음 등을 쭉 펴고 조금 편하게 늦추어라. 등을 구부리지도 너무 곧추세우지도 마라. 허리는 약간 활처럼 구부리고 턱은 아주 약간 당겨 목덜미를 조금 늘이듯이 하라.

손〉 손바닥은 위로 하고 손을 허벅지 가운데쯤 놓아두어라. 손이 엉덩이에 너무 가까우면 어깨가 지치게 된다. 손이 무릎에 너무 가까우면 오래잖아 심하게 당기는 느낌을 받게 된다. 어깨와 팔, 등에 약간 긴장감이 느껴지면 무릎 위에 베개 같은 것을 두고 손을 올려놓는 것이 좋다.

입〉 코가 막힌 경우가 아니라면 입을 다물고 코로 호흡하라. 초반에는 침을 많이 삼키게 되겠지만 차츰 진정될 것이다. 숨을 세게 들이쉬고 혀로 입천장을 약간 눌러서 입속을 진공으로 만들어라.

눈〉 일반적으로 눈을 감는 것이 권장되지만, 졸리거나 할 때는 이따금 눈을 뜨거나 명상 시간 내내 눈을 뜨고 명상을 하는 것이 좋다. 눈을 뜨고 명상을 하는 편이 좋다면 눈꺼풀을 반쯤 내리고 약 1미터 앞의 한 지점에 시선을 두어라.

쥐가 나는 다리〉 초반에는 다리에 쥐가 나기 쉽지만, 수련을 계속하면 그런 일이 줄어든다. 그렇더라도 다리에 쥐가 나는 것은 종아리를 지나가는 좌골 신경에 너무 많은 압박이 가해졌기 때문일 수 있다(흔히 생각하듯이 다리의 저림 현상은 혈류 부족으로 인한 것이 아니다). 앉음새를 고쳐 좌골 신경을 누르지 않도록 한다. 엉덩이를 약간 더 높이 들어 올리고 엉덩이 뒤에 작은 방석이나 쿠션 같은 것을 끼워 넣거나 둥근 방석 대신에 초승달 모양의 명상 방석을 사용하는 것이 도움이 될 수도 있다.

누운 자세

누운 자세는 지속적인 통증이 있거나 앉은 자 세로는 집중이 안 될 정도로 심한 불편이 있는 사람들만 사용해야 한다. 누운 자세는 요가의 마지막에 긴장을 푸는 자세이지만, 알아차림 명상의 자세로는 가장 비효율적인 것이다. 그  럼에도 불구하고 반드시 누운 자세를 할 필요가 있는 사람들이 있다. 누운 자세를 취해야 한다면 허리에 너무 많은 압박을 가하지 않도록 주의하라. 바닥이 딱딱하면 매트나 패드 를 사용하라. 졸리는지를 살피기 위해 가랑이를 약간 벌리거나 한쪽 팔뚝을 바닥에 직각 이 되게 유지하라. 잠이 들기 시작하면 무릎이나 팔뚝이 움직여서 깨게 될 것이다.

명상 환경

어디서〉 집에서 가능한 방해 받지 않는 장소를 찾아라. 침대에서 명상을 하지 않도록 한 다. 되도록 침실에서 명상을 하지 마라. 당신의 마음이 그 장소를 수행과 관련 짓도록 날 마다 같은 장소에 앉는 것이 좋다. 사무실에서 명상을 한다면 문에 표지를 걸어 당신이 방 해 받지 않아야 한다는 사실을 다른 사람들에게 알려라.

언제〉 지금부터 다음 수련 시간까지 자신의 일과를 충분히 생각하고 머릿속으로 명상을 위한 20분을 계획하라. 당신의 마음이 그 시간을 명상 수련과 관련시키도록 날마다 같은 시간에 명상하도록 하라. 명상 수행 시간을 지키는 유일한 방법은 아침에 일어나자마자 명상을 하는 것이 좋다고 많은 사람들이 이야기한다. 어떤 이들에게는 저녁도 명상하기 에 좋은 시간이기는 하지만, 대부분의 사람들은 저녁 무렵에 피곤하기 때문이다. 배가 부 르면 졸리기 때문에 식사 후에 정좌 명상을 하는 것은 피하는 것이 좋다. 완벽한 시간대를 찾으려고 애쓰지 마라. 어떤 시간에 명상을 하든지 간에 마음이 흐트러지거나 졸리는 등의 마음 상태는 생기기 마련이기 때문이다. 완벽한 시간을 찾으려고 하기보다는 어느 때고 하루 중 동일한 시간에 명상을 하는 것이 낫다.

타이머〉 휴대폰에는 보통 타이머 기능을 갖춘 알람 앱이 있으며, 알람 소리를 선택할 수 있다. 불쾌한 알람 소리에 놀라게 될까봐 신경 쓰이지 않도록 명상 시간의 마지막에 경쾌한 소리가 울리도록 선택하라. 다운로드 가능한 무료 명상 앱도 있다. 또한 탁상시계나 손목시계를 이용해서 시간을 파악할 수도 있다.

얼마나 오래 또 얼마나 자주 명상을 하는가〉 그저 몇 분간 자리에 앉는 정도로 조금씩 시작해서 당신의 일과에 명상을 끼워 넣도록 하라. 대체로 주 5회 정도 몇 분간 날마다 명상을 할 수 있게 되면, 몇 분 더 시간을 늘려라. 또 이것이 습관이 되면 조금 더 시간을 늘려라. 명상 시간이 너무 길어서 수행을 그만두게 되거든, 다시 시간을 늘릴 준비가 될 때까지 이전의 시간으로 되돌아가라.

　몇몇 연구 결과 누구든 명상의 효과를 보려면 최소한 매일 한 번에 10분씩, 몇 달간 명상을 할 수 있어야 하는 것으로 밝혀졌다. 내 경험으로는 거의 맞는 이야기다. 왜냐하면 누구든 남은 시간 동안 주의를 기울이고 호흡에 집중하기 위해 바르게 앉아 졸음을 물리치고 호흡에 집중할 수 있는 좀 더 균형 잡힌 에너지를 찾으려면 적어도 5분 이상 걸리기 때문이다. 그렇더라도 꼬박 20분 동안 명상을 하면 지금 이 순간에 일어나고 있는 일에 더 오래, 더 주의 깊게 집중할 수 있다. 이런 이유로 나는 20분 명상을 적극 권장하고 있다. 대체로 날마다 명상하는 것을 습관화하면 통찰력이 좋아지고 많은 변화가 생기지만, 수련생들이 주 3회~5회 명상을 하는 것만으로도 눈부시게 발전하는 것을 보아왔다. 아이들을 돌보느라 눈코 뜰 새 없이 분주한 주부든 직장 일로 바쁜 친척이든 간에 대부분의 사람들에게는 단 몇 분 짬을 내는 것으로도 차분히 자신에게 집중할 수 있는 효과적인 방법이 된다.

🐚 명상 지침

듣기 마음챙김

귀 기울여 듣는 것은 지금 이 순간에 연결되는 놀랄 만한 기회다.

- 편안한 자세로 앉은 후에 귀에 주의를 기울여라. 마음을 열고 소리를 듣는 것으로 시작하라. 소리를 찾으려 하기보다는 들려오는 소리를 받아들여라.
- 음질과 음량, 시간 그리고 소리 사이의 고요를 알아차려라. 소리가 가까워지고 멀어지는 것에 귀를 기울여라.
- 마음속의 분주한 생각에 귀 기울이지 말고 판단하지 않는 태도로 들어라. 생각이 떠오르면 주변의 소리에 반응하여 일어나는 그 생각을 그저 알아차려라.
- 소리가 몸과 호흡에 어떤 영향을 미치는지 알아차려라. 몸을 긴장시키는지 이완시키는지, 호흡을 깊게 하는지 얕게 하는지에 주의를 기울여라.
- 집 밖이나 자연 속에서 명상을 하는 것이 특히 매력적일 수 있다.

🖤 마음챙김 자녀 양육

전자기기 내려놓기

많은 이들이 인터넷 접속과 실제 인간관계 사이의 반비례 관계를 인정할 것이다. 온라인 상의 친구와 뉴스, 오락에 많이 접속할수록(문자나 카톡, 웹 서핑 등 휴대폰 사용 포함) **주변** 사람들에게는 소홀하게 된다. 부끄러운 이야기지만 내 아이들이 나의 주의를 요구할 때 페이스북에 게시물을 포스팅하거나 이메일 보내는 일을 마치려고 아이들을 내친 적이 있었다. 지금은 아이들이 집에 있을 때는 일기예보나 도서관 개관 시간 등 즉시 필요한 정보를 찾는 경우를 제외하고는 컴퓨터에 접속하지 않는 것을 원칙으로 하고 있다.

가족들이 서로에게 집중하는 데 가장 큰 장애는 휴대폰과 아이패드, 컴퓨터 등 어디서나 끊임없이 사용하는 전자기기다. 시선이 화면에 들러붙어 있을 때는 우리의 마음이 완전히 다른 세계에 빠져 주변 환경이나 주변 사람들과의 소통이 끊기는 것을 누구나 알고 있다. 물리적으로는 아이들 옆에 있더라도, 전자기기를 사용하고 있다면 마음은 멀리 떨어져 있을 수 있다. 물론 우리 아이들도 이 사실을 알고 있다. 부모의 산만한 양육 태도가 오래 지속되면 종종 아이들에게 괴로운 상황이 초래된다.

마음챙김 자녀 양육을 실천하는 한 가지 방법은 아주 간단하다. 가족들과 함께 있을 때는 전자기기를 *끄거나* 치워 두어라. 그런 산만한 것을 치우는 것만으로도 저절로 알아차림할 수 있는 능력이 길러질 것이다. 유혹을 견디는 것 말고는 어떤 것도 할 필요가 없다!

✋ 과제

공식 수행

- 집에 명상 공간을 만들어라.
- 하루 한 번씩, 되도록 같은 시간에 그곳에 가서 5분간 조용히 자리에 앉아라.
- 앞에서 설명한 '듣기 마음챙김' 명상을 훈련하라.

일상생활 수행

집 밖에서 앉아 있거나 누군가를 기다리거나 버스를 타거나 모임을 하는 동안 듣기 마음챙김 훈련을 하라. 어느 시간 어느 장소에서나 일상생활 수행을 할 수 있다.

✸ 붓다의 말씀

이것이 세상 모든 존재가 하나로 결합되는 길이며, 살아 있는 모든 존재의 죄를 씻고 후회와 비탄을 흘려보내고 고통과 슬픔을 끝내고 도를 깨닫고 해탈에 이르는 길이다. 말하자면 네 종류의 마음챙김 명상이다.[3]

☑ 기억할 요점

- 명상은 우리의 마음과 생각에 직접적인 효과가 있다.
- 명상은 점진적이고 체계적으로 공부할 수 있다.
- 개개인의 몸에 맞는 준비물이나 자세가 명상에 도움이 된다.
- 들리는 모든 소리를 대상으로 듣기 마음챙김 훈련을 시작할 수 있다.
- 자녀 양육이 그 자체로 마음챙김 수행이 되도록 하려면 인터넷과 전자기기를 치워라.

🐘 논의할 질문

1. 이번 주에는 언제 어디서 몇 번이나 얼마나 오래 명상을 할 계획인가?
2. 주변에서 들리는 소리에 귀 기울이는 훈련에서 무엇을 알아차렸나?

가정생활 질문

3. 부모의 전자기기 사용과 다른 가족 구성원과의 소통 사이에는 어떤 관계가 있는가?.

Sitting Together

제1부

명상

a family-centered curriculum on mindfulness,
meditation, and Buddhist teachings.

∾ 1.1과 – 명상 ∾
호흡 명상

이 과에서 공부할 내용

- 호흡을 따르며 주의력을 기르기
- 산만한 생각을 내려놓고 조용히 반응하기
- 심호흡하기
- 멀티태스킹으로 인한 스트레스
- 마음챙김 자녀 양육: 심호흡의 효과와 한 번에 한 가지 일 하기

🪷 학습

주의를 기르는 것은 배움의 기초다

자신의 자녀든 다른 사람의 자녀든 간에 어린 아이를 가르쳐본 적이 있는가? 아이가 끊임없이 주의산만하다면 아이에게 단 한 문장이나 수학 문제 하나도 가르치기 어렵다. "아, 손거스러미가 생겼어요, 앗, 고양이가 방금 굴렀어요, 비행기 소리가 들려요." 아이가 뭔가를 배우려면 얼마 동안 그 내용에 주의를 기울일 필요가 있다. 우리가 자기 자신과 마

음, 자신의 삶에 대해 배우는 경우에도 마찬가지다. 우리는 지금 일어나고 있는 일에 온전히 주의를 기울일 필요가 있다. 하지만 마음은 실제로 매우 산만하며, 기술 사용과 인터넷 접속으로 말미암아 우리의 주의력은 한층 더 흐트러지고 있다. 마음은 마치 막대기나 나비, 뼈다귀를 쫓아 천방지축 날뛰는 강아지와 같아서 잠시도 한자리에 가만히 있지 못한다. 명상은 강아지처럼 날뛰는 마음을 훈련하는 것으로 시작한다.

강아지처럼 분주한 마음을 어느 지점으로 되돌릴 수 있을까? 호흡은 항상 우리와 함께 있으며 끊임이 없지만 줄곧 움직이고 변화한다. 호흡은 생명의 근원이자 외부 세계와 우리 몸 사이의 연결점이며, 몸과 마음을 잇는 다리다. 호흡은 집중할 수 있는 훌륭한 대상이며, 많은 명상 전통과 불교에서 초심자는 들이쉬고 내쉬는 호흡을 따르는 것으로 시작한다.

잠시 호흡에 주의를 기울이면서 5분간 명상을 해보라. 호흡을 통제하거나 지배하려 들기보다는 호흡의 자연스러운 리듬을 따라 가라. 소리나 생각에 의해 몇 번이나 마음이 흐트러지는지를 알아차려라.

5분 후에 이 책으로 돌아오라.

당신이 대부분의 사람들과 99.99퍼센트 같다면 아마도 최대 몇 번 이상 호흡과 함께 머무르지 않았을 것이다. 실망하지 마라. 이것은 제대로 해낸 결과다. 이제부터 이 단순하지만 어려운 수행을 하는 법에 대해 알려주겠다.

명상 지침

- 긴장을 풀고 편안하게 자리에 앉되 똑바로 앉아서 자유롭게 호흡할 수 있도록 한다.
- 몇 차례 조용히 길게 심호흡을 하는 것으로 시작하라. 가슴을 따라 내려가면서 배를 가득 채우고 갈비뼈와 가슴, 목구멍 맨 위까지 꽉 차도록 숨을 들이쉬어라. 그런 다음

몸을 이완시키면서 천천히 그리고 가만히 숨을 내쉬어라.

- 호흡이 자연스러운 리듬으로 되돌아가게 놔두어라. 호흡은 때로는 길고 때로는 짧으며, 때로는 깊고 때로는 얕을 것이다. 있는 그대로 내버려두어라.

- 처음에는 호흡이 어떻게 몸을 통과해 이동하는지를 느껴보라. 배가 불렀다가 꺼지는 방식과 갈비뼈가 어떻게 확장되고 수축하는지, 공기의 흐름이 어디서 목구멍의 뒷부분과 코를 건드리는지, 콧구멍의 주변과 윗입술에서 공기가 어떻게 이동하는지를 느껴보라.

- 마음이 진정되어 더 차분해지거든 호흡이 가장 뚜렷한 몸의 부위, 즉 호흡을 가장 분명히 느끼는 곳에 주의를 기울여라. 그것이 배일 수도 있고, 가슴이나 코 혹은 코끝일 수도 있다. 몸의 감각과 움직임을 느껴보라.

- 지금 일어나고 있는 일을 줄곧 알아차릴 뿐만 아니라 자신이 어디에 주의를 기울이는지를 줄곧 지켜보기 위해 그 상황을 조용히 마음에 새겨라. 숨을 들이쉬면서 '들이쉬고'를 마음에 새기고, 숨을 내쉬면서 '내쉬고'라고 마음에 새겨라. 배나 가슴에 주의를 기울이고 있다면, '올라간다'나 '내려간다'라고 마음에 새겨라.

- 생각에 휩쓸리거든 판단하지 않는 태도로 그 생각을 가만히 내려놓고 호흡으로 되돌아가라. 명상을 하는 동안 이런 일이 수십 번 혹은 수백 번 일어날 수 있다. 판단적인 생각이 떠오르면 판단하고 있다는 사실을 그저 알아차리고 그 생각도 내려놓고 호흡으로 되돌아가라.

- 주의를 끄는 소리가 있거든 활짝 깨어 그 소리에 주의를 기울여라. 소리에 깨어 있는 동안 '듣기, 듣기'라고 마음에 새겨라. 소리를 들으면서 떠오르는 마음속 지껄임이나 판단을 모조리 알아차림하라. 그 소리가 더 이상 주의를 끌지 않게 되거든 호흡으로 돌아가라.

- 종이 울리면 바로 그 순간에 자신이 어디에 주의를 기울이고 있는지를 알아차림 하라. 생각에 빠져 있는가? 아니면 들숨이나 날숨에 집중하고 있는가?

- 명상을 마치기 위해 가슴에 손을 모으고 천천히 절을 하라. 명상 방석에서 일어나 다음 활동으로 넘어갈 때도 줄곧 마음챙김을 계속하라.

깨어있기

마음이 흐트러진 것을 알아차리는 매 순간이 명상에서 중요한 성취이다. 끊임없이 호흡을 따르는 것이 목표가 아니며, 그보다는 마음이 흐트러진 것을 알아차리는 것이 목표이다. 호흡과 함께 머무는 것을 잘 하려고 애쓰는 대신에 마음이 흐트러진 것을 알아차리는 횟수를 늘리는 것을 목표로 하라.

내려놓기

일단 마음이 흐트러진 것을 알아차리거든, 흐트러진 마음을 재빨리 내려놓아라. 질질 끌지 마라. 당신이 호흡을 지켜보지 않고 있음을 알아차릴 때 뭔가 즐거운 일을 기억하고 그 순간에는 계속해서 추억을 음미하고 싶을 수도 있다. 그러나 그 생각을 내려놓고 호흡으로 돌아가기로 결정하라.

판단하지 않고 조용히 반응하기

대부분의 사람들은 마음이 흐트러져 이번에도 호흡을 따르지 '못한' 것을 알아차리면, 강한 비판이나 마음속 지껄임이 생기는 것이 보통이다. '윽! 분명히 나 말고 누구나 이걸 할 수 있을 텐데.'라며 실망할지도 모른다. 이런 생각은 실제로 상당히 중요하며, 나중에는 그런 생각이 습관이 될 것이다. 하지만 우선은 그 판단을 알아차리고 더 조용하고 친절하고 판단하지 않는 반응으로 바꾸어라. '아, 이번에도 마음이 흐트러졌네. 호흡으로 돌아가야지.'라고 생각하라.

알아차림하고 내려놓는 연습을 하고 판단하지 않는 마음을 기르는 것과 같은 기술을 나날의 삶 속에서 어디서나 적용할 수 있겠는가? 대답은 '그렇다.'이다. 대부분의 사람들은 생각에 빠져 주변 상황을 놓치고 있다는 것을 더 잘 알아차리거나 자신의 관점을 완고하게 고수하던 것을 더 잘 내려놓거나 자신의 성과에 대해 훨씬 덜 비판적이 될 수 있을 것이다.

명상과 실생활의 관계는 농구 연습과 농구 경기와 같다. 경기를 하기 위해 우리는 운동장에 나가 드리블과 패스, 슈팅을 연습해야 한다. 이런 기술이 습관적이고 자연스럽게 될 때까지 거듭거듭 연습한다. 그런 다음 경기를 하는데, 우리가 연습한 농구 기술을 사용하기 때문에 경기는 더 유동적이고 역동적이며 복잡해진다. 마찬가지로 정좌 명상을 통해 우리는 삶이라는 경기를 더욱 우아하고 훌륭하게 치를 수 있다.

심호흡하기

명상 중에는 주로 자연스럽고 불규칙적인 호흡의 흐름을 따르지만, 의도적이고 긴 심호흡을 하는 것이 마음을 가라앉히는 데 도움이 될 수 있다. 심호흡은 '휴식과 소화' 기능을 관장하는 부교감 신경계를 이용한다('투쟁과 회피'를 다루는 교감 신경계가 아니라). 심하게 스트레스를 받거나 괴롭거나 혼란스러울 때 다음 일을 시작하기 전에 길게 숨을 들이쉬고 천천히 내쉬어라. 시간이 허락한다면 심호흡을 세 번 할 수도 있다. 공식 명상을 하는 중에도 언제든지 천천히 길게 심호흡을 하여 주의를 가다듬고 마음을 더 편안하고 고요하게 할 수 있다.

멀티태스킹으로 인한 스트레스

명상은 스트레스를 줄이거나 관리하는 데 도움이 될 수 있다. 스트레스를 일으키는 중요한 요인 중 한 가지는 멀티태스킹이다. 동시에 몇 가지 일을 하려고 할 때 스트레스 수준이 치솟고 급격히 에너지가 고갈된다. 이것은 우리의 뇌가 실제로 한 번에 한 가지 일에 주의를 기울이도록 만들어져 있기 때문이다. 멀티태스킹을 할 때 우리의 주의는 몇 가지 일을 처리하느라 빠르게 갈팡질팡하며, 하나의 활동에서 다음 활동으로 넘어가는 매 순간 아주 약간의 에너지를 사용한다. 따라서 연구 결과 사람들은 동시에 몇 가지 일을 하기보다는 한 번에 한 가지 일을 함으로써 더 많은 일을 할 수 있다는 사실이 밝혀졌다.

명상 중에 특히 호흡에 주의를 기울이는 법을 배움으로써 스트레스를 줄이는 한 가지 방법은 수행 중에는 한 가지만 되풀이해서 훈련하는 것이다. 줄곧 호흡에 주의를 집중하는 것이 어렵기는 하지만, 그렇게 하면 과로한 불쌍한 뇌에 휴식을 줄 수 있다. 오로지 호흡에 집중할 수 있도록 마음 상태를 단순화하는 것은 일상생활에까지 영향을 미칠 수 있다. 가능하면 일을 할 때 한 번에 한 가지를 하도록 하라. 그렇게 할 때 너무 바쁘고 부담감을 느껴서 스트레스를 받는 기분을 줄이는 데 어떤 효과가 있는지 지켜보라.

게다가 현대의 새로운 미디어 환경은 넋을 빼놓을 정도로 재미있기 때문에 대부분의 사람들은 믿을 수 없을 정도로 자주, 심지어 업무 중에도 짬짬이 소셜 미디어, 앱, 새로운 웹사이트, 블로그 등을 섭렵하고 있다. 자극적이긴 해도 이런 산만한 것들 때문에 우리는 멀티태스킹을 하게 되며 피로가 쌓인다. 물론 하루가 끝날 무렵이 되면 너무 지쳐 버린다. 명상을 하면 산만해진 주의를 온전히 회복하는 데 도움이 된다. 내면에 주의를 기울일 때 우리는 새로운 에너지를 발견하고 마음의 고결함을 되찾게 된다. 이번 한 주 동안 일상생활에서 이런 산만한 것들을 치워버리는 것이 어떤지를 지켜보라. 운전을 하거나 요리를 할 때 라디오를 꺼라. 회사의 TPS 리포트를 위해 보고서를 작성하는 중이라도 끊임없이 이메일을 확인하지 마라.

♥ 마음챙김 자녀 양육

심호흡

아이들에게 당황하거나 화가 날 때 숨을 깊이 들이마시고 천천히 내쉬라고 하는 것과 마찬가지로, 우리 어른들도 당황하거나 화가 날 때 똑같이 할 수 있다. 스트레스가 심할 때 심호흡을 하면 힘든 순간에 무엇이 정말로 중요한 것인지에 대해 주의 깊게 생각해볼 수 있을 뿐 아니라, '휴식과 소화'를 관장하는 부교감 신경계에 의지하여 신경계를 다시 조정하는 데 도움이 된다. 심호흡은 특히 고함이라도 지를 것만 같은 절박한 순간에 도움이 된다.

멀티태스킹

내가 처음으로 엄마가 되었을 때 팔이 하나 더 있었으면 하고 바랄 지경이었다. 집안일과 바깥일을 하면서 아이들을 기른다는 것은 결코 만만한 일이 아니다. 때로는 동시에 두세 가지 일을 하지 않으면 모든 일을 해낼 수 없을 것처럼 느껴진다. 귀와 어깨 사이에 휴대폰을 끼운 채로 당근을 다지며 아이에게 조용히 "저리 가, 가서 놀아, 엄마 통화 중이야, 당장 멈춰."라고 입만 움직여 말했던 적도 있었다. 그런 장면을 상상하는 것만으로도 스트레스가 쌓인다! 온전히 주의를 기울여서 한 번에 한 가지 일만 함으로써 스트레스 수준을 낮출 수 있는지 관찰하는 실험을 한다고 치자. 당근을 썰 때는 당근만 썰고, 아이를 목욕시킬 때는 아이를 목욕시키는 일만 한다. 앞에서 말한 대로 한 가지 일을 수행할 때 디지털 기기는 치우고, 메시지나 미디어 업데이트를 확인하면서 짬짬이 멀티태스킹을 하는 것을 피하라. 인터넷 작업을 할 때도 오로지 그 일만 하라. 한 번에 한 가지 일만 하도록 하라.

✋ 과제

공식 수행

- 잠시라도 고요히 자리에 앉아서 명상 수련을 하는 것은 언제든 유익하다. 매일 2분이나 5분, 아니면 10분 동안 가능한 대로 짬을 내서 앉아라.
- 집중 명상을 하고 싶다면 매번 20분씩, 일주일에 3~5회 정좌 명상을 하라.

일상생활 수행

호흡에 주의를 기울여라. 온종일 자신의 호흡을 알아차림하면서 정좌 명상이 일상생활에 스며들게 하라. 호흡에 집중하기 가장 좋은 시간은 기다리고 있을 때이다. 계산대에 줄을 서서 기다리거나 주유소에서 연료 탱크가 채워지기를 기다리거나 아이들이 신발을 신기를 기다리거나 모임이 시작되기를 기다리는 경우가 있을 것이다. 이런 따분한 시간을 때우려고 라디오를 틀거나 휴대폰을 꺼내 만지작거리면서 산만하게 굴지 말고, 잠시 미니 명상을 해보라. 눈을 감거나 달리 무엇이든 할 필요가 없다. 그저 내면으로 주의를 돌려 호흡의 흐름을 느껴보라. 단지 몇 차례 호흡뿐일 수도 있다. 마음이 떠도는 습관을 가지기보다 이렇게 하면 어떨지에 주의를 기울여보라. 안정감과 연결감, 평정심이 좀 더 느껴지는가?

일상생활 중에 명상을 수행하는 다른 한 가지 방법은 일상적인 활동 한 가지를 골라 그 활동에 호흡을 연결하는 것이다. 말하자면 이메일을 열기 전에 잠시 멈추고 호흡을 세 차례 따를 수도 있다.

믿거나 말거나 이런 미니 명상이 공식 정좌 명상에까지 영향을 미치기 시작한다. 온종일 조금씩이나마 집중력을 길러왔기에 정좌 명상을 하는 것이 조금 더 쉬워질 것이다.

✸ 붓다의 말씀

호흡 마음챙김

숲속으로 가서 나무 아래나 빈 곳에 앉아 몸을 바로 하고 활짝 깨어 있는다.

활짝 깨어 한 차례 숨을 들이마시고, 활짝 깨어 한 차례 숨을 내쉰다. 길게 숨을 들이마시면서 '길게 숨을 들이마시고 있다'는 사실을 알아차리고, 길게 숨을 내쉬면서 '길게 숨을 내쉬고 있다'는 사실을 알아린다. 짧게 숨을 들이마시면서 '짧게 숨을 들이마시고 있다'는 사실을 알아차리고, 짧게 숨을 내쉬면서 '짧게 숨을 내쉬고 있다'는 사실을 알아차린다.

'온전히 몸을(호흡을) 경험하면서 숨을 들이쉰다.' 이와 같이 수행한다. '온전히 몸을(호흡을) 경험하면서 숨을 내쉰다.' 이와 같이 수행한다. '몸의(호흡의) 활동을 진정시키면서 숨을 들이쉰다.' 이와 같이 수행한다. '몸의(호흡의) 활동을 진정시키면서 숨을 내쉰다.' 이와 같이 수행한다.[4]

✓ 기억할 요점

- 우리 자신과 자신의 삶에 대해 알려면 주의를 기울이는 능력이 필요하다.
- 호흡을 따름으로써 주의력을 기를 수 있다.
- 호흡을 따르지 못하고 산만해질 때마다 알아차리고 판단하지 않는 태도로 생각을 내려놓고 호흡으로 되돌아갈 수 있다.

- 길게 심호흡을 하면 신경계의 '휴식과 소화' 영역에 연결되면서 진정이 된다.
- 멀티태스킹은 스트레스를 일으키는 요인이다. 온전히 집중해서 한 번에 한 가지 일을 함으로써 스트레스를 줄일 수 있다.
- 마음챙김 자녀 양육을 할 때 우리는 화를 내기 직전에 심호흡을 할 수 있다.

🐘 논의할 질문

1. 알아차림하기, 내려놓기, 조용히 반응하기 등 호흡 명상을 하면서 길러지는 세 가지 기술에 대해 배웠다. 이런 기술이 업무나 인간관계로 확장되는 것을 어떻게 알 수 있는가?
2. 멀티태스킹이 스트레스 수준을 끌어올린다는 사실을 배웠다. 일상생활에서 보통 멀티태스킹을 하는 편인가? 그런 시간을 단순화하는 방법이 있는가?
3. 기술이 어느 정도까지 멀티태스킹과 가정에서의 산만함에 영향을 미치고 있는가?

가정생활 질문

4. 알아차림하기, 내려놓기, 조용히 반응하기 등 명상을 하면서 길러지는 세 가지 기술이 자녀 양육에 어떤 역할을 할 수 있는가?
5. 과제는 있는 그대로 자연스러운 호흡이든 긴 심호흡이든 간에, 하루 종일 매 순간 호흡으로 주의를 되돌리는 것을 알아차리는 것이다. 일상적인 가정생활을 하는 중에 호흡에 집중해서 심호흡을 하는 것이 언제 가장 효과가 있겠는가?

∾ 1. 2과 − 명상 ∾
감각 마음챙김

이 과에서 공부할 내용

- 명상을 할 때 호흡의 역할
- 집중과 마음챙김의 관계
- 감각 경험 마음챙김
- 마음속 메모 기술
- 마음챙김 자녀 양육: 주의를 기울이기로 선택하는 것

학습

마음을 비울 수 없어요!

명상을 배우기 시작하는 거의 모든 이들이 생각하는 마음을 비우는 것이 목표라고 여긴다. 하지만 마음챙김 명상의 목표는 생각하기를 멈추거나 생각을 없애는 것이 아니다. 위가 음식을 소화하고 심장이 혈액을 내보내는 것과 마찬가지로 실제로 마음은 생각하도록 만들어져 있다. 우리가 생존과 안전을 유지할 수 있는 것도 생각할 수 있기 때문이다. 명

상의 목표는 생각하기를 멈추고 한 걸음 물러나 마음을 지켜보는 것이다. 스스로 생각하는 것을 알아차릴 때 우리는 생각과 감정이 어떻게 작용하는지에 대해 엄청나게 많은 것을 배운다. 떠오르는 생각을 뒤로 제쳐두고 호흡에 주의를 기울여라. 생각을 다스리는 법에 대해서는 나중에 다른 곳에서 배워보기로 하자.

명상할 때 호흡의 역할

지난 시간에 우리는 호흡으로 주의를 되돌리는 연습을 시작했다. '성공적인' 명상이란 잠시도 방해 받지 않고 지속적으로 호흡을 따르는 것이라고 생각할 수도 있다. 하지만 여기서 우리가 공부하는 명상 방식에서 호흡은 닻과 같은 구실을 한다. 배가 바다로 떠내려가지 않도록 닻이 잡아주는 것과 마찬가지로 호흡은 우리의 마음이 너무 오랫동안 너무 멀리 떠돌지 않도록 지금 이 순간에 묶어두는 한 가지 방법이다. 명상 수련을 할 때 호흡의 역할을 이해하는 데 도움이 되는 두 가지 이미지가 있다.

'우리의 현 위치'를 표시하는 지도 위의 별

명상할 때 호흡을 다스리는 것에는 다양한 측면이 있다. 그중 한 가지는 우리 자신이 어디에 있는지를 알 수 있도록 기준을 세우는 것이다. 일단 호흡에서 귀의처를 찾게 되면, 우리의 마음이 어디를 헤매고 있는지, 어떤 일련의 생각 속에서 얼마나 멀리 떠돌 것인지, 어떻게 우리가 특정한 이야기를 알아차리고 정리하는지를 이해하기가 더 쉬워진다. 그것은 마치 쇼핑몰의 안내 지도에서 '우리의 현재 위치'를 표시하는 별 표시와 같다. 이런 관점에서 한 호흡 한 호흡을 따르는 것에 집중하기보다는 호흡에 계속 주의를 기울임으로써 마음속에서 일어나고 있는 일을 모조리 알아차림하는 것이 더 중요하다.

시냇물 속의 막대기[5]

숲속을 걷다가 맑고 고요한 시내를 마주쳤다고 상상해보라. 수면이 아주 고요하기 때문에 시내가 흐르고 있는지 정지되어 있는지 알기 어려울 것이다. 흐름을 측정하려면 시냇물 속에 막대기를 곧게 세워 보라. 그러면 막대기 주위로 잔물결이 일 것이다. 이제 시냇물이 흐르는 방향을 볼 수 있을 것이다. 물이 얼마나 빠른지, 얼마나 깊은지도 알 수 있다. 호흡에 주의를 기울이는 것은 마치 시냇물 속의 막대기처럼, 생각의 흐름과 방향, 속도 등을 더 잘 지켜볼 수 있는 고정점을 정하는 것과 같다.

이전 과에서 배운 내용에 유의하면서 이제 이 과에서 주요하게 배울 것으로 돌아가자.

집중은 마음챙김에 도움이 된다

렌즈를 고정하고 있는 지지대가 다소 느슨한 (아마 나사가 느슨한) 현미경을 상상해보라. 그 렌즈를 통해 아래에 있는 물체를 볼 때 지지대가 불안정하면 표본을 잘 볼 수 없다. 나사를 조여 지지대가 안정되면 물체를 잘 볼 수 있다. 이와 마찬가지로 우리의 나사가 느슨해서 주의가 산만하게 흔들리면서 불안정하다면, 자신의 마음과 정신, 주변에서 일어나고 있는 모든 상황을 명확하게 지켜보지 못한다. 호흡 명상을 통해 집중력을 기르면 주의력이 안정되기 때문에 마음이 이리저리 떠돌거나 휩쓸리지 않고 온전히 지금 이 순간의 경험에 깨어 있을 수 있다.

우리가 깨어 있을 수 있는 지금 이 순간에 어떤 종류의 일들이 일어나고 있는가? 물론 호흡이 일어나고 있으며, 세상과 우리의 감각 사이의 연결을 느낄 수 있다. 그러니까 듣고 보고 냄새 맡고 맛보고 몸으로 느끼는 이 모든 감각이 지금 이 순간에 일어나고 있다. 우리의 모든 생각과 감정도 지금 이 순간에 일어난다. 과거나 미래를 생각하고 있더라도 그 생각 자체는 지금 일어나고 있다. 가령 이리저리 마음이 떠돌거나 졸리는 등의 마음 상태 역시 지금 이 순간에 일어난다. 명상을 하는 동안 우리는 이 모든 경험에 깨어 있을 수 있다.

이 과에서는 감각 경험에 깨어 있음으로써 현존하는 법에 대해 배울 것이다. 불교 철학에서는 마음을 오감 외에 또 하나의 감각으로 보고 있다. 눈이 시야를 받아들이고 귀가 소리를 받아들이는 것과 마찬가지로 마음은 생각과 감정을 받아들인다.[6] 이미 주의 깊게 사물을 관찰하는 법을 배우기는 했지만, 이런 주의력을 훨씬 더 기를 수 있다. 아주 열심히 주의를 기울이는 법을 배우기 위해 조그마한 건포도를 가능한 한 천천히 알아차림하며 먹을 것이다. 이 수행에서 배우는 가르침은 다른 모든 감각으로 확장될 수 있다.

🔔 명상 훈련: 건포도 씹기

단 한 알의 건포도를 5분~10분 동안 먹는 명상 훈련을 통해 우리는 알아차리며 먹는 것이 무엇인지 알 수 있다. 이 수행은 눈을 감고 하는 것이 가장 좋다.

앞니로 건포도를 가볍게 물고 혀와 입술 안쪽을 사용해서 건포도를 잡고 이리저리 굴리는 것으로 시작하라. 혀가 건포도의 표면에 닿을 때 처음 느껴지는 것에 주목하라. 거칠거나 부드러운 느낌, 맛이 있거나 없는 것, 입안의 움직임, 침이 고이는 것을 알아차려라. 또한 건포도에 대해 지니고 있는 생각에 귀를 기울여라. 그런 다음 아주 천천히, 건포도를 해부하듯이 분해하라. 현미경을 들여다보듯이 세심하게 주의를 기울이면서 가장 난해한 건포도 먹기 경험에 집중하라. 준비가 되면 잘 씹은 건포도가 목구멍으로 내려가는 감각을 음미하면서 천천히, 알아차림하며 삼켜라. 식도를 타고 위까지 내려가는 건포도의 움직임을 더 이상 느낄 수 없을 때까지 따라가라.

많은 사람들이 이 수행이 두 눈을 뜨게 해주는 사건이라는 것을 알아차린다. 우리는 건포도에 대해 '달콤한 말린 과일'이라는 개념을 가지고 있지만, 실제로 건포도를 먹는 경험은 훨씬 더 복잡한 과정이라는 사실을 배우게 된다. 여기서 개념과 경험의 차이를 알 수 있다. 우리는 실제 현실에서보다는 머릿속에서 살기 때문에 흔히 우리가 생각하는 것에 근거한 경험 사건은 실제로 일어나고 있는 일과 전혀 다르게 일어나고 있다. 또한 이 수행에서 우리가 부주의한 탓에 놓치게 되는 실제 경험이 얼마나 많은지, 우리가 알아차리고 있다고 생각할 때에도 얼마나 많은 것을 알아차리지 못하는지도 배우게 된다. 무지가 그릇된 판단으로 이어지기에 우리는 종종 무지에 근거한 말이나 행동을 한다. 명상의 대부분이 실제로 현실에 집중하고, 거기서부터 우리가 해야 할 말이나 행동이 무엇인지를 (대개는 하지 말아야 할 말이나 행동이 무엇인지를) 더 분명하게 확실히 아는 것에 대한 것이다. 이 수행은 또한 매우 단순한 교훈을 준다. 가령 건포도는 우리에게 엄청난 기쁨을 줄 수 있다. 정말로 단순한 것을 즐기는 일이야말로 너무나 보람 있는 삶의 자질인 만족과 감사로 이어진다. 다음 시간에는 더 나은 무언가를 고대하는 자신을 발견하고, 잠시 이미 주어진 것이 무엇인지, 있는 그대로 그것이 얼마나 놀라운 선물인지를 알아차리는 시간을 가져 보라.

다른 감각

알아차리며 맛을 보는 것과 똑같은 정도로 다른 감각에 주의를 기울여 보라. 가령 음악을 들을 때 다른 일을 생각하면서 반쯤 주의를 기울이는가? 아니면 정말로 온전히 집중해서 듣는가? 산책을 할 때 과거의 기억에 몰두하거나 미래를 계획하는 일에 빠져 있는가? 아니면 지금 있는 장소에서 풍기는 향기와 시원한 공기, 산들바람에 주의를 기울이고 있는가? 가족들을 볼 때 그저 그들의 모습만 보고 있는가? 아니면 정말로 그들을 온전히 명확히 보고 있는가?

불편함

어떤 자세도 조금은 불편할 수 있다. 심지어 누운 자세도 불편할 수 있다. 하지만 명상 시간이 끝나갈 때 오는 가벼운 불편이라면, 그저 자세를 바꾸거나 명상을 마치면 사라질 불편이라면, 그런 불편함은 명상 중에 다루게 될 또 하나의 대상이다. 가능한 한 오래 불편함과 함께 머물러 보라. 움직이기 전에 불편함에 대해 연구해보라(이 문제에 대해서는 나중에 더 논의해 보자). 움직이기로 마음을 먹었다면 가능한 한 알아차림 하면서 움직여라. 자기 몸이 느끼는 특별한 욕구를 마음에 두되, 계속되고 있던 상태에도 자비로운 마음으로 적절히 주의를 기울여라.

정좌 명상 전에 요가나 운동을 하라

몸이 명상을 할 준비를 하는 것은 물론이고 신체적 불편함을 줄이는 한 가지 방법은 명상을 하기 전에 5분~20분 정도 요가나 스트레칭, 운동을 하는 것이다. 신체 활동은 정좌 명상에 엄청나게 도움이 된다. 신체 활동은 우리 몸의 기운을 북돋우는 데 도움이 되며, 몸에 쌓인 스트레스를 풀어주며, 몸의 에너지를 안정시켜 마음이 흐트러지는 것을 줄여준다.

마음속 메모로 지금 일어나고 있는 일을 온전히 음미하기

앞에서 우리는 마음챙김하며 듣기뿐만 아니라 들숨과 날숨을 온전히 마음챙김하는 법을 배웠다. 마음속 메모는 저항하지 않고 지금 일어나고 있는 일을 온전히 알아차리는 방법이다. 이 기술은 조용히 마음의 이름표를 붙이면서 지금 일어나고 있는 일을 알아차리는 것이다. 마음속 메모는 가령 생각하기, 듣기, 냄새 맡기, 들뜸, 졸음 등 지금 일어나고 있는 일에 대한 것일 수도 있다. 마음속 메모는 저림, 따뜻함, 압박 등 우리가 관찰하는 것을 설명하는 것일 수도 있다. 지금 일어나고 있는 일을 온전히 알아차림으로써 경험에 너무 휩쓸리지 않고 경험을 더 주의 깊게 지켜볼 수 있다. 마치 우리가 알아차리는 것을 연구자들이 관찰적 용어로 설명하고 있는 것과 같다. 정확히 옳은 단어를 찾으려고 안달할 필요가 없다. 그저 생각이 떠오르는 대로 사용하라. '기쁜,' '나쁜,' '좋아하는,' '흥분시키는'과 같은 판단적인 단어는 피하고, 가치중립적인 말을 선택하라. 마음속 메모는 마음의 뒤쪽에서 일어나듯이 매우 조용히 이루어져야 한다. 목소리의 톤을 지켜보라. 분개한 어조라면 더 수용적인 목소리로 바꾸어라.

마음속 메모하기 수행은 명상을 하는 동안이나 더 긴 시간 동안 더 큰 그림을 알아차리고 떠오르는 마음 상태를 깨닫는 데 도움이 된다. 명상을 하는 동안 마음속 메모하기 수행을 하면 또한 일상생활로 이어진다. 마음속 메모가 습관이 되면 미처 의식하지 못했던 자신의 행동이나 말에서 패턴과 우리 자신의 다른 측면을 알아차리게 된다.

♥ 마음챙김 자녀 양육

주의를 기울이기로 선택하는 것

부모로서 우리는 너무 바쁜 나머지 아이들에게는 그저 반쯤만 주의를 기울이곤 한다. 게다가 컴퓨터를 사용할 때는 더 건성으로 주의를 기울인다. 우리가 정말로 아이들과 함께 머무르지 않을 때 아이들은 알고 있다. 누구나 아이들이 진정한 대답을 들을 때까지 같은 질문을 몇 번이고 반복하는 것을 들은 적이 있을 것이다. 이런 상황에서 아이들은 무시당하는 기분을 느끼고 그들의 요구가 중요하지 않다고 생각한다. '응'이나 '음' 같은 습관적인 반응을 그만 두고 주의를 요구하는 아이들의 행동에 좀 더 확고하게 다가가는 게 어떨까? 내 아이들 중 하나가 나에게 질문을 한다면 그 말을 듣자마자 하고 있는 일을 중단하고 아이에게 온전히 주의를 기울이거나, "이 일을 해놓고 금방 너의 말을 들어줄게."라고 말할 것이다. 공식 명상 수련을 통해 강화된 주의력을 의식적으로 돌리는 것은 남들이 더 충분히 인정받는 기분을 느끼게 할 뿐 아니라 우리 스스로도 지금 이 순간에 집중할 여유를 가지는 데 도움이 된다.

✋ 과제

공식 수행

- 잠시라도 고요히 자리에 앉아서 명상 수련을 하는 것은 언제든 유익하다. 매일 2분이나 5분, 아니면 10분 동안 가능한 대로 짬을 내서 앉아라.
- 집중 명상을 하고 싶다면 매번 20분씩, 일주일에 3~5회 정좌 명상을 하라.
- 1.1과의 명상 지침을 활용하라.
- 여섯 가지 감각을 마음챙김 수행에 통합하라. 피부에 닿는 감각(촉각), 소리(청각) 등을 지켜보라.
- 조용히 경험을 묘사하고 연결하는 이름표를 붙여 마음에 메모하기 수행을 포함하고 확장하라. 줄곧 그 경험을 알아차려라. 가볍고 단순하게 하라.
- 가능하면 정좌 명상을 하기 전에 잠시 요가나 스트레칭, 운동을 통합하라.

일상생활 수행

식사 마음챙김. 건포도 먹기 명상을 해보았으면 이제 식사를 하는 과정 전체를 천천히 알아차리면 어떨지 지켜보라. 먹는 동안 몸이 경험하는 것에 주목하면서 맛과 감촉, 온도 등 음식의 다양한 특성에 주의를 기울여라. 가능하면 방해받지 않는 장소에서 조용히 먹어라. 한 술 더 뜨기 전에 수저를 내려놓고 눈을 감고 입안에서 일어나고 있는 일에 온전히 주의를 기울이고 싶을지도 모른다. 먹고 있을 때 떠오르는 판단이나 비평도 모조리 알아차려라. 이런 생각을 내려놓고 눈앞의 음식을 먹는 생생한 경험으로 주의를 되돌려라.

✸ 붓다의 말씀

모든 상황 알아차리기

더 나아가, 앞으로 나아갈 때나 돌아올 때나 그는 온전히 알아차린다. 바라볼 때나 눈길을 돌릴 때나… 팔다리를 굽힐 때나 펼 때나… 먹을 때나 마실 때나 씹을 때나 삼킬 때나… 오줌을 눌 때나 똥을 눌 때나… 걸을 때나 서 있을 때나 앉을 때나, 잠들 때나 깨어 있을 때나, 말할 때나 침묵할 때나 그는 활짝 깨어 있는다.[7]

✓ 기억할 요점

- 명상의 핵심은 마음을 비우는 것이 아니라 마음속에 떠오르는 온갖 생각을 온전히 알아차리는 것이다.
- 호흡은 마음의 움직임을 지켜볼 수 있는 고정점으로서 닻과 같은 구실을 한다.
- 호흡 명상을 통해 집중력을 기르면 주의가 안정되기 때문에 마음이 이리저리 떠돌거나 휩쓸리지 않고 온전히 지금 이 순간의 경험에 깨어 있을 수 있다.
- 듣고 냄새 맡고 맛보고 생각하는 등 지금 이 순간에 일어나고 있는 모든 경험을 온전히 알아차릴 수 있다.
- 우리는 흔히 실제로 일어나고 있는 일이 아니라 자기 생각에 일어나고 있는 일을 통해 세상을 경험하면서 머릿속에서 살고 있다.

- 마음속 메모는 저항하지 않고 지금 일어나고 있는 일을 온전히 알아차리는 방법이다.
- 자녀 양육을 하면서 다양한 요구가 있을 때 우리는 좀 더 의식적으로 주의를 기울이는 법을 배울 수 있다.

🐘 논의할 질문

1. 건포도를 경험하기 위해 어떤 감각을 이용했나? 무엇을 알아차렸나? 무엇에 놀랐나?
2. 먹기 명상을 통해 배운 것을 다른 감각으로 확장해보라. 어떤 감각을 선택했는가? 그 감각을 이용해서 마음챙김하는 것이 어떨 것 같은가?
3. 공식 명상으로 호흡 마음챙김 수행을 하는 동안 어떻게 감각에 주의를 기울일 수 있는가?

가정생활 질문

4. 집에서 감각을 통해 어떤 방식으로 마음챙김을 확장할 수 있는가?
5. 당신은 아이들과 가정생활에 잘 집중하고 있는가? 어떤 감각에 가장 집중하지 않는가?
6. 집에서 당신이 주의를 기울여야 할 때 자동적인 반응을 보이는 때는 보통 언제인가?

❧ 1.3과 - 명상 ❧
신체 마음챙김

이 과에서 공부할 내용

• 졸음, 들뜸, 욕망, 혐오, 의심
• 신체 감각에 주의를 기울이기
• 지금 일어나고 있는 일에 대응하는 태도에서 비롯되는 스트레스
• 마음챙김 자녀 양육: 가정에서 느끼는 스트레스

✿ 학습

다섯 가지 장애

모든 명상가들이 언급하는 다섯 가지 장애가 있다. 이를테면 명상가들이 호흡이나 마음챙김의 대상에 주의를 기울일 때 집중을 방해하는 장애가 있다. 장애는 그 자체로 마음챙김의 기회가 될 수 있으며, 지금 이 순간에 무언가를 탐구하는 것과 똑같은 방식으로 장애를 다룰 수도 있다. 결국 그것이 전혀 장애가 아니라는 사실을 알게 된다. 장애도 그저 알아차리고 기꺼이 경험할 대상인 것이다.

나태와 무기력으로도 알려진 졸음은 아마도 많은 사람들이 첫 번째로 겪는 장애일 것이다. 특히 명상을 처음 시작했을 때 졸음이 오는 것은 피곤해서 그런 것일 것이다. 맞다. 그렇게 단순한 것이다! 명상 중에 졸음이 온다면, 밤에 더 많이 잘 필요가 있다거나 과로를 줄여야 한다는 사실을 알 기회로 여겨라. 하지만 회피나 스트레스, 무기력, 호기심 결핍 등 다른 많은 이유로 졸음이 올 수도 있다는 사실을 알아차려라. 졸음을 다스리는 법은 다음과 같다.

- 몇 차례 심호흡하기
- 눈을 뜨기
- 자세를 바로잡기
- 서서 하는 명상 수련하기
- 호흡을 세기
- 졸음을 마음챙김의 대상으로 삼기
- 호흡에 더욱 집중하기

이런 온갖 방법을 동원해도 종종 졸음과 씨름하게 된다. 그런 경우에는 명상 도중에 선잠을 자는 편이 현명할지도 모른다. 잠에서 깨어나면 조금 더 기분이 상쾌하고 기운이 충만해져서 다시 호흡에 주의를 기울일 수도 있다. 재가불자로서 개인적으로 아주 분주한 나날을 보내는 나는 선잠을 자는 방법이 가장 효율적이라는 사실을 알았다. 잠시 졸고 나면 마치 컴퓨터를 재부팅하듯이 개운해져서 명상을 새로 시작할 수 있게 된다.

졸음이 오는 것과 반대로 불안은 마음이 천지사방을 떠돌아서 생각이 많아지거나 몸이 신경과민이 되어서 가만히 앉아 있지 못하는 상태다. 우리의 마음이 너무 흐트러져 있어 마음이 지금 어떤 상태인지 알아차릴 방법이 거의 없기 때문에, 불안을 인지하는 것은 조금 더 어렵다. 다행스러운 것은 일단 '불안'을 마음에 메모하면 불안이 자연히 누그러진다는 것이다. 그렇긴 해도 불안을 가라앉히려면 약간의 노력이 필요할지도 모른다. 부지런히 호흡을 따르려고 할 수는 있지만, 너무 애를 쓰지는 마라. 만약 효과가 없다면 불안을 알아차려라. 나는 불안의 이면에 무엇이 있는지를 잘 살펴보는 것이 아주 중요하다는 사실을 깨닫게 되었다. 스스로 이런 질문을 해 볼 수도 있다. 왜 그토록 많은 일을 계획하는가? 정말로 지금 당장 그 일을 할 필요가 있는가? 정말로 불안해서인가? 무엇이 불안한가? 명상을 하는 동안 줄곧 이런 의문이 생기더라도 내버려두고, 그저 가볍게 대응하라. 깊이 생각하지 말고 그저 질문들이 떠오르게 두어라.

다른 방법은 아름다운 해변을 상상하는 것이다. 바람과 파도, 햇빛과 지나가는 배와 바다 표면을 흔드는 온갖 움직임으로 인해 수면은 일렁이지만, 바닥 깊숙한 곳은 고요하고 평화롭다. 바다 밑바닥을 보듯이 아랫배에 주의를 기울여라. 그리고 마음을 바라보면 수면을 희롱하는 잔물결(끊임없이 떠도는 생각)을 지켜볼 수 있다. 이 이미지는 불안이 있는 그대로 머물게 놓아두면서 조용하고 주의 깊은 알아차림을 유지하는 데 도움이 된다.

욕망이란 어떤 물건이나 사람을 원하는 생각의 패턴이다. 머릿속으로 쇼핑을 하거나 상상속의 누군가와 연애를 하거나 어떤 결과나 성취를 갈망할 수도 있다. 다른 장애와 마찬가지로, 욕망을 알아차리게 되면 정신적 에너지의 소모를 멈출 수 있고, 마음이 왜 그런 데를 기웃거리고 있는지 지켜볼 수 있는 통찰력을 지닐 수 있다. 욕망에 휘말리지 않으면서 뭔가를 원하는 마음 상태에 머무는 것은 가능한 일이다.

혐오는 욕망과 반대로 싫음과 노여움, 실망, 부정, 비난으로 가득 차 있는 마음 상태다. 흔히 혐오의 감정이 일어나면 실망하는 대상을 비판하려는 마음이 생기고, '나는 왜 이렇게나 비판적일까?'라는 생각이 들면서 혐오의 감정이 더욱 증폭된다. 혐오가 있을 때, 자아와 혐오하는 마음 상태 사이에 완충제로써 친절을 일깨우는 것이 중요하다. 그러니까 이런 생각이 울려 퍼지게 내버려두기보다는 유머와 온정, 호기심을 가지고 싫어하는 마음을 지켜보라. 다른 장애와 마찬가지로, 혐오를 알아차리고 살펴보면 귀중한 통찰을 얻을 수 있다.

의심은 처음에는 아주 이성적인 것처럼 보이기에 가장 알아차리기 어려운 장애다. 이를테면 '이따위 명상 나부랭이는 믿을 수가 없어. 그 시간에 운동이나 하는 편이 낫지 않겠어?'라거나, '지금은 이런 걸 하기에 좋은 시간이 아니야. 내 삶에서 명상을 선택하기에 적절한 때가 아니야.' 같은 생각이 든다. 의심은 실제로 혼란의 담을 쌓음으로써 지금 일어나고 있는 일을 지켜보지 못하게 가로막으려는 마음의 시도다. 의심을 날려버려야 한다는 뜻이 아니다. 다시 말해서, 만약 지켜보는 것이 어렵다면, 그건 아마도 당신 내면의 어떤 부분이 뭔가를 지켜볼 준비가 아직 되지 않은 것이다. 의심하고 있음을 알아차리는 것만으로도 종종 효과가 있다. 의심이 일어나거든 마음을 진정하고 호흡으로 주의를 되돌려라. 이것은 명상의 장점이나 단점에 대한 생각을 아예 하지 않는 것이 아니다. 아무튼 사려 깊고 비판적으로 생각하되 명상 시간이 끝난 후에 생각하도록 스스로 다짐할 수 있을 것이다.

장애에 대한 최고의 조언은 아잔 브람(Ajahn Brahm)의 『자애(Kindfulness)』에 적힌 글이다.

몸의 감각

이 과에서는 알아차림을 신체 감각으로 확장한다. 가려움이나 경련, 근육통 같은 감각이 주의를 끌어 호흡에 집중하기 어려울 때, 몸이 경험하고 있는 모든 감각에 온전히 호기심을 집중하라. 세밀히 알아차림 하면서 건포도를 관찰하던 것과 마찬가지로 이제 몸의 감각을 관찰한다. 우선 감각 그 자체를 알아차려라. 차갑거나 따뜻하거나 따끔거리거나 눌리는 데가 있는가? 그 감각이 한 가지인가? 여러 가지 다양한 감각으로 이루어져 있는가? 그 감각이 바뀌고 있는가? 둘째, 그 감각에 대한 자신의 생각과 반응을 알아차려라. 예를 들어 허리가 약간 당기는 느낌이 들면 당신은 '오늘 아침에 피로해서 그래. 그렇게 밀어붙일 필요가 없다는 걸 알아. 쳇, 나도 참 A형 성격이야. 맞아, 그게 바로 내가 명상을 배우는 이유지.' 하고 생각할지도 모른다. 명상 지도자인 샤론 샐즈버그(Sharon Salzberg)는 이런 생각을 '덧붙이기'라고 일컫고 있는데, 말하자면 우리가 실제 경험에 덧붙이는 내면의 소리와 비평을 말한다.

신체 감각을 대상으로 수행할 때 우리는 각각의 경험이 실제로 감각 그 자체와 그 감각에 대한 우리의 판단이나 평가 혹은 반응이라는 두 가지 요소로 이루어져 있음을 알게 된다. 보통 이 두 가지는 서로 뒤얽혀 있기에 같은 것으로 생각하기 쉽다. 하지만 좀 더 자세히 들여다보면 둘 사이에 작은 차이가 있음을 알아차리게 된다. 이러한 차이에서 다른 선택을 할 여지가 생기며, 결국 우리는 세상에 대해 단순히 반응적인 존재에서 벗어나 의식적 반응을 할 수 있는, 더 큰 마음의 공간을 지닌 존재로 변화하게 된다.

❧ 명상 지침

- 긴장을 풀고 편안하게 자리에 앉되 편안하게 호흡할 수 있도록 똑바로 앉아라.
- 몸을 이완시키고 조용히 몇 차례 길게 심호흡을 하라.
- 처음 몇 분 동안 호흡을 따르면서 집중력을 기르고 마음을 고요히 하라. 가령 '들이쉬고,' '내쉬고'라며 조용히 마음에 메모를 하라.
- 몸의 한 가지 감각이 주의를 끌거든 의식이 그곳으로 향하게 두어라. '가려움'이든, '당김'이든, '따뜻함'이든 무엇이든 두드러지는 감각에 주목하라.
- 이제 그 감각을 세밀히 알아차림 하면서 그 감각의 요소들을 탐색하기 시작하라. 어떤 다른 특징이 있는가? 가령 체온이나 맥박, 움직임을 알아차릴 수 있을 것이다. 그 감각이 계속 동일하게 느껴지는가? 아니면 바뀌고 있는가? 그 감각을 한 번도 느껴본 적 없는 누군가에게 설명하듯이 중립적이고 묘사적으로 메모하라.
- 몸의 감각에 어떤 생각이나 감정이 덧입혀지는지를 온전히 알아차려라. 어떤 종류의 생각이 떠오르는가? 판단이나 정서적 반응이 느껴지는가? 흥미를 가지고 판단하지 않는 태도로 이런 반응을 관찰하라. 몸과 마음에 일어나는 모든 과정을 그저 지켜보아

라. 이야기에 휘말리는 것을 알아차리거든 한 걸음 물러나 줄거리가 생겨나는 것을 있는 그대로 관찰하라.

* 감각이 사라지면 그 감각이 느껴지지 않는 상태를 알아차려라.
* 호흡으로 주의를 되돌려라. 다른 소리나 감각이 다시 주의를 끌 때까지 호흡과 함께 머물러라. 원래 주의를 기울이던 대상에 느슨하고 자유롭게 주의를 이동하라. 하지만 마음이 흐트러지거나 이리저리 떠도는 것을 알아차리거든 잠시 호흡으로 되돌아와서 다시 집중하라.
* 명상을 하는 동안 졸음, 들뜸, 욕망, 혐오, 의심 등 다섯 가지 장애 중 한 가지가 생기는지 알아차려라.
* 명상을 마치기 위해 천천히 알아차리며 절을 하라.

바디 스캔 명상

어떤 사람들은 점진적인 바디 스캔이 수행을 매우 확고하게 하는 효과가 있다고 생각한다. 바디 스캔은 정수리에서 발끝까지, 혹은 거꾸로 천천히 이동하면서 감각에 집중하는 것으로 시작한다. 자신의 몸으로 온전히 주의를 되돌리는 것은 굉장한 일이다. 생각이나 대화, 업무에 사로잡힌 나머지 우리는 너무 자주 자신의 몸을 알아차리지 못하고 있기 때문이다. 이 수행을 하기 위해 단지 신체 구석구석에 온전히 주의를 가져가라. 따끔거림이나 움직임, 온도, 압력, 가려움 등 유쾌하거나 불쾌하거나 그저 그런 감각을 알아차려라. 아주 미세한 감각에까지 주의를 집중하라. 피부 감각은 물론이고 가능한 한 깊숙한 안쪽의 감각도 알아차려라. 긴장된 근육을 이완하고 부드러워지게 지시하라. 하지만 단단한 부분이 남아 있으면 있는 그대로 놔두고 긴장된 감각을 알아차려라.

무엇이든 당신이 알아차리고 있는 것에 대응하여 어떤 종류의 판단이나 이야기가 생기는지도 알아차려라. 또 가혹하고 비판적인 어조에서 부드럽고 수용적인 어조로 내면의 목소리를 바꾸어라. 정서적으로나 심리적으로 약한 부분, 즉 과거의 고통이나 방어 기제가 쌓여 있는 곳을 발견할지도 모른다. 트라우마나 고통이 있는 부분을 특히 소중히 여기고 너그럽게 어루만져 주어라. 공식 명상을 하는 동안 적어도 한 번은 점진적인 바디 스캔을 하라.

마음의 평화는 어디에? 젠장?!

대부분의 사람들은 내면의 평화를 찾아 명상을 하지만, 흐트러진 마음으로 정좌 명상을 하고 있는 자신을 발견하게 된다. 실제로 우리는 평범한 하루를 지낼 때보다 명상 중에 덜 편안한 기분을 느낄지도 모른다. 무슨 일이 일어나고 있는 걸까? 도대체 명상이 내면의 평화를 가져오기는 하는 걸까?

고요와 평화가 어떤 것인지 생각해 볼 때 잔잔한 호수의 수면 같은 이미지가 머리에 떠오른다. 호수는 겉보기에 고요하고 평온하다. 잔물결을 일으키는 바람이나 모터보트도 없다. 또 흔히 이 평화로운 이미지를 명상에 대입해서 내면의 평화는 방해물이 없는 상태라고 생각한다. 하지만 명상을 할 때 우리가 지켜보는 대상은 모조리 방해물이 된다! 우선 우리는 끝없는 계획과 고통, 통증, 졸음 등 장애를 없애려고 한다. 평화로운 경지에 도달하기 위해 방해물을 치우려고 애를 쓴다. 하지만 이것은 끝나지 않는 두더지 잡기 게임과 같다. 한 가지 방해물을 때려눕히자마자 다른 방해물이 튀어나온다.

사실 명상은 방해물이 있는 데서도 평온을 유지하며 지금 일어나고 있는 일과 온전히 함께 머무는 법을 배우는 것이다. 어깨에 통증이 있다고 해도 그다지 대단한 일이 아니며, 마음이 떠도는 것도 견딜 수 있으며, 괴로운 기억이 떠오르더라도 침착하게 연민을 지닐 수 있다는 사실을 배운다.

우리는 결코 삶을 마음대로 계획할 수 없으며, 삶에는 언제나 혼란과 실망, 불만이 있게 마련이다. 진정한 능력은 이런 방해물에 대응하는 방법, 즉 어려움에 직면해서 평정을 유지하는 방법, 균형과 명확함, 연민을 유지하는 방법을 아는 것이다. 결국 무엇이 더 유익할까? 모든 것이 더할 나위 없이 좋을 때 평화로운 것인가? 아니면 위급하거나 불우한

처지에 직면해서도 평정을 유지하는 것인가? 그것이 바로 우리가 명상을 통해 도달하고자 하는 지점이다. 또한 소리나 신체 감각 같은 사소한 것들을 대상으로 명상을 하면서 이런 능력을 수련할 때, 우리는 삶의 더 큰 깨달음을 위해 우리 자신을 길들이고 있는 것이다.

스트레스: 지금 일어나고 있는 일에 대응하는 태도

지금 당신이 사랑에 빠져 있다고 상상해보라. 바로 그날 우산도 비옷도 없이 폭우 속으로 걸어 나갔다고 상상해 보라. 사랑에 빠져 있을 때 그 비를 어떻게 경험하는가? 상쾌한 축복 같은 비라고 해석할지도 모른다. 일이 잘 안 풀리는 날을 상상해보라. 무슨 일로든 당신을 비난하는 불쾌한 이메일을 받았거나 직장 동료가 사실은 당신을 싫어한다는 말을 들었을지도 모른다. 그런 다음 똑같이 우산도 비옷도 없이 폭우 속으로 걸어 나갔다고 상상해 보라. 힘든 시간을 보내고 있을 때 그 비를 어떻게 경험하는가? 짜증나고 귀찮고 재수 없는 비라는 생각이 들 것이다.

  비 자체는 하루하루 다르지 않지만, 그 비에 대한 경험은 즐거운 것일 수도 있고 아주 불쾌한 것일 수도 있다. 이런 생각 실험에서 알 수 있는 것은 스트레스를 유발하는 것은 실제로 살아가면서 부닥치는 사건이나 상황 혹은 사람들이 아니라는 것이다. 그것을 스트레스로 여기느냐 마느냐를 결정하는 것은 일어나고 있는 일에 대한 우리의 태도다.

  일주일 동안 스트레스가 쌓이는 것을 알아차리거든 지금 일어나고 있는 일에 달리 대응하는 방법이 있는지 잠시 생각해보라. 상황을 어렵게 만들거나 제어하거나 세세한 점까지 통제하려 들거나 걱정하거나 불안할 때, 어떤 일이 일어나는가? 심호흡을 하고 긴장을 풀고, 스스로 얼마나 상황을 통제할 수 있는지를 현실적으로 판단하고 불안을 내려놓을 때와 어떻게 다른가?

♥ 마음챙김 자녀 양육

지금 일어나고 있는 일에 대응하는 태도에서 비롯되는 스트레스

부모로서 우리는 종종 자녀들의 행동을 스트레스의 원인으로 잘못 생각한다. 하지만 '기분이 좋은' 날에는 아이들이 집안을 어지르거나 옷을 더럽히더라도 그다지 귀찮아하지 않지만, '기분이 나쁜' 날에는 굉장히 성이 나서 "접시에 바짝 입을 대고 먹으라고 몇 번이나 일렀잖아! 또 셔츠를 더럽혔네. 이런 얼룩은 지워지지도 않을 텐데."라며 아이들을 꾸짖기 시작한다. 하지만 스트레스의 진짜 원인은 우리 아이들이 아니라, 지금 일어나고 있는 일에 대응하는 우리의 태도다.

이 문제에 어떻게 대처할 수 있을까? 가장 직접적인 방법은 스트레스를 받는다는 느낌이 들 때 '이 문제에 다른 방법으로 대응할 수 있는가' 하고 자신에게 질문해보는 것이다. 언젠가 우리 가족이 호수로 드라이브를 간 적 있는데, 그만 멀리 외떨어진 곳에서 타이어에 펑크가 났다. 타이머를 바꾸려고 길 한쪽으로 차를 댔고, 나를 포함해서 모두들 짜증이 났다. 몇 차례 언짢은 언쟁을 한 후에야 지금 일어나고 있는 일에 다른 방법으로 대응할 수 있는지를 생각해보아야겠다는 생각이 들었다. 그 상황에서 좋은 것을 찾아보았다. 따사로운 햇볕과 조용한 목초지, 무엇보다 우리 가족이 무사히 함께 있다는 사실을 알아차렸다. 어린 자녀들은 고분고분 나의 지시에 따르고 있었고, 우리 모두 느긋한 기분이었다. 처음에 스트레스로 느껴졌던 일이 단지 계획을 바꾸는 것일 뿐인 사소한 일이 되었다.

✋ 과제

공식 수행

- 잠시라도 고요히 자리에 앉아서 명상 수련을 하는 것은 언제나 유익하다. 매일 2분이

나 5분, 아니면 10분 동안 가능한 대로 짬을 내서 앉아라.

- 집중 명상을 하고 싶다면 매번 20분씩, 일주일에 3~5회 정좌 명상을 하라.
- 몸의 감각이 일어날 때 매 순간 알아차리는 연습을 하라.
- 명상을 하는 동안 적어도 한 번은 점진적인 바디 스캔을 하라.
- 이 과에서 상세히 다룬 대로 졸음과 들뜸, 욕망, 혐오, 의심을 대상으로 수련하라.
- 당신이 명상 자체에 어떻게 대응하는지를 알아차려라.

일상생활 수행

일상의 알아차림. 다음 주에 날마다 몸으로 경험하는 일상 활동에 알아차림 하는 실험을 해보라. 여기에는 이를 닦거나 면도를 하거나 쓰레기를 버리거나 설거지를 하는 활동이 포함된다. 치약의 얼얼함이나 뻣뻣한 칫솔로 이를 닦는 기분을 느껴보라. 빨래를 갤 때 어떻게 팔을 들어 올리고 움직이는지를 알아차려라. 설거지를 할 때 물의 감촉을 느껴보라. 라디오나 TV를 끄는 등 외부의 방해물을 제거하고 결과에 대한 걱정이나 빨리 끝내려는 생각을 내려놓는 편이 좋다. 천천히 움직이면서 일을 처리하는 것이 일상 활동을 지켜보면서 훨씬 더 세심히 그 활동에 집중하는 데 도움이 될 것이다. 가능한 한 지금 이 순간에 깨어 있으면서 생각과 감정을 모조리 알아차림 하라. 그런 다음 그 생각과 감정을 가만히 내려놓아라. 마음이 흐트러지거든 단지 일상 활동을 하는 것으로 되돌아오라.

✸ 붓다의 말씀

장애

감각적 욕망이 있는 자는 '나에게 감각적 욕망이 있다'는 사실을 분명히 알고 있으며, 감각적 욕망이 없는 자는 '나에게 감각적 욕망이 없다'는 사실을 분명히 알고 있다. 그들은 또한 생기지 않던 감각적 욕망이 어떻게 생기는지를 분명히 알고 있으며, 생겨난 감각적 욕망을 어떻게 버리는지도 알고 있다. 감각적 욕망을 버리면 장차 다시 생기지 않는다는 것도 알고 있다.

마찬가지로 **악의**를 가진 자는 '나에게 악의가 있다'는 사실을 분명히 알고 있으며(위와 동일)… **혼침과 졸음**이 있는 자는 '나에게 혼침과 졸음이 있다'는 사실을 분명히 알고 있다… **번민과 후회**가 있는 자는 '나에게 번민과 후회가 있다'는 사실을 분명히 알고 있으며… **의심**이 있는 자는 '나에게 의심이 있다'는 사실을 분명히 알고 있다.[8]

☑ 기억할 요점

- 명상가들은 누구나 졸음과 번민, 욕망과 혐오, 의심을 경험한다. 이런 장애를 다루는 다양한 방법이 있다.
- 명상 중에 가렵거나 아픈 부위를 느끼거나 산들바람이 스치는 듯한 즐거운 감각과 같은 몸의 감각이 생기면, 이런 감각을 알아차리며 탐색할 수 있다.
- 이런 탐색은 우리가 경험에 덧붙이는 정신적 정서적 반응과 물리적 측면을 구분하는 것을 의미한다.
- 마음의 평화는 방해물이 없는 상태가 아니라 혼란한 가운데 균형을 유지하는 능력이다.
- 스트레스의 원인이 되는 한 가지 요인은 괴로운 상황이나 사건, 사람들에 대응하는 우리의 태도다. 우리는 자신의 대응 방식을 변화시킴으로써 스트레스를 줄일 수 있다.

🐘 논의할 질문

1. 명상 중에 다섯 가지 장애 중 어느 것이든 경험한 적이 있는가? 그 장애를 어떻게 다루었는가? 앞에서 설명한 방식이 효과가 있었는가?

2. 명상 중에 몸의 어떤 감각을 알아차렸는가? 당신에게 어떤 종류의 반응이나 '덧붙이기'가 생겼는가?

3. 명상이 무엇이든 떠오르는 생각이나 감정, 말하자면 방해물과 함께 머무르는 법을 배우는 것이라는 개념을 어떻게 생각하는가? 마음의 평화라고 하면 어떤 이미지가 떠오르는가? 그것이 현실적이라고 생각하는가?

4. 이번 주에 알아차림 훈련을 할 한 가지 일상 활동을 생각해보라. 어떤 것을 골랐는가?

가정생활 질문

5. 당신의 가정생활에 졸음이나 불안, 욕망, 혐오, 의심 같은 어떤 특별한 장애가 생겼는가? 그 문제에 어떻게 대처하는가? 자녀들의 행동에 두드러지는 장애가 있는가?

6. 최근 가정에 스트레스가 많은 때가 있었는가? 그 때를 돌이켜볼 때, 일어나고 있는 일 그 자체와 그 일에 대응하는 당신의 태도 사이에 조금이라도 차이를 관찰할 수 있는가? 달리 어떻게 할 수 있었는가?

7. 그에 대응하는 당신의 태도와 관련해서 볼 때, 당신은 어떤 때 스트레스를 받는가? 일어나고 있는 일에 대해 달리 해석하거나 대응했다면 그 일에 대한 경험이 바뀌었을까?

∼ 1.4과 – 명상 ∼
걷기 명상

이 과에서 공부할 내용

- 걷기 명상
- 있는 그대로의 상황에 저항하는 데서 비롯되는 스트레스
- 마음챙김 자녀 양육: 가정에서 하는 걷기 명상, 말로 표현하기 마음챙김

❀ 학습

방석에 앉아 정좌를 하는 것만이 공식 명상 수련이라고 생각하는가? 특히 신체적 고통이나 번민을 덜거나 졸음을 쫓기 위해 몸을 움직여야 하는 이들에게 좋은 소식이 있다. 바로 걷기 명상이 있다! 이 수행은 또한 정좌 명상과 일상생활 중의 마음챙김 사이의 훌륭한 가교 역할을 한다. 왜냐하면 일상적으로 우리는 많지 않더라도 어느 정도는 걷고 있기 때문이다.

걷기 명상을 하는 방법을 정확히 알기 위해 간단한 훈련부터 시작하라. 일어서서 양발에 고르게 체중을 실어라(가능하면 신발과 양말을 벗는 편이 훨씬 더 좋다). 이제 정수리에서 발바

닥까지 주의를 이동시켜라. 발바닥이 바닥과 어떻게 접촉하는지, 압력과 온도, 체중의 분배, 부드러움과 딱딱함 등을 느껴보라. 또한 발바닥이 바닥에 닿지 않거나 발가락이 서로 닿지 않은 부분을 알아차려라. 이제 아주 천천히, 거의 알아차릴 수 없을 만큼 천천히 체중을 오른발로 옮겨보라. 오른발과 발목, 종아리에 더해지는 압력과 근육의 움직임 등에 세심하게 주의를 기울여라. 왼발은 여전히 바닥에 대고 있으면서 줄곧 오른발로 체중을 옮기면서 양발의 감각을 알아차려라. 그런 후에 느리게, 세심히 알아차리면서 천천히 다시 체중을 가운데로 옮겨라. 양발에 고르게 체중이 실리게 하며 중심을 잡고 왼발로 체중을 옮겨보라. 그런 다음 편안하게 다시 중심을 잡고 돌아와서 멈추어라.

한 명상 수련원에서 처음 이 훈련을 하던 때가 기억난다. 아주 미묘한 움직임을 관찰하기 위해 얼마나 많은 감각이 동원되는지를 깨닫고 매우 놀랐다. 또한 몸을 움직이는 것이 얼마나 편안하던지, 내면의 평화와 단지 그 움직이는 동작의 단순함에 감명을 받았다. 이 수련을 통해 나는 다른 모든 활동을 할 때도 마음챙겨 움직이는 수련을 정확히 할 수 있는 방법을 터득하게 되었다.

♨ 명상 지침

- 10~30 걸음 정도 걸을 수 있는 조용한 장소를 찾아라. 가능하면 거의 방해 받지 않는 곳이 좋다. 이 공간에서 왔다 갔다 움직일 것이다.
- 맨발이나 양말을 신고 걷는 것이 좋지만, 신발을 신어도 괜찮다.
- 걷기 명상은 활기차게 걷는 것도 아니고 편하게 어슬렁어슬렁 거니는 것도 아닌 어중간한 걸음걸이로 시작한다. 몸의 움직임에 주의를 기울여라. 특히 종아리와 발의 움직임에 주의를 기울여라.
- 끝에 도착하면 온몸을 알아차림 하면서 양발을 모으고 멈추어서라. 그런 후에 알아차

림 하며 다른 방향으로 돌아서서 돌아가라.

- 걸음을 걸을 때마다 '걸음'이라고 마음속으로 메모하라. 속도를 늦춰 더 천천히 걸을 준비가 될 때까지 몇 분 동안 이렇게 걸어라.
- 이제 몇 분 동안, 더 느리게 걸으면서 '들기, 딛기'라고 마음속으로 메모를 하라. 다리의 감각을 알아차려라.
- 준비가 되고 주의가 더 세심해진 것 같으면, '들기, 옮기기, 딛기'라고 마음속으로 메모를 하면서 다시 한 번 훨씬 더 느리게 걸으면서 속도를 늦춰라.
- 훨씬 더 천천히 걸으면서, '들기, 옮기기, 딛기, 옮기기'라고 마음속으로 메모를 할 수도 있다.
- 마지막으로 아주 작은 감각을 모조리 알아차림 할 수 있을 때까지 속도를 늦추어라. 바닥에 닿는 느낌과 근육의 미세한 움직임을 알아차리면서 발바닥으로 주의를 가져가라. 눈을 감는 것이 도움이 될 수도 있지만, 균형을 잡기 어려우면 기준점을 가볍게 응시하면 안정감을 얻을 수 있다.
- 집중이 흐트러진 것을 알게 되면, 속도를 높여 걷기로 주의를 되돌렸다가 원하는 만큼 다시 속도를 늦춰라.

걷기 명상은 공공장소에서도 할 수 있는데 그럴 때는 보통 속도로 걸어라. 눈에 보이는 것과 소리, 냄새 등에 더욱 주의를 기울여라.

미야기 씨의 순간

영화《가라테 키드(Karate Kid)》의 전편에서 십대인 다니엘(Daniel)은 가라테를 배우고 싶어 한다. 그의 스승이자 이웃인 미야기(Miyagi) 씨는 다니엘에게 울타리를 칠하는 일부터 시작해서 팔과 손목, 손을 상하로 움직이는 정해진 동작을 배우게 한다. 여러분도 기억하겠지만, 그런 후에 다니엘은 자동차 왁싱을 해야 한다. 왁스를 칠하고 닦아내야 하는 거다. 이런 일을 무진장 많이 한 후 다니엘은 실망한 나머지 스승에게 가서 "도대체 이런 허드렛일이 가라테를 배우는 데 무슨 소용이 있는지 모르겠어요."라며 불만을 털어놓는다. 미야기 씨는 알겠다는 듯이 고개를 끄덕이고는 돌연 주먹을 휘두른다. 다니엘은 무의식적으로 왁스를 닦아내던 동작으로 팔을 움직여 스승의 주먹을 막아낸다.

　마찬가지로 공식 명상 중에는 보통 아무 일도 일어나지 않는 것처럼 보일 수 있다. 그러나 몇 주간 수행을 한 후 삶은 갑자기 주먹을 날린다. 화를 내거나 방어적이 되거나 상처를 입히거나 당황하거나 두려워하거나 불안했던 이전의 반응과 달리 이번에는 생각과 마음속에 더 여유로운 공간이 있음을 알게 된다. 더욱 평온하고 균형 잡힌 관점에서 좀 더 적절히, 더 부드럽고 덜 비판적으로, 그리고 다른 사람들뿐만 아니라 당신 자신도 보듬어 안는 방식으로 대응하게 된다. 전보다 더 자비롭게 문제에 대응할 때, 이것이 바로 수행의 효과가 나타나기 시작하는 징후이다.

저항으로서의 스트레스

명상 지도자인 신젠 영(Shinzen Young)은 "괴로움은 고통의 작용이며, 고통을 피하려고 저항을 할수록 괴로움이 커진다."라고 쓰고 있다.[9] 그는 다음과 같은 훌륭한 공식을 제시했다.

　괴로움 = 고통 × 저항

　이 공식이 진실인지 모르겠다면 명상 수련 중에 이 공식이 어떻게 적용되는지 관찰해보라. 이런 상황은 익숙할 것이다. 신체적 통증이나 소화 불량 같은 것이 생기면 우리는 그런 것을 좋아하지 않기 때문에, 그저 그 고통이 사라지기를 바라면서 앉아 있다. 결과는 어떤가? 명상은 괴로움으로 가득 차게 된다.

많은 명상 지도자들이 언급하듯이, 고통은 피할 수 없지만 괴로움은 선택이다. 명상 수련을 하는 중에 우리는 이 문제를 다룰 수 있다. 고통에 저항하는 것을 멈추는 순간 괴로움의 크기가 서서히 줄어든다. 나는 영화 《스타 트렉(Star Trek)》에서 보그(Borg) 족이 말했듯이 "저항은 쓸데없다."고 스스로에게 상기시키곤 한다.

♥ 마음챙김 자녀 양육

집에서 하는 걷기 명상

걷기 명상은 가정생활에 쉽게 적용되는 형태의 수행이다. 젊은 엄마로서 걷기 명상을 수행하고 있는 수석 명상 지도자인 카말라 마스터스(Kamala Masters)의 감동적인 이야기를 살펴보자.

> (나의 스승은) 내가 매일 침실에서 거실까지 복도를 자주 지나다닌다는 사실을 알았다. 복도 길이는 고작 열 걸음 정도 되었는데, 그는 이 복도가 걷기 명상을 하기에 완벽한 장소라고 말했다. 그러면서 나에게 간단한 명상 지침을 제시했다.
>
> "이 복도를 걸을 때마다 그 시간을 걷기라는 단순한 사실과 함께 머무는 기회로 사용할 수 있는지 지켜보세요. '오로지 걷기만 하세요.' 어머니 생각도 아이들 생각도 하지 마세요… 그저 몸이 걷고 있는 경험에만 집중하세요… 판단하거나 비난하거나 비평하지 말고 오로지 걸어요. 단순

하고 쉬운 방식으로 '한 걸음, 한 걸음, 한 걸음.' 오로지 걷는 일에 주의를 기울이세요. 도에서 하는 이 수련이 당신에게 훌륭한 명상 수행이 될 겁니다. 게다가 당신 기분이 더 좋아질 테니 주변 사람들에게도 유익할 겁니다."

걷기 명상은 그다지 영적 수행이 되지 않는 것 같았지만, 날마다 뭔가를 하는 길에 복도를 왔다갔다 하면서 소중한 열 걸음을 걷는 동안 나는 잠시 삶의 무게를 내려놓고 편안하고 느긋하며 청정한 마음이 되는 순간을 가졌다.

말로 표현하기 마음챙김

아이들과 함께 있을 때 우리는 무엇이든 자신이 알아차림 하고 있는 대상을 말로 표현할 수 있다. 가령 산책 중에 "길바닥에서 비가 마르는 냄새가 나네."라거나, "햇빛이 나뭇잎을 간질이는 것 좀 봐."라거나, "차가 지나가는 소리가 들리네."라고 말할 수도 있다. 아이들도 우리를 따라 자기들이 알아차림 하는 것을 말할 수도 있다. 이 수행은 우리 자신뿐 아니라 아이들의 알아차림을 기르는 일석이조의 효과가 있다.

🖐 과제

공식 수행

- 잠시라도 걷기 명상을 하는 것은 언제든 유익하다. 매일 2분이나 5분, 아니면 10분 동안 가능한 대로 걷기 명상을 하라.
- 집중 명상을 하고 싶다면 매번 20분씩, 일주일에 3~5회 걷기 명상을 하라.
- 명상 수련 중에 일어나는 모든 저항을 지켜보아라. 그런 후에 그 저항을 멈추어라.

일상생활 수행

걷기. 주차장에서 사무실로 가거나 버스 정류장에서 집으로 갈 때 잠깐씩 늘 걷는 길을 생각해보라. 가능하면 동행자가 없고 방해물이 거의 없는 구간을 선택하라. 그 길을 걷는 것을 당신의 '마음챙겨 걷기 수행'으로 정해라. 보통 속도로 걷거나 원한다면 조금 속도를 늦춰도 좋다. 발과 하체에 주의를 기울여서 좀 더 집중적으로 수련하거나, 좀 더 포괄적인 방식으로 모든 감각을 동원해서 지금 일어나고 있는 일을 모조리 알아차림 해도 좋다. 기대하거나 계획하거나 회상하려는 충동이 일어나거든, 가만히 내려놓고 그저 걷는 일로 돌아오라.

❀ 붓다의 말씀

자세

걸을 때 사람들은 '나는 걷고 있다'는 사실을 분명히 안다. 서 있을 때 사람들은 '나는 서 있다'는 사실을 분명히 안다. 앉아 있을 때 사람들은 '나는 앉아 있다'는 사실을 분명히 안다. 누워 있을 때 사람들은 '나는 누워 있다'는 사실을 분명히 안다. 자기 몸이 어떤 자세를 취하고 있든 사람들은 그 사실을 분명히 안다.

이런 식으로 사람들은 몸의 한 부분을 내면에서 관찰함으로써 명상을 한다. 사람들은 몸의 한 부분을 외부에서 관찰함으로써 명상을 한다. 사람들은 몸의 한 부분을 내면과 외부에서 관찰함으로써 명상을 한다.[10]

✅ 기억할 요점

- 걷기 명상은 공식 명상 수련의 하나이다.
- 집중적인 수련을 통해 삶의 어려움에 대한 우리의 반응이 더욱 자비로워진다는 사실을 알 수 있다.
- 우리의 스트레스는 대부분이 있는 그대로의 상황에 저항한 결과다.
- 부모는 걷기 명상을 일상적인 가정생활에 통합할 수 있다.

🐘 논의할 질문

1. 명상 훈련을 시작한 후 몇 주 동안 당신이 사람들이나 상황, 환경에 대응하는 방식이 어떻게 변화했는가?
2. 자기 삶의 어떤 부분을 저항의 공간으로 부를 수 있는가? 그 저항이 얼마나 스트레스나 또 다른 괴로움의 원인이 되고 있는가?

가정생활 질문

3. 어린이 명상 과정의 유사한 과에서 걷기를 통해 화를 잠재우는 것에 대한 이야기를 읽게 될 것이다. 걷기 명상이 화를 다루는 데 도움이 될 수 있다는 것에 대해 어떻게 생각하는가?
4. 특히 일상적으로 걷기 명상을 수련할 수 있는 공간이 집에 있는가?

~ 1.5과 – 명상 ~
감정 마음챙김

이 과에서 공부할 내용

- 감정 마음챙김
- 감정을 알아차리고 수용하고 조사하면서 동일시하지 않는 방법
- 기대와 현실의 차이에서 비롯되는 스트레스
- 마음챙김 자녀 양육: 기대의 역할, 무조건적인 사랑

❀ 학습

명상은 감정을 확인하고 처리하기 위해 꼭 필요한 것이다. 유년기에 자신의 정서 경험을 이해하고 조절하는 데 필요한 기술을 배웠을지 모르지만, 명상을 통해 감성 지능(emotional intelligence)을 크게 향상시킬 수 있다. 그렇긴 해도 명상을 하는 동안 감정을 다루는 것에 대한 생각으로 혼란스러워서 "나는 아무 감정도 느끼고 있지 않아요."라고 내게 말하는

---

[*]　타인의 감정을 이해 · 수용하고 자기 감정을 조절하는 능력 – 옮긴이 주.

이들도 있다. 어떤 이들에게는 분노나 슬픔, 유쾌함 같은 감정이라는 단어가 강렬한 감정만을 의미할지도 모른다. 하지만 이 경우에 감정은 미묘한 기분에서부터 이런 좀 더 분명한 표현에 이르기까지 실제로 모든 종류의 감정이다. 잠시 99~100쪽에 있는 감정 목록을 살펴보라. 어느 순간에 느낀 한 가지 혹은 몇 가지 감정을 확인할 수 있는가? 그렇다면 당신에게 감정이 있는 것이다. 미처 알아차리지 못할지라도 대부분의 사람들에게 감정은 하루 종일 일어난다.

슬플 때 눈에서 눈물이 나는 것처럼 모든 감정에는 생리적 반응이 따른다. 하지만 반드시 똑같은 방식으로 감정을 느끼지 않는 경우도 있다. 그런 경우에는 지금 몸에 일어나고 있는 일에 주의를 기울임으로써 좀 더 잘 알아차릴 수 있다. 예를 들어 우리는 배의 긴장과 얕은 호흡을 알아차릴 수도 있다. 그러면 스스로 약간 불안하다는 사실을 깨닫게 된다. 당신의 감정 상태를 이해하려면, 줄곧 자신의 몸에 무슨 일이 일어나고 있는지에 주의를 기울여라.

억누르거나 부추기거나

어떤 감정이 일어나면 대개는 둘 중 한 가지 방법을 선택한다. 즉 감정을 억누르거나 부추긴다. 예를 들어 무언가에 화가 날 수도 있다. 우리는 이렇게 분노하는 것이 옳지 않다고 생각하고는 그 감정을 억누른다. 그렇지 않으면 자신이 분노하는 것이 당연하다고 느끼며 그 일에 대해 화를 내면서 계속해서 그 상황을 질질 끈다. 두 가지 방법이 다 악영향을 미친다. 만약 줄곧 자신의 감정을 부정하거나 억누른다면, 감정은 표면 아래로 숨어들어 애를 태우고 괴롭히며 보이지 않는 방식으로 우리의 행동을 결정하게 된다. 그렇게 되면 아주 사소한 일에도 울음을 터뜨리거나 성이 나서 비난을 할지도 모른다. 만약 자신의 감정을 부추긴다면, 균형감을 잃고 과잉 반응을 하거나 때늦은 원한을 품게 된다. 감정에 좀 더 주의를 기울이게 되어 '제3의 방법은 뭐지?' 하고 스스로에게 물을 수도 있다.

제3의 방법

감정을 억누르거나 부추기는 대신에 자신의 감정을 알아차릴 수도 있다. 활짝 깨어 가만히 그 감정에 머무르면서, 심지어는 그 감정에 호기심을 가지고 지금 일어나고 있는 일을 좀 더 분명히 지켜볼 수 있다. 이런 균형 잡힌 마음속 평화 공간에서 우리는 이것이 가려움이나 소리나 호흡이 일어나는 것과 똑같은 방식으로 일어나는 감정이라는 사실을 지켜보게 된다. 우리는 또한 종종 더 심오한 내적 수행이 이루어지는 경험을 통찰하기도 한다.

우리는 모든 감정에 대해 마음챙김 훈련을 할 수 있다. 분노나 공포, 슬픔, 걱정, 증오 같은 거창한 감정도 있고, 불안, 초조, 후회, 멍함, 옹졸함 같은 더 소소한 감정도 있다. 오로지 부정적인 감정만 마음챙김 할 필요는 없으며, 환희와 기쁨, 행복, 만족, 사랑도 마음챙김의 대상이 될 수 있다.

감정을 다루는 법

명상 중에 감정을 탐색하는 과정은 알아차리기(recognize), 수용하기(accept), 조사하기(investigate), 동일시하지 않기(non-identify)인데, 이를 간단히 줄여서 RAIN이라고 부른다.

알아차리기(recognize)

자신의 일에 마음을 기울이면서 당신은 한 호흡 한 호흡, 차근차근 따르고 있다. 이때 마음 한 구석에서 짜증스러운 생각이 들며 투덜거리는 것을 알아차린다. 이 시점에 당신은 '짜증'이나 '화'를 조용히 마음에 새긴다. 일단 이렇게 하면 그 감정을 내려놓기로 마음먹고 호흡으로 돌아갈 수 있다. 혹은 뭔가가 주의를 끄는 것이 있으면 그것을 새로운 명상의 대상으로 삼고 싶을지도 모른다. 이 첫 단계, 즉 감정을 알아차리기는 앞에서 배운 마음속 메모하기 수행과 관련이 있다.

수용하기(accept)

처음에는 일어나는 감정과 함께 머무는 것에 다소 저항을 경험할지도 모른다. 심지어 긍정적인 감정일 때도 그럴 수 있다. 명상 중에는 어떤 감정도 느껴서는 안 된다고 생각해서 그 감정을 무시하거나 털어내려고 할 수도 있다. 따라서 당신이 느끼고 있는 것이 무엇인지를 알아차린 후에 그 감정과 함께 머무르고 그 감정을 받아들이는 것에 주의를 기울여라. 앞에서 판단하지 않는 태도로 생각을 관찰하기를 배웠듯이, 대체로 수용하는 품성을 길러라.

조사하기(investigate)

다음으로 신체 감각을 조사하는 것과 마찬가지로 감정의 특성을 조사해보라. 감정은 몸에 나타나므로 감정을 조사하는 것은 특히 도움이 된다. 호흡이 바뀌었는가? 배에 어떤 일이 일어났는가? 눈 주위나 턱의 근육이 긴장되는가? 몸에 일어나고 있는 일에 주목하기 위해 '무거운,' '가벼운,' '펄럭이는'과 같은 형용사를 사용하라. 그 감정이 다른 감정의 가닥들로 이루어져 있는지 지켜보라. 때때로 화는 원한을 동반하기도 하고, 두려움은 한 가닥의 불안을 동반하기도 한다. 감정이 어떻게 변화하거나 움직이는지에 주목하라. 그리고 마지막으로 자신이 그 감정에 어떤 반응을 하는지에 주목하라. 그 감정이 사라지기를 바라고 있는가? 아니면 그 감정을 더 많이 느끼기를 갈구하고 있는가? 어떤 기억을 떠올리고 있는가? 알다시피 우리는 물리적인 신체 감각을 조사하는 것(1.3과)과 똑같은 방식으로 감정을 조사한다.

동일시하지 않기(non-identify)

명상 지도자인 샤론 샐즈버그가 말하듯이, 팔꿈치를 부딪쳤을 때 우리는 "나는 아픈 팔꿈치야(I am a sore elbow)."라고 말하지 않는다. 하지만 화가 나면 우리는 "나 화났어(I am angry)."라고 말한다. 그럼에도 불구하고 감정은 가려움이나 호흡, 생각, 듣기 등과 같은 방식으로 일어난다. 특히, 감정과 자기 자신을 지나치게 동일시하지 않도록 관점을 바꾸는 것이 좋다. "나 화났어."라고 말하는 대신에 "화가 일어난다(anger is arising)."고 바꾸어 말하라. 이런 수사적인 변화는 감정과 관련해서 마음에 더 많은 여유를 만든다. 우리의 자아감은 이런 감정보다 더 크다. 우리는 이런 감정을 느낄 뿐만 아니라 또한 호흡하고 생각하고 느끼고 관계를 맺기도 한다. 감정을 덜 개인적으로 받아들일 때, 우리는 그 감정을 내려놓고 그저 잠시 멈추고 자신이 화가 났다는 사실에도 태연해질 수 있게 된다.

감정을 다스리는 과정으로 RAIN이 순차적으로 제시되고 있기는 하지만, 실제로 감정을 대상으로 하는 명상은 좀 더 돌발적이고 역동적인 방식으로 진행된다. 특히 이 단계들을 전부 제대로 사용하려고 순서를 지킬 필요는 없다. 하지만 알아차리고 수용하고 조사하고 동일시하지 않는 RAIN은 감정을 다루는 데 유익한 과정이 될 것이다.

이것은 심리치료인가?

심리치료를 받을 때 배경이 되는 이야기, 즉 감정의 이면에 숨은 역사는 중요하며, 그런 내용을 분명히 말하고 주의 깊게 분석하게 된다. 하지만 명상 중에는 대체로 이야기에 사로잡히지 않는다. 우리가 자신에게 하는 이야기가 떠오를 수도 있지만, 그 이야기는 단지 알아차리는 대상이다. '아, 이건 내가 왜 이런 식으로 느끼는지에 대해 나 자신에게 말해주는 것이군.' 스스로 이야기에 사로잡히거나, 자신이 왜 어떻게 느끼는지에 대해 생각이 흐트러지는 것을 발견하면, 한 걸음 물러나 좀 더 관찰적인 방식으로 바꾸어라(또한 노련한 심리치료사와 함께 당신의 과거를 탐색함으로써 획기적인 돌파구를 찾거나 깨달음이나 치유가 일어날 수도 있다. 특히 마음챙김 수행과 병행하면 더욱 좋다).

명상 지침

- 몇 분간 혹은 안정될 때까지 자신의 들숨과 날숨을 따르면서 시작하라.
- 감정이 무대의 중앙을 차지할 때까지 호흡 명상을 계속하라. 그런 후에 새로운 관심 대상으로 감정에 주의를 기울여라.
- 전반적인 감정을 알아차리기 위해 '화, 화'처럼 마음속 메모를 사용하라. 흔히 마음에 메모를 할 때 한 번만 하기보다는 두 번 반복해서 그 감정이 활발히 일어나고 있다는 사실을 알린다. 이렇게 함으로써 생각을 객관화할 수 있다. 또한 내면의 목소리 톤에 주목하라. 목소리가 귀에 거슬리거든 부드럽게 하라.
- 몸이 편안한지 확인하고, 감정의 생리적 측면을 알아차려라.
- 감정이 얼마나 다양한 요소를 가지고 있는지, 또 감정에 대한 당신의 반응이 얼마나 다양한 요소를 가지고 있는지를 찾아보라.
- 항상 호흡을 귀의처로 사용할 수 있다. 감정이 격해지기 시작하거든 호흡으로 돌아오라. 비로소 다시 그 감정과 함께 머무를 수 있을 것이다.
- 특히 감정이 사라지거든 감정이 사라질 때 어떤 기분이 드는지 알아차려라. 감정이 사라진 것도 또한 알아차려야 한다.

감정목록[12]

수용	공격	화	재미	성가심	기대
불안	냉담	감사	거만	혐오	괴로움
비난	희열	평온	염려	쾌활	연민
만족	용기	갈망	독창성	호기심	즐거움
우울한	욕망	절망	자포자기	결심	낙심한
불만	당황	공감	격려	활기찬	열의

부러움	평등심	흥분	공포	용서	호의
관대함	기쁨	기뻐하는	감사	비탄	수치심
죄책감	행복	미움	무력함	가망없음	적의
굴욕	상처	성급함	흥미	질투	환희
친절	웃음/유머	고독	상실	사랑	독선
욕심	패닉	열정	평화	동정	소유욕
자랑	후회	거부	단념	원한	의분(義憤)
공명정대함	슬픔	자기연민			

기대에서 비롯되는 스트레스

기대와 현실 사이의 차이는 스트레스의 원인이 될 수 있다. 예를 들어 직장 동료가 어떤 일을 정해진 날짜까지 마칠 거라고 기대했는데 마감일까지 그 일을 해놓지 않았다. 게다가 기대와 현실 사이의 간격이 클수록 스트레스도 커진다. 마치지 못한 업무가 사소한 스트레스를 유발할 수도 있지만, 여러 해 동안 도움과 조언을 제공했음에도 불구하고 친척이 이번에도 일을 망치거나 제멋대로 굴 때 어떤 기분이 들지 생각해보라.

해답은 일어나기를 바라는 것과 현실 사이의 격차를 좁히기 위해 기대를 낮추거나 아예 내려놓는 것이다. 또 한 가지 방법은 있는 그대로 수용하는 것이다. 이것은 우리의 열망을 포기하거나 목표 세우기를 멈추거나 뭔가 더 개선되도록 노력하는 것을 그만두라는 뜻이 아니다. 말하자면, 일이 어떻게 되어야 한다고 요구하는 것을 그만두고, 우리의 행복과 웰빙이 예정된 결과에 달려 있다는 생각을 내려놓는 것이다. 목표는 특정한 결과에 대한 집착을 느슨하게 풀어주는 것이다. 우리는 상황이 반드시 그렇게 되어야만 행복할 수 있다고 믿기 때문에 자신의 기대를 충족시키는 것에 몹시 집착하게 된다. 그 집착을 어느 정도 놓아버릴 때, 우리는 더 가볍고 품위 있게 결과를 받아들일 수 있게 된다. 심지어 다른 가능성에 좀 더 마음을 열고 생각을 확장할 수 있게 된다.

명상 수련은 기대와 현실 사이의 이런 격차를 좁히는 데 효과가 있다. 우리는 마음이 평화롭기를, 방해 받지 않고 호흡에 집중할 수 있기를 기대할 것이다. 그런데 우리가 하는 명상은 도대체 엉망진창인 것처럼 여겨지기 십상이다! 자신의 명상에 이런 실망감이 생기거든, 어떤 결과에 대해 아무런 기대를 하지 않고 명상을 하면 어떨지 스스로에게 물어보라. 모든 것을 내려놓아라. 심지어 명상을 잘하려는 욕망도 내려놓아라. 이렇게 하면 명상 경험이 어떻게 달라지는지 알아차려라.

💜 마음챙김 자녀 양육

기대

대부분의 부모들에게 자녀 양육의 중요한 부분이 기대치를 설정하고 자녀가 그 기대치를 성취하도록 돕는 것이다. 하지만 우리는 두 가지 실수를 하기 쉽다. 첫째, 아이들이 기대에 부응하도록 돕는 수단에 문제가 있을 수 있다. 우리는 조용히 격려하고 질문하고 자아 성찰을 하며 대화를 하는가? 아니면 아이들을 형제와 비교하며 수치심을 자극하거나 호되게 비판하는가? 둘째, 우리는 아이들을 위해 실제로 옳은 것보다는 스스로 옳다고 생각하는 것에 지나치게 집착할 수가 있다. 어쩌면 우리는 아이가 스포츠에는 소질이 없다는 사실을 분명히 알지 못한 채 다재다능한 아이가 스포츠를 한다고 생각할 수도 있다. 그로 인해 우리는 아이의 다른 소질이나 장점을 보지 못할지도 모른다. 우리가 자녀에게 거는 기대에 대처하는 방식은 부모가 우리에게 기대를 거는 방식을 종종 그대로 반영한다. 우리가 스스로 부모로서 건전하거나 건전하지 못한 패턴을 어떻게 지속하는지를 지켜보면서, 기대에 대한 우리 자신의 어린 시절의 경험을 생각해보는 것은 괴롭지만 우리를 자유롭게 하는 일일 것이다.

무조건적인 사랑의 시선

베이비 샤워를 하는 중에 나는 오랫동안 명상을 해온 친구들에게 부모로서 자신의 부모들이 베푼 최고의 순간에 대해 이야기해 달라고 말했다. 그런데 각자 이야기를 하면서 부모에 대해서는 그다지 이야기를 하지 않고 조부모 이야기를 했다. 몇 사람은 이렇게 말했다. "우리 할아버지가 너무나 좋은 점은 있는 그대로 나를 온전히 받아들였다는 거야. 할아버지는 나를 바꾸려고도, 가르치려고도, 다른 사람으로 만들려고도 하지 않았어. 나를 그저 사랑하고 떠받들었으니까." 나로서는 매우 충격적인 이야기였다.

　그렇기에 나는 내 아이들의 눈을 깊이 들여다보고, 무조건적으로 사랑하며 있는 그대로 그들을 받아들이는 나 자신의 눈을 그들에게 보여준다. 보통 밤에 아이들의 이불을 덮어줄 때 이런 일이 일어난다. 하루에도 수없이 "바로 앉아라.", "'고마워요.'라고 말해야지.", "네 옷을 치우지 그래.", "거울에 물 좀 튀기지 마라."라며 아이들을 꾸짖음에도 불구하고, 항상 아이들의 행동을 바로잡으려고 들지만 그들에 대한 나의 사랑은 무조건적이다. 이것이야말로 타인을 '붓다의 눈'으로 보는 것과 같은 것이라는 생각이 든다.

✋ 과제

공식 수행

- 잠시라도 고요히 자리에 앉아서 명상 수련을 하는 것은 언제든 유익하다. 매일 2분이나 5분, 아니면 10분간 가능한 대로 짬을 내서 앉아라.
- 집중 명상을 하고 싶다면 매번 20분씩, 일주일에 3~5회 정좌 명상을 하라.
- 명상 중에 감정이 일어나거든 RAIN 기법을 사용해서 그 감정을 조사해보라.
- 명상 수련을 하는 동안 기대를 지켜보고, 기대를 내려놓아라.

감정 확인하기. 일상생활에서 마음속에 어떤 감정이 일어나고 있는지를 확인하라. 아침에 일어나자마자, 그리고 점심시간과 잠자리에 들기 전에 반성의 시간을 가질 수도 있다. 처음에는 주의를 기울일 만한 것이 아무것도 없는 것 같을 수도 있지만, 더 미묘한 감정이나 마음 상태를 좀 더 주의 깊게 들여다보라. 만족감 같은 즐거운 감정이나 무관심이나 꿈을 꾸는 듯함 같은 모호한 감정도 포함시켜라. 고요히 앉아서 지켜볼 기회가 있다면 더욱 좋다. 나날의 삶을 살아가면서 격한 감정이 생기거든, 가능하면 잠시 멈추어 그 감정에 주의를 기울여라. 이번에는 대화나 주장, 상호 작용이 일어나는 동안 감정적으로 무슨 일이 일어나고 있는지를 모조리 알아차림 하는 훈련을 하라. 이것은 훈련이며, 좀 더 노련해지려면 다소 시간이 걸린다는 사실을 기억하라. 언젠가는 다른 사람들과 상호작용을 하는 동시에 감정을 알아차리는 일이 더 쉬워질 것이다.

✸ 붓다의 말씀

마음을 지켜보기

그러면 어떻게… 마음의 한 측면을 지켜봄으로써 명상을 하는가?

자, 누구나 번뇌가 있는 마음을 '번뇌가 있는 마음'으로 분명히 알고 있다. 또한 번뇌가 없는 마음을 '번뇌가 없는 마음'으로 분명히 알고 있다… 화가 있는 마음을 '화가 있는 마음'으로 분명히 알고 있다. 화가 없는 마음을 '화가 없는 마음'으로 분명히 알고 있다… 망상에 사로잡힌 마음을 '망상에 사로잡힌 마음'으로 분명히 알고 있다. 인색한 마음을 '인색한 마음'으로 분명히 알고 있다… 흐트러진 마음을 '흐트러진 마음'으로 분명히 알고 있다… 숭고한 마음을 '숭고한 마음'으로 분명히 알고 있다… 초월한 마음을 '초월한 마음'으로 분명히 알고 있다… 삼매(三昧)에 든 마음을 '삼매에 든 마음'으로 분명히 알고 있다… 자유로운 마음을 '자유로운 마음'으로 분명히 알고 있다… 자유롭지 못한 마음을 '자유롭지 못한 마음'으로 분명히 알고 있다.[13]

☑ 기억할 요점

- 감정을 억누르거나 부추기기보다는 활짝 깨어 조용한 호기심을 가지고 그 감정을 받아들일 수 있다.
- 알아차리고 수용하고 조사하고 동일시하지 않는 과정(RAIN)은 감정을 다루는 한 가지 기법이다.
- 실제로 우리가 통제할 수 있는 한계에도 불구하고 기대치에 집착하는 것은 커다란 스트레스와 원인이다.
- 명상 수련 중에 기대를 지켜보고 가만히 내려놓음으로써 기대와 현실 사이의 차이를 알 수 있다.
- 마음챙김 자녀 양육을 하면서 기대치를 설정하는 것은 자녀의 성장에 도움이 되지만, 그런 기대치에 너무 집착하면 아이를 분명히 보지 못하게 되거나 다른 가능성에 마음을 열 수 없게 된다.
- 이따금 부모의 무조건적인 사랑을 전함으로써 자녀을 키우면서 흔히 하게 되는 잦은 꾸지람과 균형을 맞출 수 있다.

🐘 논의할 질문

1. 자신의 감정에 어느 정도까지 주의를 기울이는가? 감정이 생길 때, 아니면 직후에, 혹은 한참 후에 알아차리는가?

2. 대체로 감정 상태를 받아들이는가, 무시하는가, 없애버리는가, 아니면 주의를 딴 데로 돌리는가?

3. 신체적으로 어떻게 감정을 경험하는가?

4. 명상 수련에 대해 어떤 기대를 가지고 있는가? 행복해지기 위해서는 이런 기대가 충족되어야 한다고 굳게 믿는가?

가정생활 질문

5. 자녀들의 정서 상태와 그들이 자신의 감정을 다루는 방법에서 무엇을 관찰할 수 있는가? 아이들이 내면의 삶에 더 집중하도록 도울 방법이 있는가?

6. 당신의 가족역동에서 흔히 일어나는 감정적 상황은 무엇인가? 그런 감정적 상황에 어떻게 대응하는가? 그런 감정적 상황에 어떻게 달리 대응하고 싶은가?

7. 아이들과 가정생활에 어떤 기대를 하고 있는가? 어느 정도까지 그런 기대가 유익한가? 해로운가?

8. 이런 기대를 충족시키기 위해 당신은 얼마나 집착하는가? 어린아이였을 때 당신에 대한 부모의 기대는 무엇이었나?

1.6과 – 명상
생각 마음챙김

이 과에서 공부할 내용

- 명상을 할 때 호흡의 역할
- 집중과 마음챙김의 관계
- 감각 경험 마음챙김
- 마음속 메모 기술
- 마음챙김 자녀 양육: 주의를 기울이기로 선택하는 것

🪷 학습

마음을 비울 수 없어요!

아침에 눈을 뜨는 순간부터 밤에 잠자리에 들기까지 우리는 끊임없이 생각을 한다. 때로는 생각이 말이나 행동으로 분명히 표현되기도 하고, 때로는 라디오에서 흘러나오는 나지막한 선율처럼 이어지기도 한다. 우리는 항상 생각하고 있기 때문에, 그리고 우리의 말과 행동에 있어서 생각이 중요한 역할을 하기 때문에 우리는 생각이 자기 자신이라고 믿

는다. "나는 생각한다, 고로 나는 존재한다."라는 데카르트의 존재론을 표방하기라도 하듯이, 우리는 지나치게 스스로를 자신이 생각하는 것과 동일시한다.

하지만 명상가나 불교도의 관점에서 생각은 경험의 또 다른 면에 지나지 않는다. 호흡하거나 듣거나 신체 감각을 느끼는 것과 마찬가지 방식으로 우리는 또한 생각이 일어나거나 착상이 떠오르는 것을 알아차린다. 따라서 불교도의 관점에서 그것은 "나는 존재한다, 고로 나는 생각한다. 나는 존재한다, 고로 나는 호흡하고 듣고 가려움을 느끼고 이런 감정을 느낀다."일 것이다. 따라서 우리는 우리 경험의 모든 측면을 마음챙김하는 것과 마찬가지로 자신의 생각을 마음챙김 할 수 있다. 하지만 때로는 생각보다 다른 마음챙김 대상을 더 알아차리기 쉬울 수도 있다. 왜냐하면 다른 대상이 더 분명하고 식별하기 쉽기 때문입니다. 정적이 흐른 후에 소리가 일어나며, 그런 다음 소리가 사라진다. 우리는 특히 아무런 감정을 느끼지 않고 있다가 후회가 생기며, 그런 후에 후회가 잦아든다. 하지만 생각 마음챙김은 좀 더 어렵다. 왜냐하면 우리는 항상 생각을 하고 있으며, 생각하는 것을 우리 자신과 동일시하려는 생각이 깊이 박혀 있기 때문이다.

강물 지켜보기

생각 마음챙김을 이해하기 위한 한 가지 방법으로 조용하고 그늘진 강둑이 있는 멋진 강물을 상상해보라.[14] 어느 맑은 날 오후 당신은 고요히 흐르는 강둑의 나무 그늘 아래서 그저 강물이 흘러가는 것을 지켜보면서 쉬고 있다. 이곳은 당신이 마음챙김을 하는 장소이다. 그러다가 당신은 즐거운 음악과 섬광이 번쩍이는 가운데 근사하고 현란한 카지노 보트가 강물을 거슬러 올라가는 모습을 흘깃 보게 된다. 웬일인지 순식간에 당신은 이미 보트를 타고 무대에서 벌어지는 쇼를 지켜보면서 게임에 빠져 있다. 어느 순간에 당신은 스스로 주의가 흐트러진 것을 알아차리고 나무 그늘 아래의 시원하고 고요한 장소를 그리워한다. 조금 쉬고 난 다음 또 다른 배가 지나간다. 이 배에는 나라를 지키기 위해 적과 싸우려는 용맹한 군인들이 타고 있다. 당신은 그들의 명분에 휩쓸려 그들과 함께 재빨리 쏴

죽일 수 있는 적을 찾는다. 나무 그늘 아래 고요한 장소를 기억하기 전까지는 분노와 공포로 가득 차서 배에 타고 있다. 그리고 곧 당신은 지나가는 모든 '배'을 상상할 수 있다. 명상 중에 우리는 어떤 배도 타지 않고 그저 떠도는 생각을 지켜본다. 물론 급한 물살에 휩쓸리기 쉽지만, 수련을 통해 우리는 아름다운 강둑에 서 있는 법을 배운다. 생각이라는 강물을 있는 그대로 지켜보는 순간, 우리는 자신이 추구하는 바를 선택할 수 있게 된다. 우리의 습관은 생각의 흐름에 휩쓸리거나 생각을 밀어내는 것이지만, 여기 우리는 평온하고 균형 잡힌 상태로 머물러 있다.

마음 상태

우리는 또한 마음 상태나 기분, 태도를 알아차릴 수 있다. 우리는 이미 다섯 가지 장애로 마음 상태를 알아차리는 훈련을 했다. 마음 상태는 다양한 생각과 감정을 의미한다. 마음 상태와 기분, 태도는 때로는 여러 시간에 걸쳐, 혹은 일생 동안 일어나는 광범위한 유형의 생각과 감정이다. 마음 상태와 기분, 태도를 지켜보는 일은 쉽지 않다. 왜냐하면 우리는 마음 상태와 기분, 태도라는 렌즈를 통해 사물을 보기 때문이다. 흔히 우리는 이런 렌즈를 너무 오래 끼고 있어서 더 이상 그것이 실제의 눈과 다르다는 사실을 알지 못한다. 하지만 이 렌즈를 통해 무수히 많은 경험을 결정하는 우리 자신의 모습을 볼 수 있기에, 이 영역에서 진정한 통찰이 일어나기도 한다.

마음 상태나 태도를 알아차리려면 새로운 정보가 필요하기 때문에, 우리는 이것이나 저것이 왜 그런지를 이해하는 일상적이고 지적인 사고를 통해 통찰을 얻을 수는 없을 것이다. 새로운 무언가가 떠오를 수 있는 공간을 마련하려면 긴장을 풀고 마음을 열어야 한다. 우리는 호흡에 주의를 집중하고 조용한 알아차림을 길들이면서 그런 통찰이 일어날 수 있는 환경을 만든다. 호흡에 주의를 집중함으로써 우리는 산더미 같은 허접쓰레기를 깨끗이 치우고 드넓게 펼쳐진 공간을 마련한다. 마음챙김을 통해 우리는 무엇이 그 공간에 들어가고 있는지를 알 수 있다.

명상 중에 마음 상태를 알아차리기 위해 일단 안정이 되면 당신의 알아차림을 매우 광대하게 확장시켜보라. 조감도를 보듯이 당신의 마음을 보라. 마음의 기후 패턴이 어떤가? 명상에 어떻게 대응하고 있는가? 어떤 종류의 장애가 주로 나타나는가? 혐오인가? 욕망인가? 불안인가? 졸음인가? 의심인가? 생각에 빠지거나 불안한 기분이 들거든, 바로 돌아와 호흡에 집중하라. 마음의 활동을 알아차릴 때 호흡이 기준점이 되게 하라. 호기심과 열린 마음을 가질 때 이런 트인 관점이 가능해진다.

특히 나날의 삶을 살아가면서 줄곧 이처럼 활짝 깨어 있으면서, 인간관계에 있어서 큰 그림에 주목하라. 명상 중에 흥분을 알아차리고는 일상생활에서 흥분을 알아차릴 수도 있다. 아니면 스스로 자기비판적이거나 동요하는 패턴을 가지고 있다는 사실을 알아차릴 수도 있다. 이런 패턴을 알아차리는 것이 의미 있는 행동의 변화에 영향을 미치는 첫 단계이다.

자주 일어나는 마음 상태나 기분, 태도[15]

흥분한	즐거운	성난	불안한
감사하는	싫어하는	평온한	유쾌한
명료한	매달리는	동정심 있는	집중된
확신하는	혼란한	인색한	우울한
단호한	심란한	열망하는	활기찬
확대된	평정한	흥분한	확장된
무서운	당황한	친절한	관대한
고마워하는	행복한	불안정한	성마른
상냥한	무기력한	명랑한	외로운
애정 어린	낮은 에너지의	마음에 두는	열정적인
인내심이 강한	평화로운	끈기 있는	긴장을 푼

놓아버린	내맡긴	저항하는	번민하는
제한된	슬픈	흐트러진	자기 비판적
움츠러든	가라앉은	넓은	긴장한
답답한	부족한		

명상에 대응하는 태도

스크린이 없는 야외 영화관을 상상해보라. 빔프로젝터로 영화가 상영될 때 다양한 색깔의 빛이 어른거리는 것은 보이지만, 실제로 무슨 영화가 상영되고 있지를 알아보기 어렵다. 지배인이 스크린을 준비하면 곧 영화를 선명하게 볼 수 있게 된다. "아, 《해리가 샐리를 만났을 때(When Harry met Sally)》구나." 마찬가지로 명상은 우리가 만드는 영화, 즉 마음이라는 영화를 볼 수 있는 텅 빈 대형 스크린이다. 하지만 종종 우리는 그것이 단지 영화일 뿐이라는 사실을 잊어버린다. 스토리에 완전히 사로잡힌 나머지, 울고 웃으면서 이런 사건이 실제로 일어나고 있다고 믿는다. 마음챙김은 우리가 그 스크린에서 시선을 떼고 '아, 그저 영화일 뿐이구나. 나는 영화관에 있고 주위에 다른 사람들도 있네. 이게 현실이군.' 하고 떠올리는 바로 그 순간이다. 이 비유가 도움이 되는 것은 두 가지 관점이 모두 타당하다는 점이다. 즉 영화 자체는 현실이지만, 다른 관점에서 영화는 우리가 생각하는 만큼 현실이 아니다. 마찬가지로 우리의 생각은 현실이지만, 단지 생각일 뿐이다.

이 비유가 다소 지나친 것일 수도 있지만, 영화 스크린과 마찬가지로 명상은 정말로 별것 아니다. 그저 자리에 앉아서 알아차림 하는 것이며, 그 이상도 그 이하도 아니다. 하지만 신경증이 나타나기 시작하면 우리는 큰 실수를 하고는 문제는 명상이라고 생각한다. 명상은 나를 신경증 환자로 만들어요. 명상은 나를 불안하게 만들어요. 명상은 나를 지루하게 만들어요. 그렇지 않다. 명상은 우리의 품성을 드러낸다. 그것이 바로 우리가 주의를 기울이는 것이다.

내 경험으로는 자신의 마음을 이해하는 가장 효과적인 방법은 스스로 명상 수련 자체에 어떻게 대응하는지를 지켜보는 것이다. 대부분의 시간 동안 마음이 들떠 흔들리면서 명상 시간이 끝나기를 기다리면서 보내는가? 대부분의 시간을 명상을 잘 못한다고 자책하면서 보내는가? 대체로 왜 오늘 명상을 빼먹어야 하는지에 대해 변명과 합리화를 하면서 보내는가? 명상이 일상에서 벗어나는 시간이 되기를 바라면서 멍해져서 몽상의 세계로 향하는가? 명상에 대응하는 방식은 보통 우리가 삶의 모든 것에 대응하는 방식을 그대로 보여준다. 그 사실을 알아차리기 시작하라. 자신이 명상 자체를 어떻게 수련하는지를 지켜보라.

🜉 명상 지침

- 감정 마음챙김을 하는 동안 호흡을 닻으로 삼아 호흡과 함께 머물러라. 생각이 떠오르거든 먼저 '생각하기, 생각하기'를 마음에 새겨라. 그런 다음 호흡으로 돌아가라.
- 생각이 더 계속해서 이어지거든, 정확히 '계획하기, 계획하기'처럼 그 생각을 마음에 새겨라.
- 생각이 신체에 어떤 영향을 미치는지를 관찰하라. 가령 생각이 어떻게 호흡의 변화를 일으키는지를 지켜보라.
- 생각을 내려놓을 수 있는지 지켜보라.
- 그렇게 할 수 없거든 그 생각에 귀를 기울이거나 지켜보라. 내면의 귀를 가지고 청각적으로 생각을 경험하는 사람들도 있는 반면에, 내면의 눈을 가지고 시각적으로 생각을 경험하는 사람들도 있다.
- 또한 생각을 멈추고 평화로워지고 싶은지, 아니면 생각에 빠져드는지 생각에 대한 자신의 반응에도 주목하라.
- 어떤 순간에 생각 마음챙김을 하지 못하는가?

- 언제든지 호흡으로 돌아올 수 있다는 사실을 기억하라.

🖤 마음챙김 자녀 양육

가정환경을 알아차림 하기

한 어머니가 집 안에서 보통은 짜증이 날 만한 장면을 잇달아 마주치면서도 개의치 않고 더없이 유쾌하게 이 방 저 방을 지나다니는 광고가 있다. 십대인 아들은 시끄럽게 드럼을 두드리고 있고, 여동생은 옷장에 든 옷을 다 꺼내서 난장판을 만들어놓고 있다. 하지만 이 어머니가 그토록 행복한 이유가 무엇일까? 그녀는 헤드폰을 끼고 좋아하는 음악을 듣고 있기 때문이다. 이 광고는 가족에게 만족하는 방법은 글자 그대로 가족에게 무신경해지는 것이라고 말하고 있다.

하지만 가정불화의 많은 원인을 주의 깊게 살펴보면, 가장 흔한 원인은 사람들이 주의를 기울이지 않는 것이다. 저녁 식사를 하는 동안에도 비디오 게임에 빠지거나 생각에 잠겨 있다. 그 사이에 말썽이 생긴다. 여동생이 오빠가 조립해둔 레고를 가져가서 해체하기 시작한다. 아니면 아내가 남편에게 줄곧 뭔가를 해달라고 부탁하지만, 남편은 듣지 않는다. 그러면 누군가는 감정이 폭발한다. "돌려줘!", "지금 해요!", "내 말 안 들려요?"

평화로운 가정을 일구고자 한다면, 부모가 항상 가정의 분위기에 신경을 써야 한다. 청소를 하거나 식사 준비를 하면서 생각에 잠기지 말고, 당신의 알아차림이 집 안 구석구석까지 널리 퍼지게 하라. 가정에서 일어나는 모든 소리에 귀를 열어두어라. 집 안의 분위기와 다른 이들의 존재, 그리고 집에서 자신의 위치를 감지하라. 더 많이 알아차릴수록 우리는 폭풍우가 몰아치기 전에 (특히 형제 간에) 이상기류가 흐르는 것을 처음부터 알아차릴 수 있다. 덤으로 사랑하는 이들과 함께 하는 가정생활을 진심으로 즐거워하고 고마워하게 된다.

공식 수행

- 잠시라도 고요히 자리에 앉아서 명상 수련을 하는 것은 언제나 유익하다. 매일 2분이나 5분, 아니면 10분간 가능한 대로 짬을 내서 앉아라.
- 집중 명상을 하고 싶다면 매번 20분씩, 일주일에 3~5회 정좌 명상을 하라.
- 명상 수업 1회는 온전히 생각 마음챙김을 하도록 하라.
- 명상 수업 1회는 온전히 마음 상태를 지켜보아라.
- 명상 수련 자체에 자신이 어떻게 대응하는지를 지켜보아라.

일상생활 수행

하루 종일 생각의 패턴을 알아차림 하라. 생각 마음챙김을 하는 것을 특별한 활동이나 일상적인 일과 묶고 싶을지도 모른다. 가령 모임이 시작되거나 옷을 입거나 아침 설거지를 하면서 당신이 생각하는 것을 알아차림 하라.

☸ 붓다의 말씀

모든 일은 마음이 근본이다.
마음에서 나와
마음으로 이루어진다.
나쁜 마음으로 말하거나 행동하면
괴로움이 따른다.
수레바퀴가 소의 발굽을 따르듯이.

모든 일은 마음이 근본이다.

마음에서 나와

마음으로 이루어진다.

평화로운 마음으로 말하거나 행동하면

즐거움이 따른다.

그림자가 그 주인을 따르듯이.[16]

☑ 기억할 요점

- 비록 우리가 생각하고 있는 것과 자신을 매우 동일시하더라도, 생각의 흐름에서 한 걸음 물러나 마음챙김 하며 그 생각을 지켜볼 수 있다.
- 마음 상태와 기분, 태도는 생각과 감정의 다양한 패턴이다. 다른 일상생활에서 그렇듯이 명상 중에도 이런 것을 알아차릴 수 있다.
- 명상은 마음이 비추는 것을 지켜볼 수 있는 영화 스크린과 같다. 영화와 마찬가지로 우리의 생각은 현실인 동시에 그저 생각에 지나지 않는다.
- 우리가 명상 수련 자체에 대응하는 방법은 살아가면서 더 광범위한 관계의 패턴을 보여준다.
- 마음챙김 자녀 양육을 하면서 항상 가정의 분위기에 신경을 쓰는 것은 갈등이 심화되기 전에 처리하고 일어나고 있는 모든 일에 주의를 기울이는 데 도움이 된다.

🐘 논의할 질문

1. 당신은 주로 어떤 유형의 생각을 하는가? 시각적으로? 청각적으로? 아니면 둘 다인가?

2. 명상 중에 어떤 생각 패턴이나 태도를 관찰했는가? 명상 시간마다 두드러지는 것이 있는가?

3. 당신은 생각에 어떻게 반응하는가?

4. 당신은 명상 자체에 어떻게 대응하는가? 일상생활에서 이것과 유사한 것이 있는가?

가정생활 질문

5. 당신이 명상 수련에 대응하는 방식과 가족에게 대응하는 방식 사이에 유사한 점이 있는가?

6. 당신은 가정환경에 어느 정도로 주의를 기울인다고 생각하는가? 주의를 기울이는 데 방해가 되는 것은 무엇이며, 도움이 되는 것은 무엇인가?

∼ 1.7과 – 명상 ∼
명상 수련하기

이 과에서 공부할 내용

- 명상 기법 통합하기
- 명상 진도
- 공식 명상 수련 대 일상생활 중의 마음챙김
- 선택하지 않는 알아차림 명상

🪷 학습

상호 연결

지금까지 우리는 명상 수련의 기본 요소들을 배웠다. 따라서 명상을 할 때마다 주제가 있거나 지정된 대상이 있을 거라는 인상을 받았을지도 모른다. 실제로 호흡과 신체, 감정, 생각은 서로 연결되어 있다. 예를 들어 일련의 생각은 감정을 일으키고, 그 감정이 신체 반응을 유발하고, 호흡에 영향을 미친다. 호흡의 변화는 불안감을 유발한다. 또 때로는 멀리서 들리는 소리가 기억을 불러일으키고, 그것이 일련의 생각으로 이어진다. 주변 환경에 주의를 기울일 뿐 아니라 몸과 마음 사이의 역동적인 연결을 알아차림 하라.

명상의 예술

다양한 명상 기법을 배웠기에 이제 명상의 예술을 수련해보자. 예술가가 자기만의 독특한 표현을 적용하는 기법을 배우는 것과 마찬가지로, 명상을 할 때도 우리는 차츰 자신에게 가장 효과가 있는 방법을 찾기 위해 여러 기법을 통합한다. 표준 명상 수업과 권장되는 방법이 있기는 하지만, 그렇다고 해서 명상 자체가 기계적이거나 모든 수강생에게 같은 효과가 있다는 의미는 아니다. 사람마다 시간별로 다른 것을 할 필요가 있다. 어떤 사람은 항상 생각에 빠져 살 수도 있다. 그런 사람이라면 신체 활동에 시간을 할애하는 것이 균형과 통찰을 제공한다. 또 어떤 사람은 판단과 비평을 즐겨할 수도 있다. 그런 사람이라면 마음 상태에 시간을 쓰면서 친절을 지니는 것이 필요하다. 하지만 또 호흡에 집중하는 데 아주 뛰어난 사람도 있다. 너무나 집중을 잘하는 나머지 그것이 감정을 느끼는 것을 회피하는 방법이 된다. 이런 경우에는 마음챙김을 훈련하는 것이 권장된다. 또 어떤 사람은 호흡이 불안의 근원이라는 사실을 발견한다. 그런 경우에는 신체의 접촉점을 느끼거나 호흡에 집중하거나 소리에 귀를 기울이는 등 좀 더 자유로운 방식의 명상이 도움이 된다. 심지어 같은 사람이라도 시간이 지나면서 명상을 이해하고 수행하는 것이 달라진다.

공동체

명상은 사람마다 다르게 전개되기에 공동체와 함께 배우고 수련하는 것이 중요하다. 노련한 스승과 선배들이 귀중한 통찰과 본보기를 제공한다. 그들의 지원에 힘입어 우리는 명상을 이해하고 기법을 향상시킴으로써 명상 중에 더 현명하게 시간을 보낼 수 있다. 형형색색의 명상 단체와 불교 센터가 있다는 사실을 알아야 한다. 한 곳에 정착하기 전에 몇 군데 공동체를 탐색해보라. 게다가 여러분이 깨우치려고 애쓰고 있거나 특별한 가르침을 필요로 하는 주제들에 대해 훌륭하고 노련한 명상 지도자들이 쓴 많은 책이 있다. 하지만 아무리 많은 책을 읽더라도 그것이 명상 자체를 대신할 수는 없다는 사실을 이해하는 것이 중요하다.

명상에서 진전이란 무엇인가?

때로는 우리가 명상을 제대로 하고 있는지 아닌지, 혹은 명상에서 원하는 결과를 얻고 있는지 알기 어렵다. 다음 몇 가지 특성을 살펴보자.

더 큰 알아차림

아주 간단히 말하자면, 하루 종일 당신 자신과 다른 이들을 더 잘 알아차림 하는 것에 주목한다. 지속적이지는 않더라도 지금 이 순간에 머무는 전반적인 능력이 명상을 하지 않을 때에 비해 더 커진다.

다른 선택

더 잘 알아차림 할수록 당신은 스스로 다른 선택을 하는 것을 발견한다. 습관이나 충동, 추측에 따라 반응하는 대신에 지금 일어나고 있는 일에 대해, 그리고 어떻게 반응하고 싶은지를 잠시 생각해보는 자신을 발견하게 된다. 그런 반응이 자신의 내밀한 가치나 선의에 어긋나지 않는지를 잠시 판단해볼 수도 있다.

통찰

이따금 당신은 자신의 문제를 비롯해서 여러 이슈에 대해 뚜렷한 통찰을 가질 수도 있다, 말하자면 자신의 삶이나 일반적인 삶에 대해 깊이 깨닫거나 특정한 상황에 대해 참신한 시각을 가질 수도 있다. 명상 중에, 혹은 명상을 마친 후에 이런 통찰이 일어날 수도 있지만, 그것이 지적인 이해의 결과는 아니다.

명상이 포괄적인 것이 되다

여러분이 명상의 일부로 여기는 것은 시간이 지나면 좀 더 포괄적인 것이 된다. 이를테면 당신이 어떻게 주의를 기울이는지가 무엇에 주의를 기울이는지와 마찬가지로 중요하다는 사실을 알아차릴 수도 있다. 이전에 괴로움이나 장애로 생각했던 것을 이제 호기심을 가지고 보며, 호흡만큼 중요한 대상으로 보게 된다.

명상이 통합되다

시간이 지나면 정좌 명상과 일상생활 사이의 간격은 둘 사이에 아무런 차이가 느껴지지 않을 때까지 줄어든다. 더 이상 어느 하나를 다른 것보다 우위에 두거나 존중하지 않게 된다.

자비로움과 품위

타인의 허물에 좀 더 자비로움을 지니거나 괴로운 일에 직면해서 품위 있게 대응하는 자신을 발견한다면, 정말로 여러분의 명상이 제대로 진전되고 있는 것이다.

    명상 수련이 진전되고 있다는 것을 보여주는 몇 가지 특성이 있다. 이 특성이 나타나는 데는 수년은 아니라도 수개월이 걸린다는 사실을 염두에 두어라.

공식 명상 대 일상의 마음챙김

오랫동안 수행해온 명상가나 명상 지도자라면, 수행 센터의 스승들이 방석에만 앉아 있지 말고 일상의 모든 활동으로 수행을 확대하도록 권하는 말을 들었을 것이다. 이 가르침의 맥락을 알아차리는 것이 중요하다. 학생들은 정좌 명상을 우선시하며, 심지어 이상화

해온 것 같다. 집중 명상 수련원이 아니라 지역 주민들이 모인 우리 같은 사람들의 경우에는 학생들이 정좌 명상은 아예 그만두고 주로 일상 활동 중의 마음챙김에 초점을 맞추는 것이 훨씬 더 흔한 일이다. 이와 관련해서 정좌 명상은 마음챙김의 기반이라는 것과는 정반대의 주장과 장려가 필요하다.

지금까지 우리는 두 가지 명상 수련을 했다. 즉 정좌 명상과 마음챙김을 일상생활에 적용하는 방법이다. 두 가지 명상 수련을 동시에 하는 것이 바람직하기는 하지만, 언제든지 그럴 만한 시간이나 에너지가 있는 것이 아니다. 바쁘고 압도적인 스케줄을 소화하는 가운데, 날마다 정좌 명상을 하는 것을 서서히 단념하고 설거지나 걷기 같은 일상 활동에 좀 더 마음챙김을 하려고 할지도 모른다. 하지만 공식 명상에서 얻을 수 있는 깨달음과 배움, 통찰의 수준에 있어서 일상생활 중의 마음챙김은 공식 명상을 대신하지 못한다. 정기적인 정좌 명상은 실질적인 변화나 마음 수련의 정진을 위해 반드시 필요하다. 다음은 공식 명상 수련을 통해 어디서나 쉽사리 길러질 수 없는 고귀한 품성을 닦게 된다는 몇 가지 예이다.

마음챙김 습관을 기른다

우리가 반복적으로 하는 모든 일은 습관을 만들어낸다. 명상을 하는 동안 반복적으로 호흡으로 돌아감으로써 일상생활의 활동을 하는 우리 자신으로 돌아가는 오솔길을 만든다. 우리는 아무 생각 없이도 스스로 다음 호흡으로 돌아가는 자신을 발견하게 된다. 나날의 삶을 살아가면서 다른 이들과의 관계가 삐걱거릴 때마다 우리는 자연스럽게 호흡으로 돌아가 균형과 연결감을 회복하는 자신을 발견할 것이다.

타고난 마음챙김 하는 본성이 길러진다

명상 수련을 하는 시간에는 마음챙김이라는 타고난 본성이 길러진다. 나날이 수행을 계속하면 때로는 일부러 마음챙김 하려고 하지 않을 때에도 이 타고난 마음챙김 하는 본성이 샘솟듯이 흘러넘친다. 굳이 마음챙김 수행을 하려고 하지 않더라도 문득 깨어 자신이 하고 있는 모든 일을 오롯이 알아차리게 된다.

집중 수련이 산발적인 수련보다 효과적이다

피아노를 배우는 것을 상상해 보라. 10초 동안 건반을 두드린 후에 나가서 다른 일을 좀 하다가 몇 초 후에 돌아와서 다시 건반을 10초 동안 두드리는 것이다. 이처럼 20분간의 명상 수련에 10초를 더하는 식으로 연습을 했다면, 당신은 새로운 곡을 제대로 익히지 못할 가능성이 많다. 그에 비해 진득이 앉아 20분간 계속해서 피아노를 연습한다면 완전히 다른 결과를 가져온다. 마찬가지로 일정 시간 동안 오로지 마음챙김 명상에 집중할 때, 온종일 산발적이고 간헐적으로 마음챙김을 하는 데서 이루기 어려운 방식으로 마음챙김을 수련하고 정진하는 효과가 있다.

집중도가 높아진다

정좌 명상을 하는 중에 우리의 마음과 생각은 서서히 안정된다(그저 얼마나 혼란스러운지에 주목하고 있기 때문에 그렇게 생각되지 않을 수도 있지만). 공식 명상의 탁월한 효과 중 한 가지는 명상을 하는 동안 내면적으로나 외부적으로 일어나고 있는 일에 온전히 집중하게 되며, 명상을 하지 않을 때에도 이런 알아차림이 이어지는 것이다. 명확하게 말하자면, 집중은 우리가 알아차림 하는 대상을 깊고 섬세하게 느끼는 것이다. 우리는 기본적이고 학구적인 방법으로 마음챙김을 할 수도 있고, 좀 더 세련된 방법으로 마음챙김을 할 수도 있다. 그런 집중이 커다란 차이를 만든다. 친구의 얼굴에서 미묘하게 드러나는 실망한 표정을 포착하든지, 대화 중에 조용한 느낌을 알아차리는 데 있어서 이런 집중이 매우 중요하다.

더 많이 보고, 더 분명히 보게 된다

명상을 할 때 우리는 아주 조용한 목소리나 어렴풋한 생각의 움직임에도 주의를 기울일 기회를 가진다. 적어도 지속적으로 공식 수행을 하기 전에는 일상생활을 하는 중에 이런 것을 볼 수 없다. 차를 타고 지나가면서 동네 놀이터를 보는 것에 비유해보자. 당신은 지동차를 몰고 지나가면서 놀이터의 여러 구조물과 경치를 본다. 공원을 걸어 다니면 아이들이 어떤 놀이를 하고 있는지와 같은 것을 더 많이 알아차리게 된다. 벤치에 앉으면 풀 냄새와 산들바람이 피부에 닿는 느낌 같은 것을 훨씬 더 많이 알아차리게 된다. 한 달 동안 날마다 20분간 벤치에 앉아 있으면 그 장소에 대해, 오가는 사람들에 대해, 계절과 날씨에 대해, 쓰레기통 주위로 모여드는 곤충에 대해, 어떻게 잎사귀들이 바람에 날리는지에 대해 훨씬 더 많은 것을 알게 된다. 우리가 삶을 영위해나가는 동안 대체로 쏜살같이 지나가는 중요한 순간과 사건들, 생각과 감정들은 모두 흐릿하기만 하다. 공식 명상을 규칙적으로 경험함으로써 우리는 자기 자신과 자신의 삶에 대해 훨씬 더 많은 것을 보고 이해하게 된다.

물론 삶의 모든 국면에 주의를 기울이는 것 또한 효과적인 수행이다. 명상을 오로지 정좌 명상에만 한정하지 않고 나날의 삶에 녹아들게 하는 것은 중요하다. 또한 일상생활 중의 마음챙김 명상을 할 때 실제로 마음챙김 근육이 강화되며, 그것이 우리의 공식 수행에도 영향을 미치게 된다.

🧘 명상 지침

통합하기

다음 명상 지침은 지금까지 공부한 개별 명상 기법들을 통합한 것이다.

- 소리에 주의를 기울이기, 몇 차례 길게 심호흡하기, 재빨리 바디 스캔하기, 신체를 이완하기, 자세에 주의를 기울이기, 의도를 정하기, 종을 울리기와 종소리에 귀를 기울이기 등 무엇이든 자신에게 효과 있는 방법으로 명상을 시작하라.

- 마지막에는 호흡에 집중하는 데 약간의 시간을 보내라. 오로지 호흡을 따름으로써 계속해서 집중력을 기르든지, 호흡을 닻으로 사용해서 생각이나 감정을 마음챙김하는 훈련을 하든지 선택할 수 있다. 호흡은 지금 이 순간에 일어나는 많은 일 가운데 한 가지이기 때문에, 지금 이 순간을 마음챙김하는 것에 호흡이 포함된다는 사실을 명심하라.

- 무엇이든 주의를 끄는 것이 생기면, 그것을 조사하고 싶은지, 호흡으로 돌아가고 싶은지를 선택하라. 그 대상에 사로잡히거나 휩쓸리는 자신을 발견하거든, 몇 분간 호흡으로 돌아와 집중력을 회복하라. 그런 후에 그 대상으로 돌아가거나, 또 다른 대상이 주의를 끌면 그것으로 주의를 옮겨라.

- 일정한 시점이 되면, 전반적인 마음 상태나 기분, 생각과 감정의 흐름을 관찰하면서 초월의식, 즉 명상의 더 큰 앎을 깨닫고 싶어질 것이다.

- 종이 울리거나 명상 타이머 앱의 알람이 울릴 때, 마음을 어디에 두고 있는지에 주목하라. 호흡에 있는가? 생각이나 어떤 감정에 빠져 있는가? 아니면 종소리를 기다리고 있는가? 종소리를 지금 이 순간을 알아차리는 알람으로 사용하라.

- 명상을 마치고 나올 때도 아주 천천히 빠져 나와라. 다음 활동과 그 다음으로 넘어가는 동안 마음챙김 하라. 또한 더 이상 마음챙김 하지 않는 순간도 알아차려라.

번갈아 할 만한 명상: 선택하지 않는 알아차림

지금까지 우리는 호흡이나 신체, 감정, 생각, 마음 상태 같은 특정한 주제나 대상에 주의를 집중했다. 명상은 실제로 좀 더 적극적으로 유도되었지만 비지시적 방식으로 수행을 할 수도 있다. 즉 그저 열린 의식과 함께 머물면서 무엇이든 일어나고 스쳐 지나가는 일을 있는 그대로 알아차리는 방식으로 수행하는 것도 가능하다. 이것을 설명하는 좋은 방법은 명상을 '하기(doing)'보다는 명상을 '존재하기(being)'이다 종종 언급되는 표현으로 우리가 '인간 행위(human doings)'가 아니라 '인간 존재(human beings)'라는 것이 있다. 불안할 때 이 명상이 유익하다는 사실을 알게 되었다. 그저 멈추고 호흡하고, 존재한다. 일반적으로 이 명상은 결과를 내려놓게 하고, 명상 자체에 대한 지나친 노력과 완벽주의를 멈추게 하는 효과가 있다.

❤ 마음챙김 자녀 양육: 나날의 마음챙김

만약 당신이 날마다 명상 수련을 하고 있다면, 공식 명상이 얼마나 일상생활 중의 마음챙김에 도움이 되는지, 혹은 도움이 되지 않는지를 관찰하라. 또한 공식 명상을 건너뛰는 것이 일상생활 중의 마음챙김을 하는 것에 영향을 미칠 수 있다는 사실에 주목하라. 당신이 잊어버렸다는 사실을 알게 되더라도(마음챙김을 온종일 하지 않을 수도 있다!), 스스로에게 친절하고 관대하라. 마음챙김을 하지 않았다고 자책하기 시작하면, 수행을 원망하게 되어 종내에는 수행을 완전히 포기하게 될지도 모른다.

🖐 과제

공식 수행

- 잠시라도 고요히 자리에 앉아서 명상 수련을 하는 것은 언제든 유익하다. 매일 2분이나 5분, 아니면 10분간 가능한 대로 짬을 내서 앉아라.
- 집중 명상을 하고 싶다면 매번 20분씩, 일주일에 3~5회 정좌 명상을 하라.

- 선택하지 않는 알아차림 명상 시간을 최소한 1회 포함시켜라.
- 공식 명상이 마음챙김 근육을 강화하는 방식, 즉 앞에 열거한 다섯 가지 방법에 주목하라.

일상생활 수행

이 책의 뒷부분에 실린 추천 도서 목록에서 한 권을 골라라. 매일 혹은 정좌 명상을 하기 전에 한두 단락을 읽어보라.

✸ 붓다의 말씀

이것은 세상 모든 존재가 하나로 연결되어 살아 있는 모든 존재의 죄를 씻고 후회와 비탄을 흘려보내고 고통과 슬픔을 끝내고 해탈에 이르기 위한 길이다. 말하자면 네 종류의 마음챙김 명상이다.

네 종류란 무엇인가? 여기 한 사람이 몸을 관찰하며 명상을 한다. 세상에 대한 욕망과 혐오로부터 벗어나 활짝 깨어 마음챙김 하고 있다. 그들은 감정을 관찰하며 명상을 한다. 세상에 대한 욕망과 혐오로부터 벗어나 활짝 깨어 마음챙김 하고 있다. 그들은 마음을 관찰하며 명상을 한다. 세상에 대한 욕망과 혐오로부터 벗어나 활짝 깨어 마음챙김 하고 있다. 그들은 원칙을 관찰하며 명상을 한다. 세상에 대한 욕망과 혐오로부터 벗어나 활짝 깨어 마음챙김 하고 있다.[17]

✅ 기억할 요점

- 수강생들은 저마다의 명상 여정에 있어서 다른 시기에 다른 욕구를 가질 수 있다.
- 명상의 정진이나 깨달음을 보여주는 몇 가지 징후에는 더 큰 알아차림, 다른 선택하기, 통찰력 가지기, 명상에 대해 집중적이고 완전한 깨달음, 증가된 자비심 등이 있다.
- 정좌 명상은 개인의 확고한 변화를 위해 반드시 필요하다.
- 명상을 통해 마음챙김이라는 타고난 본성이 길러진다. 또한 명상은 집중도를 높이는 데 도움이 되기 때문에 우리는 더 많은 것을 더 똑똑히 볼 수 있게 된다. 일정 시간 동안 오로지 마음챙김 명상에 집중하는 것은 온종일 산발적으로 마음챙김을 하면서 같은 시간을 보내는 것보다 훨씬 더 효과적이다.
- 일어나고 스쳐 지나가는 일을 무엇이든 있는 그대로 알아차리면서 자유롭고 비지시적인 방식으로 앉아 있을 수도 있다. 선택하지 않는 알아차림 명상은 우리가 뭔가를 얻으려고 애쓰는 마음을 다스리고 내려놓는 데 도움이 된다.

🐘 논의할 질문

1. 지금까지 배운 다양한 명상 기술 중 당신에게 효과가 있는 것은 무엇인가? 어려운 것은 무엇인가? 그 어려움이 다른 접근이나 방향을 선택해야 함을 의미하는가? 아니면 주의를 기울이고 배우고 성장할 때임을 의미하는가? 당신은 어떻게 아는가?
2. 명상을 시작한 이후에 당신은 어떻게 바뀌었는가? 명상의 효과를 보여주는 품성은 무엇인가?
3. 스포츠나 악기 연주 혹은 다른 활동을 하면서 경험한 것이 무엇인가? 얼마나 자주, 얼마나 오래 수행했는가? 그것과 그런 노력에 숙달되거나 노련해지는 것 사이에 어떤

관계가 있는가?

4. 명상을 한 날과 하지 않은 날이 다르게 느껴지는가? 어떻게 다른가?

5. 당신의 노력은 일상생활 마음챙김과 균형을 맞추어 공식 명상 수련을 하기 위한 것인가? 한 가지 혹은 다른 것에 너무 많은 에너지를 쏟는다면, 어떤 단점이 있는가?

❧ 1.8과 – 명상 ❧
마음챙김 자녀 양육

이 과에서 공부할 내용

- 명상할 시간 찾기
- 마음챙김 자녀 양육의 정의
- 마음챙김 자녀 양육을 통한 내적 수행

✿ 학습

마음챙김 자녀 양육에 대한 주제로 넘어가기 전에, 재가불자이자 부모로서 명상 수련을 하는 것과 관련해서 두 가지 문제가 있다.

명상할 시간 찾기

많은 부모들은 가정생활의 일상적인 요구를 충족시키는 것도 힘겨워하는 자신을 발견한다. 거기다가 다른 일을 더하는 것은 불가능해보일 수도 있다. 자신을 위해 명상을 할 시간을 내는 것처럼 간단한 일일지라도 말이다. 하지만 쉽지는 않더라도 할 수 있는 일이다.

재가불자이자 여성으로서 드문 불교 스승인 디파 마(Dipa Ma, 1911~1989)의 삶과 얽힌 이야기에서 나는 많은 감동을 받았다. 이 이야기에서 여섯 아이의 어머니인 수딥티 바루아(Sudipti Barua)는 분주한 삶 속에서 어떻게 명상할 짬을 낼 수 있는지에 대해 디파 마와 나눈 대화를 회상하고 있다.

> 나는 디파 마에게 말했다. "저는 어머니와 아들에 대한 걱정이 너무 많아요. 또 집안일도 해야 하는데다가 큰 빵집도 경영하고 있어요. 명상을 한다는 건 사치예요."
>
> (디파 마가 말했다.) "무슨 말이죠? 아들이나 어머니를 생각할 때는 마음을 챙겨 그들을 생각하세요. 집안일을 할 때는 이 일을 하는 것을 알아차리세요. 당신의 모든 문제를 해결하는 건 결코 가능하지 않아요. 당신이 직면한 일과 괴로운 일이 있다면 거기에 마음챙김을 가져가세요. 하루 5분 명상할 짬을 낼 수만 있다면, 그렇게 하세요. 무엇이든, 조금이라도 할 수 있는 것을 하는 게 중요하니까요."
>
> 어쨌든 나는 하루 5분 짬을 내서 그녀의 가르침을 따랐다. 이 5분이 나에게는 엄청난 활력소가 되었다. 하루 5분씩 명상을 했는데, 그러다가 조금씩 더 시간을 늘려갔다. 명상은 나의 최우선 순위가 되었고, 가능할 때마다 명상을 하고 싶어졌다. 나는 점점 더 길게 명상할 시간을 찾을 수 있었고, 이윽고 하루에 몇 시간씩 명상을 하고 명상 시간이 밤까지 이어졌다. 때로는 일을 마친 후에 밤새도록 명상을 하기도 했다. 미처 나에게 있는 줄 몰랐던 시간과 에너지를 찾을 수 있었다.[18]

바루아의 이야기는 작게 시작해서 명상 수련을 차츰 늘려갈 수 있음을 보여주는 좋은 예이다.

아이를 낳기 전에 수행 센터의 장기 명상 프로그램에 참가한 사람들은 아이들이 자라기 전까지는 다시 수행 센터에 가지 못할 거라고 절망할지도 모른다. '집중 훈련을 위해 따로 시간을 마련하지 않고 어떻게 수행을 할 수 있을까?' 하고 생각하는 것도 당연하다. 물론 수행 센터의 환경에서 깊은 통찰이 쉽게 이루어지기는 하지만, 그렇다고 해서 일상의 수행이 덜 중요한 것은 아니다. 예전에 나는 명상 센터에서 집중 명상을 할 때만 '진짜' 수행 정진이 가능하다고 생각하곤 했다. 결과적으로 나는 일상의 수행을 게을리 했으며, 이따금 수행을 하더라도 수행 센터에 가지 못하는 사이에 '명맥을 유지하는' 정도로만 생각하고 건성으로 했다.

몇 년 전에, 여전히 수행 센터에 갈 여건이 되지 않았던 나는 일상의 수행에 더 많은 노력을 기울이기 시작했다. 놀랍게도 이 20분간의 명상이 나의 가정생활에 엄청난 영향을 미쳤으며 중요한 통찰을 얻는 데 도움이 되었다. 사실 명상 센터의 환경에서도 이와 같은 통찰을 얻을 수 있었을지 확신할 수 없다. 왜냐하면 새로운 깨달음이 생겨난 것이 새로운 일상생활의 상황에서였기 때문이다. 이를 통해 나는 일상의 수행을 무시할 수 없다는 것을 알게 되었다. 명상이 삶에 녹아들 수 있기 때문에 일상의 수행이 좀 더 지속적인 삶의 변화를 가져올 수도 있다.

마음챙김 자녀 양육이란 무엇인가

지금까지 여러분은 다양한 집안일과 자녀 양육에 마음챙김을 하라는 권유를 받았다. 가령 여러분은 집안일을 하거나 아이들과 놀고 있는 동안에 마음챙김을 수련할 수 있을 것이다. 이처럼 맡은 일을 하는 과정에서 우리는 마음챙김 수련이 일상생활에 어떤 영향을 미치는지 이해할 수 있다. 마음챙김 자녀 양육은 우리가 부모 노릇을 하는 매 순간에 알아차림 하는 것이다. 단지 세탁물을 개거나 아이에게 그날 있었던 일을 듣는 동안에만 마음챙김을 하는 것 같지만, 그렇지 않다. 그보다는 우리 스스로 끊임없이 있는 그대로 지금 일어나고 있는 일에 늘 깨어있는 훈련을 하는 것이다.

그렇긴 해도 마음챙김을 기억한다는 것은 대단한 기술이다. 부모는 동시에 여러 가지를 신경 써야 하며, 따라서 한 가지를 더 기억하는 것은 큰 부담이 될 수도 있다. 게다가 마음챙김을 잊기라도 하면 '잘못'을 저지른 것처럼 느껴질 것이다. 온종일 기억하게 되는 수많은 실수가 있다면, 우리 스스로에 대해 기분이 나빠질 것이다. 그러면 마음챙김을 이런 불쾌한 느낌과 결부시키게 되고, 결국 마음챙김을 완전히 그만두고 싶어질지도 모른다.

이런 불행한 입장을 피하는 한 가지 방법은 마음챙김 자녀 양육에 다르게 접근하는 것이다. 우리의 자녀 양육을 혁신하는 데 있어서 마음챙김에 거는 기대는 우리의 행동을 변화시키기보다는 생각과 마음을 변화시키는 것이다. 이 주제에 관해 존 카밧진(Jon Kabat-Zinn)과 마일라 카밧진(Myla Kabat-Zinn)이 함께 저술한 『나날의 축복: 마음챙김 자녀 양육의 내적 수행(Everyday Blessings: The Inner Work of Mindful Parenting)』이 내면을 강조하는 데는 그럴 만한 이유가 있다. "의식적으로 자녀 양육을 하려면 아이들을 양육하고 돌보는 외부적인 일은 물론이고 우리 자신의 마음 수련에 주의를 기울일 필요가 있다."고 그들은 설명한다.[19]

내적 수행

아이들을 양육하는 방식은 대체로 우리의 내면을 반영한다. 우리가 건강하고 온전할 때 그런 상태가 자녀 양육에 그대로 반영된다. 우리가 쇠약하고 아플 때도 그런 상태가 자녀 양육에 그대로 나타난다. 명상의 가장 놀라운 혜택은 아이들과의 관계에 있어서 명상이 행동에 얼마나 영향을 미치는지 알 수 있을 뿐 아니라, 명상을 통해 이런 개인의 심리를 분명히 이해할 수 있게 되는 점이다. 우리의 내면세계가 앎의 공간이 되면, 우리는 고통을 치유하고 습관을 변화시킬 기회를 얻게 된다.

이런 내적 수행은 대체로 어린 시절에 부모와의 관계에서부터 내면화된 것과 관련이 있다. 우리의 내면을 형성하는 정보는 대부분 유아기의 경험에서 비롯된다. 성인으로서 우리는 자녀를 양육하면서 자신의 유아기를 재현하기 쉽다. 이따금 의도적으로 재현할 때도 있지만 무의식적으로 그러는 경우가 훨씬 많다. 따라서 아이를 기르는 것은 우리 자신의 무의식적인 기억을 드러내고 치유할 기회를 제공한다. 이렇게 할 수 있다면 우리는 스스로 가지기를 갈구해왔던 부모의 사랑, 수용, 행복이 넘치는 가정생활을 우리 자녀들에게 제공할 뿐 아니라 우리 자신의 자유를 발견하게 된다. 실제로 우리는 스스로에게도 같은 것을 제공하는 셈이다.

✋ 과제

공식 수행

- 잠시라도 고요히 자리에 앉아서 명상 수련을 하는 것은 언제든 유익하다. 매일 2분이나 5분, 아니면 10분간 가능한 대로 짬을 내서 앉아라.
- 집중 명상을 하고 싶다면 매번 20분씩, 일주일에 3~5회 정좌 명상을 하라.
- 마음챙김 자녀 양육의 내적 수행에 대한 생각을 통합하라.

일상생활 수행

마치 연구자처럼 자신의 자녀 양육 행동에 대해 마음속 메모를 하라. 당신이 관찰한 것처럼 당신의 자녀 양육 패턴이 유아기에 부모의 자녀 양육 패턴의 연장이라는 사실에 관해 곰곰이 생각해보라.

✹ 붓다의 말씀

> 우정의 유대를 위한 네 가지 근거가 있다. 무엇이 네 가지인가? 관대함, 친절한 말, 도움, 일관성이다. 이것이 우정의 유대를 위한 네 가지 근거다…

> 우정의 유대는 마치 움직이는 마차 바퀴의 비녀장과 같다. 이제 이 우정의 유대가 없으면, 어머니도 아버지도 자기 자녀 덕택에 받을 존경과 명예를 받지 못할 것이다.

> 하지만 이런 우정의 유대를 지혜롭게 존중하는 이들은 고귀한 성취를 이루고 칭송을 받게 된다.[20]

☑ 기억할 요점

- 처음 명상을 할 때 짧게 시작하라. 하루 5분으로 시작해서 시간이 지나면 차츰 늘려갈 수 있다.
- 특히 가정생활과 관련해서 일상 중의 명상은 수행 센터의 명상 프로그램에 참가하는 것 못지않게 효과가 있다.
- 마음챙김 자녀 양육을 통해 우리는 행동을 변화시키기보다는 깨달음과 치유, 성장이라는 내적 수행을 기대한다.
- 내적 수행은 대체로 어린 시절에 부모와의 관계에서부터 내면화된 것과 관련이 있다.

🐘 논의할 질문

1. 마음챙김 자녀 양육에 대해 잘 모르지만 관심이 있는 친구에게 마음챙김 자녀 양육을 어떻게 설명할 것인가?

2. 우리의 자녀 양육 행동과 내적 수행 사이에 어떤 관계가 있는가?

3. 당신의 자녀 양육은 부모의 양육 방식에서 어느 정도 영향을 받고 있나?

제2부

친절

❧ 2.1과 – 친절 ❧
개요; 은인

이 과에서 공부할 내용

- 친절(metta)의 개념
- 친절 문구
- 친절의 종류와 자애 명상의 순서
- 은인(恩人)을 위한 친절

❁ 학습

〈제1부 명상〉에서 우리는 조용히 받아들이며 판단하지 않는 태도로 주의를 기울이라는 가르침을 받았다. 하지만 이것도 말하기는 쉬우나 행하기는 어렵다. 실제로 머릿속에 비판적이고 까다로운 목소리를 가지고 많은 시간을 보낸다면, 친절이라는 좀 더 다정한 품성을 어떻게 기를 수 있을까? 붓다는 우리 자신을 포함해서 모든 사람들과 경험들을 친절과 우정, 자애로 대할 수 있도록 근본적으로 우리의 품성을 변화시키는 놀라운 명상을 제시했다. 이 수행은 영어로 자애 명상(loving-kindness meditation)으로 불리며, 불교 용어로는 자비 혹은 자애(metta)로 불린다.

마음챙김 명상과 함께 수행할 때 자애 명상의 색깔이 바뀐다. 즉 판단에서 비롯된 친절에서 진정한 온정에서 비롯된 친절로 바뀐다. 자애 명상은 또한 우리가 보고 있는 모든 것을 받아들일 공간이 생기도록 마음을 넓히기 때문에, 우리는 명상 중에 일어나는 고통에 사로잡히지 않을 수 있게 된다. 일상생활의 상황에서 자애는 우리의 마음을 온화하고 너그럽게 만들어 진정한 선의를 가지고 다른 사람들에게, 심지어 거북한 사람들에게도 다가갈 수 있게 한다. 이 자애가 충분히 발휘되면 무조건적으로 차별 없이 세상 모든 존재에게 확대된다.

마음챙김 명상이 마음을 훈련하는 것과 같은 방법으로 자애 명상은 가슴을 훈련한다.

친절은 겁쟁이가 하는 행위인가?

더 친절해지려고 생각할 때 우리는 약간의 저항에 부딪칠 수도 있다. 특히 친절한 사람들이 결국 상처를 입거나 이용당하고 마는 약한 사람이라고 생각한다면 말이다. 하지만 진정한 친절은 위해를 방지하거나 한계를 짓거나 함부로 행동하는 누군가를 멀리 하는 모습으로 나타날 수 있다. 자애는 우리가 허용적이 되거나 약해지게 만드는 것이 아니다. 오히려 공격에 적절히 대응할 수 있도록 두려움 없음과 강인함을 길러준다.

자애의 문구

자애 명상은 마음에서 우러나오는 4개의 구절을 3회 반복하는 것으로 이루어진다. 가장 널리 알려진 자애의 문구는 다음과 같다.

내가/당신이/모든 존재가 행복하기를
내가/당신이/모든 존재가 건강하기를
내가/당신이/모든 존재가 무사하기를

내가/당신이/모든 존재가 편안히 살기를

여기서 행복이란 쾌락에서 비롯되는 짧은 행복보다는 마음의 평화에 가까운, 기쁘고 만족스럽고 지속하는 종류의 행복을 말한다. 건강에 관한 두 번째 문구는 질병과 고통으로부터 벗어나 생기와 활력이 충만한 몸과 마음을 가지려는 열망이다. 세 번째 문구는 안전을 느끼고 위해로부터 벗어나려는 기본적인 욕구에 주의를 기울인다. 마지막의 '편안히 살기를'이라는 표현은 누군가의 삶이 별다른 어려움 없이 순조롭게 이어지기를, 그의 삶이 평화롭게 펼쳐지기를 바라는 소망을 전하고 있다.

자애의 문구 사용하는 법

이 문구들은 그 배후에 마음과 가슴에 의도를 지니고 우리 내면의 말로 반복된다. 혼자 수행하고 있다면 이 구절들을 소리 내어 조용히 읊는 것이 도움이 될 수도 있지만, 일반적으로 이 구절들은 마음속으로 되뇐다. 이 단원의 후반부에서 우리는 이 자애의 문구를 사용하는 방법이나 다른 표현에 대해 배울 것이다.

자애 명상은 보통 다음과 같은 순서로 대상을 여섯 가지로 나눈다.

1. 자기 자신
2. 은인
3. 친구
4. 중립적인 사람
5. 거북한 사람
6. 세상 모든 존재

자애 명상의 기저에 있는 개념은 우리에게 가까이 있는 소중한 존재나 기억을 불러일으킴으로써 느껴지는 친절이라는 감각을 기르고, 그 느낌이 바깥으로 퍼지게 하여 점차 더 거북한 존재를 포함시키는 것이다.

우리는 친절을 느끼기 가장 쉬운 사람에게 자애를 보내기 시작하는데, 예로부터 그 상대가 자기 자신이다. 하지만 오늘날 많은 사람들은 처음부터 자기 자신에게 사랑을 느끼는 것을 어렵게 생각한다. 그렇기에 현대의 명상 지도자들은 흔히들 우리의 삶에서 우리를 무조건적으로 사랑하고 지원해준 은인(恩人)을 대상으로 자애 명상을 시작한다. 은인은 우리에게 조언을 해주고 용기를 주면서 마음을 쓰고 지원해준 사람이다. 많은 사람들에게 은인은 할아버지나 은사, 멘토, 연장자다. 생각나는 사람이 아무도 없다면 당신을 북돋워주고 따뜻함과 감사의 느낌을 불러일으킨 누군가를 떠올려보라. 어쩌면 애완견을 생각해낼 수도 있을 것이다. 요컨대 그들을 생각하면 저절로 사랑과 기쁨의 감정이 일어나는 누군가를 골라보라. 대체로 누구를 선택하든 현재 살아있는 사람(동물)을 고르라는 조언을 듣게 된다. 그렇지 않으면 슬프거나 비통한 감정이 명상을 방해할 수 있기 때문이다. 일단 누군가에 대해 이런 따뜻한 감정을 불러일으키게 되면, 그 대상에게 애정을 보낸 다음 우리 자신으로 넘어가는 것은 쉬운 일이다.

첫 번째 명상을 할 때 은인을 대상으로 시작한 후에 우리 자신에게 자애를 보내게 되지만, 그리고 싶다면 우리 자신을 대상으로 시작하는 것도 좋다. 다음 과에서 자애 명상의 대상을 추가해보자.

회상과 상상

마음챙김 명상에는 상상력이 동원되지 않지만, 자애 명상에는 심상과 회상이 중요한 역할을 한다. 가령 명상이 진척되어감에 따라 마음속에 부풀어 오르는 따스한 빛을 느끼거나 상상할 수 있을 것이다. 사람들을 마음에 두면 그들의 눈과 미소, 특징적인 모습을 그려볼 수 있다. 실제로 그 사람이 우리를 위해 했거나 우리가 그들을 위해 했던 친절한 일을 기억해낼 수도 있다. 그 사람이 지금 당신이 있는 곳에서 바로 앞에 있는 것으로 상상하든지, 그들의 집이나 정원, 직장 같은 원래 환경에 있는 것으로 상상하든지 간에 그들의 모습을 떠올릴 수 있을 것이다. 주의를 기울이는 주된 대상이 자애의 문구 자체일지라도, 빛이나 에너지, 기억의 이미지를 사용하는 것도 좋다.

의도

자애의 문구를 반복하면서 지니게 되는 진심과 정성은 명상을 하는 동안 친절의 느낌을 불러일으키는 것보다 훨씬 더 중요하다. 자애 문구에 온전히 집중할 때, 좋은 의도의 힘이 천천히 길러진다. 자애 명상은 원래 사랑이라는 감정을 불러일으키는 것이 아니다. 그럴 수도 있겠지만, 그것이 목표가 아니다. 감정은 변덕스러울 수도 있지만, 의도는 상황에 따라 쉽게 바뀌지 않는다. 따라서 목표는 친절에 대한 강한 의도를 만들어내는 것이다. 실제로 명상을 하는 동안 따분하거나 저항하거나 때로는 다소 짜증스러운 느낌이 들 때도 있다. 그런 건 걱정하지 마라. 그저 자애의 문구에 온전히 집중하라. 그렇긴 해도 명상에 강한 여파가 있는 건 드문 일이 아니다. 그날 뒤늦게나 다음날 당신은 더 쾌활하고 즐거운 기분이 들고 사람들이 더 사이좋게 느껴질 수도 있다.

마음속의 새로운 길

마음속에서 의도가 어떻게 작용하는지를 잘 보여주는 훌륭한 이미지는 집과 호수 사이에 키가 큰 풀이 자라는 들판을 생각해보는 것이다. 처음 현관에서 호수로 걸어갈 때 지름길을 찾기 어려울 것이다. 두 번째는 풀이 누워서 길이 더 잘 보이게 된다. 날마다 그 길로 다니다 보면 언젠가는 풀이 달라져서 넓고 탁 트인 편안한 길이 만들어진다. 또한 마음과 생각은 때로는 분노나 죄책감, 수치심의 길로도 꽤 자주 여행을 한다. 자애 명상을 통해 우리는 친절의 길을 넓히고 있다. 자애 명상 수행을 할수록 사람들이 많이 다니는 탁 트인 길로 다니는 것이 쉬워진다.

메타(metta)

메타(metta, 자애)에 해당하는 산스크리트어는 마이트리(maitri)인데, 이 단어는 '벗'을 뜻한다. 따라서 메타의 의미를 가장 잘 전달해줄 수 있는 번역어는 우정이다. 하지만 이 우정은 벗들 간의 우의는 물론이고 보답을 바라지 않는, 타인에 대한 진정한 배려와 사랑, 존중이다. 이와 같이 메타는 무조건적인 사랑과 자애심, 선의를 뜻한다. 밀접한 연관이 있는 또 하나의 산스크리트어는 미트라(mitra)인데, 이 말은 '태양'을 의미한다. 메타는 살아있는 모든 존재의 마음속에서 흘러나오는 고귀한 온정과 빛이라고 말할 수 있다.[21] 메타를 차별 없이 모든 존재를 비추는 햇빛으로 생각할 수도 있다. 태양이 선택적으로 일부에게만 비추지 않고 골고루 햇빛을 비춘다는 것이다.

🧘 명상 지침

메타, 즉 자애를 어떻게 수행하는지 알려면 이 명상 지침을 읽어보고 당신 자신에게 시험해보라. 첫 회에서 은인을 위한 자애 명상을 하는 데 대부분의 시간을 보내고 나서, 마지막에 비로소 자신을 위한 자애 명상을 시작하게 된다. 하지만 우리 자신을 위한 자애 명상이 더 쉽다면, 자신을 위한 명상으로 시작해서 은인을 위한 명상으로 넘어가도 좋다.

편안하면서도 줄곧 깨어 있을 수 있는 앉은 자세를 찾아라. 명상 중에 몸이 불편해서 주의가 흐트러진다면, 좀 더 편안할 수 있도록 마음을 챙겨 자세를 바로잡아라. 이 명상은 몸의 불편함을 마음챙김의 일부로 다루는 것이 아니다. 몇 차례 길게 심호흡을 하는 것으로 시작하라. 몇 분간 호흡을 따르면서 마음을 진정시켜라.

이제 알아차림을 심장 부근으로 가져가라. 한 손을 가슴에 얹어도 좋다. 심장 근처가 부드럽고 자유롭게 이완되는 것을 상상하고 요청하라. 호흡을 통해 심장을 편안하게 하

라. 호흡할 때마다 밝고 따뜻한 빛이 점점 더해져서 이윽고 가슴을 통해 온몸으로 퍼지는 것을 그려볼 수도 있다. 이런 이미지가 이 명상의 본질은 아니기 때문에 당신에게 효과가 없더라도 걱정하지는 마라.

은인이나 온정과 친절의 느낌을 불러일으키는 누군가를 떠올려보라. 이 사람이 당신에게 관심과 격려를 표현했던 특별한 순간들을 생각해보라. 이 사람을 자세히 떠올려보라. 아마도 편안하고 즐거운 표정으로 그들이 좋아하는 장소에 있는 것을 상상해볼 수 있을 것이다. 그 사람에게 미소 짓고 싶다면 그렇게 하라. 그들의 모습을 마음속에 단단히 잡아두면서 내면의 목소리로 그이를 향해 이렇게 말하라.

"당신이 행복하기를."

잠시 멈추고 정말로 그것을 소망하는 의도가 확고히 뿌리 내리게 하라. 당신의 은인이 특별히 즐겁고 만족스러워 보이는 순간을 기억하라. 그이가 당신에게 밝게 웃는 것을 그려보라. 또한 "당신에게 평화가 가득하기를. 당신이 만족하기를." 같은 말을 덧붙여 소망을 더 구체적으로 만들어라. 그이의 이름을 말해보는 것도 도움이 될 것이다.

그런 다음 그를 위해 "당신이 행복하기를." 하고 빌어보라. 아주 건강한 그들의 몸과 마음을 그려보라. "당신이 아프지 않고 다치지 않기를. 당신의 마음이 굳세고 건강하기를." 같은 말을 덧붙여 볼 수도 있다. 이 의도가 당신의 가슴으로 들어가게 하라. 그런 다음 은인을 위해 "당신이 무사하기를." 하고 소원을 빌어라. 앞에서 설명한 대로 잠시 이 의도와 함께 머물러라. 마지막으로 그이를 위해 호의를 기원하는 마지막 말을 하라. "당신이 편안히 살기를." 그 은인의 삶이 별다른 어려움 없이 순조롭게 이어질 수 있기를 기원하라. 잠시 이 말과 함께 머물러라.

자애의 문구를 반복해보라. 각각의 문구 사이에 몇 분씩 간격을 두고 매번 온전히 그 문구에 주의를 기울여라. 그의 삶에 말하고 싶은 특별한 것이 있다면, 다른 표현을 덧붙여도 좋다. 그에게 건강 문제가 있다면, 편안하고 아프지 않기를 기원할 수도 있다.

이제 은인이 당신을 보고 있다고 생각해보라. 그가 당신의 사랑스러운 점을 보고 있다는 사실에 주목하라. 당신 자신을 위해 직접적으로 자애의 문구를 말하기 어렵다면, 멘토나 은사가 항상 사용하는 자신들의 방식으로 당신에게 자애를 보내는 것을 상상해보라. 그는 "당신이 행복하기를."이라며 똑같은 말을 사용할 수도 있다. 이번에는 자신을 위해 이 문구를 사용할 수도 있을 것이다. "이 사람이 나를 위해 기원하기 때문에 나도 나 자신을 위해 '내가 행복하기를, 내가 건강하기를.'이라고 기원한다."

또한 실제로 자신에게 사랑과 친절을 느끼는 것에 대해서는 걱정하지 말고, 그저 매 순간 말하는 문구에 주의와 의도를 집중하라. 호흡과 보조를 맞추어 문구를 말할 수도 있고, 자신의 속도로 반복할 수도 있다. 자애의 문구를 말할 때는 너무 빨리 반복하지 말고 한 구절마다 마음속으로 정성을 기울여 신중히 말하는 편이 좋다.

자기 자신에게 자애를 보내는 것을 생각할 때 어떤 종류의 저항이나 판단이 생기는지를 알아차려라. 당신의 훌륭함을 말해주는 다른 목소리가 있는가? 스스로 자신의 가치를 떨어뜨리는 방식이 있는가? 지금은 이런 것들을 알아차리고 그저 명상의 일부로 받아들여라.

명상을 마치려면 이 구절을 내려놓고, 몇 분간 그저 조용히 앉아 있어라. 당신의 감정과 마음 상태에 주목하라.

⚓ 과제

공식 수행

• 잠시라도 고요히 자리에 앉아서 명상 수련을 하는 것은 언제든 유익하다. 매일 2분이나 5분 아니면 10분간 가능한 대로 짬을 내서 앉아라.
• 집중 명상을 하고 싶다면 매번 20분씩, 일주일에 3~5회 정좌 명상을 하라.
• 주로 은인에게 자애를 보내고 나서, 마지막에 당신 자신을 포함시켜라.

❀ 붓다의 말씀

자애 명상의 이점

1. 쉽게 잠들게 된다.

2. 쉽게 깨게 된다.

3. 기분 좋은 꿈을 꾸게 된다.

4. 사람들이 당신을 사랑하게 된다.

5. 천신들과 동물들이 당신을 사랑하게 된다.

6. 천신들이 당신을 보호하게 된다.

7. 외부의 위험(독약, 무기, 불)이 당신을 해치지 못하게 된다.

8. 얼굴이 밝아진다.

9. 마음이 고요해진다.

10. 평화로운 죽음을 맞이하게 된다.

11. 행복한 곳에 다시 태어난다.[22]

☑ 기억할 요점

1. 자애(Loving-kindness)는 메타(metta)를 뜻한다.
2. 자애 명상을 통해 우리는 판단하기보다는 다정한 태도로 지금 이 순간에 주의를 기울이게 된다.
3. 자애 명상은 세상 모든 존재에 대해 무조건적이고 보편적인 선의를 기르는 데 도움이 된다.
4. 자애 명상은 자기 자신, 은인, 친구, 중립적인 사람, 거북한 사람, 세상 모든 존재 등 여

섯 가지 부류의 존재에게 보내는 3~5구의 간단한 문구로 이루어진다.

5. 주요 목적은 정서적 반응이나 느낌을 만들어내기보다는 친절을 향한 의도와 열망을 기르고 강화하는 것이다.

6. 전통적으로 자애 명상은 자기 자신을 대상으로 시작하지만, 은인을 대상으로 자애 명상을 시작할 수도 있다.

🐘 논의할 질문

1. 마음챙김 명상을 수행할 때 주의의 특성을 어떻게 설명하겠는가?

2. 자연스러운 자애가 이미 존재하는 관계는 무엇인가? 그 관계의 특성은 무엇인가?

3. 은인에게 자애를 보낸 소감이 어떠한가? 당신 자신에게 자애를 보낸 소감은 어떠한가?

∾ 2. 2과 – 친절 ∾
자기 자신

이 과에서 공부할 내용

- 자기 자신을 위한 자애 명상을 하는 방법
- 대체할 만한 자애의 문구

❀ 학습

자애 명상은 전통적으로 가장 사랑을 느끼기 쉬운 사람으로 시작한다. 따라서 표준 명상 수업은 자기 자신을 위한 자애 명상으로 시작한다. 자기 자신을 위해 자애를 개발하는 것이 아주 자연스럽게 되는 사람도 있을 것이다. 사람들이 마치 고향에 돌아오듯이 자기 자신에게 자애를 보내기 시작할 때 그들은 저마다 알아차림의 느낌을 가질 수도 있다. 자기 자신에 대한 이런 잠재된 인식이 자애 명상을 통해 일깨워질 수 있다. 만약 당신이 이런 경우라면 정말로 은인의 다음 순서로 당신 자신을 위한 자애 명상을 시작해도 좋다.

하지만 많은 사람들은 사랑을 느끼기 가장 어려운 사람이 자기 자신이라고 생각한다. 폭력과 위험을 견디기 위해 심장 주위에 요새를 쌓아야만 하는 사람들도 있고, 외부의 목소리에 의해 내면화된 수치심을 가진 사람들도 있으며, 타인을 위해 자기 자신을 기어코

희생하라고 배웠거나 자신에 대한 사랑은 이기적이라고 보는 사람들도 있다.

이런 괴로운 논쟁에도 불구하고 우리는 자애를 기르고 있는 사람으로서 자신에게 사랑을 주는 일은 소홀히 하면서 타인에게만 자애를 베풀어서는 안 된다. 자기애의 확고한 기반이 없다면, 낮은 자존감이나 수치심이 우리의 인간관계를 왜곡한다. 이를테면 우리는 타인의 인정을 받기 위해 어느 정도는 타인에게 관대하게 대하고 신경을 쓰는데, 그래서 우리의 자존심을 높이기 위해 다른 사람들에게 의존하기도 한다. 이런 조건적인 사랑은 우리에게 롤러코스터에 올라탄 것처럼 변덕스럽고 표면적인 자부심을 줄 뿐이다. 그에 비해 만약 자기 자신에 대한 무조건적인 사랑과 친절에 뿌리를 두고 있다면 타인에 대한 친절은 아무런 보답을 바라지 않으며, 따라서 좀 더 견고하고 신뢰성 있다.

불교의 관점에서 보면, 우리는 누구나 서로 연결되어 있다. 어떤 사람도 자기들이 생각하는 것만큼 동떨어져 있지 않다. 그렇기에 우리 자신의 생각과 마음은 주변 사람들에게 커다란 영향을 미친다. 우리가 표현하는 밝고 맑음, 사랑은 우리 자신과 다른 사람들에게 엄청난 축복이다. 자신을 돌보는 법을 알 때, 비로소 다른 사람들을 돌보는 법도 알게 되기 때문이다.

자기 자신을 위한 자애 명상을 하는 방법

자신에게 자애를 보내는 것이 쉽지 않다면, 아래의 방법 가운데 하나나 혹은 몇 가지를 시도해보라.

친절을 보내는 한 무리의 사람들을 상상해보라

당신이 존경하고 찬탄하는 한 무리의 사람들, 또 당신을 사랑하는 사람들 가운데 앉아 있는 자신을 그려보라. 한 번에 한 사람씩, 혹은 무리의 모든 사람들이 한꺼번에 당신에게 자애를 보내는 것을 상상해보라.

자신의 선행을 기억하라

최근에 친절이나 인정을 베푼 기억을 적어도 한 가지 이상을 떠올려보라. 누군가를 위해 문을 붙잡아주거나 분위기를 망칠까봐 가족들에게 짓궂은 농담을 삼가는 것처럼 사소한 행동일 수도 있다. 지난 며칠간 혹은 몇 달간 자신의 훌륭하고 칭찬할 만한 면을 드러낸 어떤 일을 떠올릴 수도 있을 것이다.

당신 자신을 어린아이로 보라

당신 자신을 어린아이로 생각하고, 어른의 시선으로 자기 자신을 보라. 자신에 대해 어떤 말을 들었더라도, 어린아이는 의심할 바 없이 순진무구하고 사랑스럽다. 어른으로서 당신 자신을 상상해보라. 아기인 당신의 옆에 앉아 있거나, 혹은 아기인 당신을 무릎에 앉히고 있거나, 아기인 당신을 팔에 안고 있는 모습으로 그려보라.

불을 피워라

호주의 유명한 승려인 아잔 브람(Ajahn Brahm)는 명상의 맨 마지막에는 자기 자신을 위해 자애 명상을 하라고 가르친다. 그는 자애로운 마음을 만드는 일을 불을 피우는 것에 비유한다. 그는 쉽사리 사랑의 불꽃을 피우는 마른 장작 같은 작은 것으로 시작한다. 말하자면, 자그마한 길고양이를 안고 와서 사랑하고 보살펴주기로 약속하는 것을 상상한다. 그런 후에 불을 붙이기는 어렵지만 불쏘시개와 장작으로 쉽사리 불붙을 수 있는 이 작은 불꽃에 장작을 더 넣으라고 권한다. 장작은 친구와 비슷한 것이다. 불이 확 붙기 시작하면 젖은 장작을 집어넣듯이 중립적인 사람들과 거북한 사람들에게 자애를 보낸다. 그런 다음 마지막으로 불이 활활 타오를 때, 축축한 장작을 집어넣듯이 우리 자신을 추가할 수 있다.[23] 이렇게 반대의 순서로 자애 명상을 하는 것은 자기혐오에 시달리는 사람들에게 좋은 방법이다(2.3과 〈다양한 방식의 자애 명상〉 참조).

대체할 만한 자애의 문구

대부분의 경우 자애 명상은 모든 부류의 존재를 위해 사용하는 서너 가지의 주된 구절을 사용하지만, 때로는 표현을 적절히 바꾸거나 뭔가를 특별히 언급하는 것도 좋다.

> 내가 이것을 있는 그대로 받아들이기를.
>
> 자애의 힘이 나에게 의지가 되기를.
>
> 내가 이 분노/공포/원한/수치심을 받아들이기를/내려놓기를/벗어나기를.
>
> 내가 위험으로부터 벗어나기를. 내가 보호 받기를.
>
> 내 마음이 평화롭기를.[24]
>
> 내가 공감 받기를.
>
> 내가 고통과 슬픔으로부터 벗어나기를.
>
> 내가 용기 있고 솔직하게 두려움에 대처하기를.
>
> 사랑의 힘이 나의 두려움을 바꾸기를.
>
> 있는 그대로 내가 행복하기를.
>
> 나 몸이 편안하기를.
>
> 내가 사랑하는 이에게 베풀려는 것과 똑같은 친절을 나 자신에게도 베풀기를.[25]

당신의 자애 문구를 고칠 때 그 문구가 기도가 되지 않도록 유념하라. 우리는 단지 자신의 성품을 닦는 것이므로 자애 명상을 하는 중에 소원을 말함으로써 어떤 일이 일어나게 하거나 누군가를 위해 기원하려 들지 않는 것은 당연하다. "내가 건강하기를."이라고 말할 때, 우리는 "나는 건강할 거야."라거나, "내가 건강해야지."라거나, "이 끔찍한 요통이 사라지기를."이라고 말하는 것이 아니다. 그보다는 자신의 마음속에 건강을 향한 길을 내고 있는 것이다. 이런 이유로 자애 명상에서는 "새 차를 사기를."이라거나, "어머니가 나에게 찬성하시기를."이라거나, "그 여자가 천벌을 받기를!" 같은 구체적인 표현은 물론 사용하지 않는다. 오히려 자애 명상은 누구에게나 적용되는 보편적 염원이다.

수행을 믿어라

우리의 마음은 꽃잎을 꼭 오므리고 있는 꽃봉오리에 비유할 수도 있을 것이다. 비옥한 땅에 충분한 햇빛과 온도, 습도가 맞으면 꽃잎은 저절로 벌어진다. 하지만 어린 꽃잎을 강제로 벌리면 꽃이 상하게 된다. 마찬가지로 억지로 마음을 열게 할 수는 없다. 그렇게 하는 것은 어떤 의미에서 일종의 폭력이다. 자애 명상은 제때 마음이 열릴 수 있게 햇빛과 온도, 습도, 영양을 제공한다. 감정적으로는 반드시 자애를 보내야 한다는 생각이 들지 않더라도, 이런 식으로 자신을 자애 명상에 내맡기는 것은 중요하다.

🛁 명상 지침

- 몇 분간 호흡을 따르면서 명상을 시작하라.
- 은인을 향해 자애를 보내라.
- 그런 다음 앞에서 언급한 처음 세 가지 영상(친절을 보내는 사람들을 상상해보라. 당신의 선행을 기억하라. 당신 자신을 어린아이로 보라) 중 하나를 사용하거나, 있는 그대로의 당신 자신을 대상으로 시작하라.
- 명상 중에 줄곧 당신 자신에게 자애를 보내라.
- 괴로운 감정이나 판단이 생기면, 앞에서 제시한 것처럼 명상의 문구를 바꿀 수도 있다.
- 친구나 직장 동료, 이웃, 또래 학부모들처럼 마음에 두고 있는 사람들에게 명상 문구를 보내는 것으로 자애 명상을 마쳐라. 마치기 전에 몇 분간 조용히 앉아 있어라.

✋ 과제

공식 수행

- 잠시라도 고요히 자리에 앉아서 명상 수련을 하는 것은 언제든 유익하다. 매일 2분이나 5분 아니면 10분간 가능한 대로 짬을 내서 앉아라.
- 집중 명상을 하고 싶다면 매번 20분씩, 일주일에 3~5회 정좌 명상을 하라.

일상생활 수행

일상의 자애 명상. 무슨 일을 하든 항상 주의를 집중할 필요는 없기 때문에, 우리는 자애 문구로 돌아와서 은인이나 자기 자신에게 자애를 보낼 수 있다. 설거지를 하거나 차로 걸어가거나 누군가를 기다리는 동안에도 잠시 자애를 보낼 수 있다. 가령 샤워를 하거나 개를 산책시키는 것처럼 비공식 자애 명상 시간으로 쓸 만한 한 가지 구체적인 활동을 찾아보아라.

☸ 붓다의 말씀

마음이 천지사방을 떠돌아도 누구나 세상 누구보다도 더 자기 자신을 사랑한다.

마찬가지로 다른 이들도 저마다 자기 자신을 사랑하기에, 자기 자신을 사랑하는 이는 남을 해치지 말아야 한다.[26]

☑ 기억할 요점

1. 전통적으로 자애의 문구는 자기 자신으로 시작하지만, 자기 자신을 위해 자애를 기원하는 것이 가장 어려운 이들도 있다.
2. 동시에 자기 자신에 대한 진정한 사랑과 존중이 없다면, 타인에 대한 선의가 단지 표면적인 것일 수 있다.
3. 문구를 자신의 요구에 맞게 고치거나 몇 가지 방법을 사용하여 자기 자신을 위한 자애 명상을 만들 수 있다.

🐘 논의할 질문

1. 집에서 자애 명상을 처음 시작한 이후에 당신 자신과 은인을 위한 자애 명상을 하는 동안 어떤 것이 떠올랐나?
2. 타인을 위한 친절이 자기 자신을 위한 친절과 더불어 시작한다고 생각하는가? 그렇게 생각하는 이유는 무엇인가?

가정생활 질문

3. 자애 명상이 아이들이나 가족들과의 관계에 어떤 영향을 미쳤는가?

～ 2.3과 – 친절 ～
친구와 중립적인 사람

이 과에서 공부할 내용

- 친구와 중립적인 사람의 부류
- 다양한 방식의 자애 명상

❀ 학습

'kind'이라는 영어 단어는 자애(metta)의 핵심이다. 'kind'(친절한)는 'kin'(친척)과 관련 있다. 누군가에게 친절할 때 우리는 그들을 마치 가족처럼 대우한다. 누구나 자신의 가족들에 대해 호감을 느낀다고 가정한다면 말이다! 우리가 자애 명상을 할 때 친구와 적을 구별하지 않고 세상 모든 존재를 자신의 가족처럼 여긴다는 의미다.

앞에서 은인과 자기 자신을 위해 자애 명상을 해왔다면, 이제 친구와 중립적인 감정을 느끼는 사람을 위한 친절도 포함시켜 보자. 일단 이 두 부류의 존재를 위한 연민을 기른 후에, 다음 과에서는 더 거북한 부류들을 위해 친절을 보내기로 하자.

친구

대부분의 친구들, 특히 오랫동안 알고 지내온 사람들에 대해 우리는 사랑과 판단이 뒤섞인 감정을 가지고 있다. 이 훈련의 목적을 위해 상당한 애정을 두고 있지만 우정에 다소 조건이 붙는 누군가를 선택하라. 매력을 느끼는 상대는 피하도록 하라. 욕망을 자애로 혼동하기 쉽기 때문이다. 대부분의 친구 관계에서 우리는 상처 받거나 감정이 상할 때가 있으며, 수긍할 수 없는 행동을 보게 되거나 친구가 이런 것을 좀 더 하거나 혹은 저런 것을 좀 덜 하기를 바랄 때가 있다 물론 그들도 우리에 대해 비슷한 감정을 가지고 있다. 자애 명상에서 우리는 무조건적인 사랑을 가지고 친구를 보는 쪽으로 자신을 최대한 많이 변화시키는 도전을 하고 있다. 그 과정에서 우리는 기대를 가지고 있는 부분이나 대가를 바라는 마음을 발견할 수도 있다. 즉 자애 명상은 우리가 자신의 이런 면을 발견하고 그 이상으로 성장하는 데 도움이 된다. 이 수행을 하면서 우정에 실망하거나 불만이 생기면, 심각한 위험이나 죽음에 직면해 있을 때 이 사람에 대해 어떻게 느낄지를 생각해 보는 것이 도움이 될 수도 있다. 이런 반성을 통해 우리가 더 깊이 엮여 있는 존재임을 확인할 수 있다.

가족

우리가 좋은 관계를 맺고 있는 배우자나 아이들을 비롯해서 다른 가족 구성원을 위해 자애 명상을 해도 좋다. 하지만 특히 우리는 가족관계에서 보통의 친구 관계에서보다 더 강하게 느끼게 되는 필요나 기대, 조건적 사랑, 욕망의 감정을 지켜보고 싶어 한다. 만약 가족관계가 다소 복잡하고 괴롭다면, 2.6과에서 다시 다루기로 하자.

중립적인 사람

친구를 위해 자애 명상을 한 후에 다음으로 '중립적인 사람'으로 일컬어지는 부류로 넘어가보자. 여기서 '중립적'이라는 것은 그 사람 자신이 중립적이라는 의미가 아니다. 중립적이라는 말은 그 사람에 대해 어떻게든 격한 감정을 느끼지 않는다는 의미다. 대체로 우리는 잘 모르거나 전혀 모르는 누군가를 선택한다. 마트의 계산원이나 버스 운전사, 이웃 같은 지나다니면서 자주 마주치는 사람일 수도 있다. 그들을 만날 때의 역할이나 장소보다 더 포괄적인, 그 사람의 삶에 대해 깊이 생각해보는 것도 도움이 될 것이다. 가령 그들은 노부모를 돌보거나 학교에서 자원봉사를 하거나 재정난에 허덕이거나 정원 손질을 즐기거나 건강 문제로 씨름하고 있을지도 모른다. 미처 우리가 생각하지 못한 삶의 방식을 상상해봄으로써 그들의 인간성에 연결될 수 있다.

관습적인 시각에서 보면, 우리가 모르거나 깊은 관심을 가질 필요가 없는 누군가에게 호의를 보내면서 이런 식으로 자애를 베풀 능력을 확대하는 것이 처음에는 어색하게 느껴질 수도 있다. 명상을 할 때마다 다른 사람으로 바꾸지 말고, 같은 중립적인 사람의 곁에 머물러라. 시간이 지나면 이른바 중립적인 사람은 더 이상 우리에게 중립적이 아니며, 우리는 그들의 보호자가 아니라는 사실을 알아차리게 된다. 결국 실제로 누구도, 어떤 존재도 친절을 받을 가치가 없는 사람은 없음을 알 수 있다.

미소 짓기

많은 스승들이 온화한 미소를 지으라고 충고한다. 웃음은 몸의 긴장을 풀어줄 뿐 아니라 생각과 마음속에 따스함을 불러일으켜 '내면의 미소'와 같은 것을 만들어낸다.

다양한 방식의 자애 명상

반복적으로 같은 문구를 암송하는 것에서부터 좀 더 자유로운 형태의 산만한 방식에 이르기까지, 자애 명상을 수련하는 다양한 방법이 있다.

자애 명상을 하면 집중력, 즉 한 가지 일에 관심을 지속하는 능력이 길러진다. 마음챙김 명상을 할 때 호흡으로 주의를 되돌리는 것과 마찬가지로 자애 명상에서는 줄곧 문구로 주의를 되돌린다(광범위하게 자애 명상을 한 후에는 호흡을 따르는 것이 매우 쉽다는 사실을 알아차릴 수도 있다). 이런 관점에서 우리는 주로 똑같은 문구를 사용하려고 한다. 그렇긴 해도 지금까지 배운 네 개의 문구가 보편적인 만큼, 특수한 개인이나 부류에 언제나 맞는 것은 아니다. 게다가 다른 문구나 소원, 마음속 이야기가 자연스러운 자애의 표현으로 나타날 수도 있다. 이런 이유로 많은 명상 스승들은 대체할 만한 자애의 문구를 포함시키기도 하고, 제자들이 필요에 따라 자신의 특수한 상황에 맞게 문구를 바꾸도록 권장하고 있다.

가장 널리 가르치는 자애 명상 방법은 몇 가지 문구를 조금씩 바꾸어 주의를 유지하기 위한 닻으로 사용하고 있지만, 누군가의 내면의 이야기라는 점에서 그중에서도 유달리 산만한 방식들이 있다. 그 방식들을 여러분과 공유하면서 어떻게 수행에 적용할 수 있을지를 살펴보고자 한다. 다음은 스리랑카의 고승인 반테 구나라타나(Bhante Gunaratana)의 자애 문구이다.

> 내 마음이 자애심[慈]과 연민심[悲], 공감적 기쁨[喜]과 평등심[捨]으로 가득하길. 내가 관대해지기를. 내가 온화하기를. 내가 편안하기를. 내가 행복하고 평화롭기를. 내가 건강하기를. 내 마음이 부드럽기를. 나의 말이 남에게 유쾌하기를. 나의 행동이 친절하기를.
>
> 내가 보고 듣고 냄새 맡고 맛보고 생각하는 모든 것이 자애심과 연민심, 공감적 기쁨과 평등심을 기르는 데 도움이 되기를. 이 모든 경험이 너그럽고 온화한 생각을 닦는 데 도움이 되기를. 그 모든 것들이 나를 편안하게 하기를. 그것들이 친절한 행동을 가져오기를. 이런 경험이 평화와 행복의 원천이 되기를. 공포와 긴장, 불안, 걱정, 들뜸으로부터 벗어나는 데 도움이 되기를.
>
> 이 세상 어디를 가든지 행복과 평화, 호의로 사람들을 맞이하기를. 사방에서 탐욕과 분노, 혐오, 미움, 질투, 공포로부터 보호 받기를.
>
> 우리 모두 저마다의 마음이 탐욕과 분노, 혐오, 미움, 질투, 공포로부터 보호 받기를 상상해보자. 사랑이 담긴 우정이 우리를 품고 감싸게 하자.

세포 하나하나, 피 한 방울 한 방울이, 몸과 마음의 모든 원자와 분자가 친절한 생각으로 가득 차게 하자. 마음을 풀어놓아라. 몸과 마음에 다정한 친절이 충만하게 하라. 다정한 친절이 가져다주는 평화와 평정이 우리의 존재 전체에 고루 스며들게 하라.

온 세상 천지사방의 모든 존재가 상냥한 마음을 가지기를. 그들이 행복하기를. 그들이 운이 좋기를. 그들이 친절하기를. 그들이 좋은 친구를 가지기를. 어디서나 모든 존재가 사랑이 담긴 우정의 감정으로 충만하기를. 풍부하고 고귀하고 무한하기를. 적으로부터 벗어나기를. 그들이 고통과 걱정으로부터 벗어나기를. 그들이 행복하게 살기를.[27]

또 서양인으로 태국 불교의 전통을 이은 아잔 브람(Ajahn Brahm)의 자애 문구는 다음과 같다.

나는 가슴께에 고양이를 올려놓고 말을 건다. "아가야, 다시는 외로워하지 마라. 결코 두려워하지 마라. 내가 항상 너를 돌볼 것이니. 너의 보호자이자 친구가 되어 줄게. 널 사랑한다, 어린 고양이야. 네가 어디를 가든지, 네가 무엇을 하든지 나는 항상 널 환영한다. 언제나 무한한 사랑을 줄게."

"사랑하는 친구여, 진심으로 당신이 행복하기를 기원합니다. 당신의 몸이 고통으로부터 벗어나기를, 당신의 마음이 만족을 찾기를. 당신에게 조건 없는 사랑을 보냅니다. 항상 당신 곁에 있을게요. 언제나 잊지 못할 겁니다. 난 정말로 당신이 좋으니까…"

"친구여, 당신이 내게 무슨 일을 했든지 복수는 누구에게도 도움이 되지 않을 것입니다. 그러니 부디 평안하기를. 과거의 고통과 미래의 기쁨으로부터 자유로울 수 있기를 진심으로 기원합니다. 나의 무조건적인 사랑이 당신에게 가 닿기를. 당신에게 행복과 만족을 가져다주기를."

"나 자신이 잘 되길 기원합니다. 이제 나에게 행복이라는 선물을 주겠습니다. 나에게 너무 오래 닫혀 있던 마음의 문을 이제 엽니다. 전에 무슨 일을 했든, 앞으로 무슨 일을 하든 나 자신의 사랑과 존경으로 향하는 문은 언제나 열려 있습니다. 아무런 거리낌 없이 나 자신을 용서합니다. 집으로 돌아오세요. 판단하지 않는 사랑을 나에게 드립니다. 이 연약한 '나'라는 존재를 돌보렵니다. 나의 모든 것을 자애의 사랑으로 품습니다."[28]

🐌 명상 지침

- 앞의 두 과에서 했던 것처럼 은인과 자기 자신에 대한 자애 명상을 시작하라.
- 이번에는 좋은 친구를 떠올리고 그들에게도 자애 문구를 보내라.
- 다음으로, 중립적인 사람에게 자애 문구를 보내라.
- 마지막으로 당신이 마음에 두고 있는 사람들의 그룹이나 공동체에 자애 문구를 보내고, 몇 분간 조용히 앉아 있어라.

✋ 과제

공식 수행

- 잠시라도 고요히 자리에 앉아서 명상 수련을 하는 것은 언제든 유익하다. 매일 2분이나 5분 아니면 10분간 가능한 대로 짬을 내서 앉아라.

- 집중 명상을 하고 싶다면 매번 20분씩, 일주일에 3~5회 정좌 명상을 하라.

일상생활 수행

스텔스 자애 명상. 선의의 습관을 기르는 한 가지 방법은 다른 사람들과 더불어 살면서 지속적으로 자애를 보내는 것이다. 버스나 기차, 비행기를 타고 여행하면서 주변 사람들에게 조용히 자애를 보낼 수 있다. 회의를 하는 동안에도 동료들에게 자애를 보낼 수 있다. 하교하는 아이를 데리러 가서 기다리는 동안에도 학교에서 쏟아져 나오는 아이들과 그 아이들을 차에 태우는 부모들에게 일일이 자애를 보낼 수 있다.

다른 것을 보거나 다른 일을 할 필요가 없다. 물론 당신이 언제나 지혜롭고 안전하기를 바란다. 어디에 있든 당신이 만나는 모든 이에게 자애를 보내라. 그 결과 사람들이 더 솔직하고 친절한 태도를 보이지 않는다고 해도 놀라지 마라.

✸ 붓다의 말씀

내가 적과 위험으로부터 벗어나기를.
내가 정신적 고통으로부터 벗어나기를.
내가 신체적 고통으로부터 벗어나기를.
나 자신의 행복을 보듬을 수 있기를.
나의 부모와
스승, 가족, 친구들,
도반들이
적과 위험으로부터 벗어나기를.
정신적 고통으로부터 벗어나기를.

신체적 고통으로부터 벗어나기를.

그들 자신의 행복을 보듬을 수 있기를.

세상 모든 존재가

적과 위험으로부터 벗어나기를.

정신적 고통으로부터 벗어나기를.

신체적 고통으로부터 벗어나기를.

그들 자신의 행복을 보듬을 수 있기를.

세상 모든 존재가 고통으로부터 벗어나기를.

그들이 무엇을 얻었든 잃었든 간에

모든 존재가 자기 업의 주인이기에.

온 우주를 통틀어

가장 높은 존재인 인간에서부터

가장 미천한 하등동물에 이르기까지

세상 모든 존재가 정신적 고통과 적으로부터 벗어나기를.

신체적 고통과 위험으로부터 벗어나기를.

☑ 기억할 요점

- 친구를 위한 자애 명상은 우리가 아는 사람 중에 좋아하지만 다소 불만이 있는 누군가에게도 확대된다.
- 개인적으로 모르는 사람에 위한 자애 명상은 우리의 자애를 확장해서 더 보편적인 것으로 만든다.
- 명상 중에는 온화한 미소를 짓는 것이 매우 유익하다.
- 다양한 방식의 자애 명상이 있다.

🐘 논의할 질문

1. 어떤 친구를 선택했는가? 이 친구의 어떤 점을 기억했는가? 친구를 위해 자애 명상을 하면서 그들에게서 어떤 변화를 느낄 수 있었는가?

2. 중립적인 사람으로 누구를 선택했는가? 자애 명상을 한 후에 그들을 만났다면, 지금 그 사람을 보는 시각과 느낌에서 무엇을 알아차렸는가?

3. 한 명의 중립적인 사람을 위해 수행함으로써 다른 중립적인 사람에 대한 생각이 어떻게 변화되었나?

가정생활 질문

4. 대체로 좋은 관계를 가지고 있는 가족들에게 자애를 확대해본 소감이 어떤가? 자애 명상을 통해 가족들과의 관계가 어떻게 변화되었나?

～ 2.4과 – 친절 ～
화

이 과에서 공부할 내용

- 자애의 반대말: 분노, 미움, 악의
- 화에 대해 생각하는 법
- 자애 명상을 통해 화를 다루는 법

✿ 학습

승가의 명상 체계에서 자애(metta)에는 자애와 비슷한 '가까운 적'과 자애와 정반대인 '먼 적'이 있다. 자애의 가까운 적은 욕망과 집착인데, 그것은 자애처럼 보고 느낄 수 있는 마음 상태이지만, 실제로는 개인적인 욕구에 얽매여 있다. 다른 사람이 우리의 기대에 부응하지 않을 때 실망하거나 우리의 감정을 다치게 할 때 불쾌한 기분을 느낀다면, 집착은 자애와 구별될 수 있다. 자애의 먼 적은 혐오인데, 자애와 정반대인 마음 상태다. 혐오는 화에서 미움, 죄책감에 이르기까지 다양한 형태로 나타날 수 있다. 이 과에서는 특히 화에 초점을 맞추고 있는데, 대부분의 사람들이 늘 이런 부정적인 감정과 씨름하고 있기 때문이다. 용서에 대한 과와 더불어 이 과는 거북한 사람들을 대상으로 자애 명상을 하는 데 도움이 된다.

화라는 주제는 방대하며, 오늘날 화에 대해 쓴 수많은 불교 서적이 쏟아져 나오고 있다. 화는 불교의 경전에서도 종종 다루어지고 있다. 이 과에서는 화를 이해하고 다스리는 법에 대한 기본적인 요령을 다루게 된다. 하지만 이 교재에서 다루는 내용 외에 화의 역학에 대해 더 탐구해보는 것도 좋다.

화는 불쾌하고 부당하고 부적절한 상황이나 무력감이나 수치심, 두려움을 불러일으키는 상황에 대한 자연스럽고 인간적인 반응이다. 그렇기에 화는 주의를 기울여야 할 뭔가가 있다는 사실을 말해주는, 몸과 마음이 보내는 중요한 신호다. 따라서 수행을 하는 목적은 화를 제거하는 것이 아니라, 화에 주의를 기울여 더 많은 손해를 초래하지 않는 방식으로 대응하는 방법을 배우는 것이다. 명상을 할 때 스스로를 자신의 생각과 동일시하지 말아야 한다고 배우지만, 우리는 자신의 생각에 책임이 있다. 마찬가지로 우리 자신이 화는 아니지만, 우리는 자신의 화에 책임이 있다. 시간이 지나면 깨달음과 수행을 통해 우리는 자신의 화에 대해 파괴적으로 대응하기보다는 더 노련하게 대응하게 된다.

마음챙김과 명상은 화와 같은 파괴적인 감정의 뿌리를 더 깊이 깨닫고 알아차리는 데 중요한 역할을 한다.(1.5과 참조) 마찬가지로 자애 명상은 분노나 원한에 사로잡히는 이유를 들추어내고 이런 감정을 다스리는 데 필요한 중요한 도구를 제시한다. 인간관계에서 자애 명상은 불화의 온도를 낮춰주고, 문제를 해결할 수 있는 안전한 선의의 공간을 만들어낸다.

화로 인한 고통을 알아차리고 내려놓기

5세기의 승려이자 학자인 붓다고사(Buddhaghosa)는 화가 나서 남을 다치게 하는 것에 대해 간명하게 썼다.

이렇게 함으로써 당신은 다른 사람을 때리고는 뜨거운 잉걸불과 대변을 손에 집어 들어서 우선 자기 자신을 태우고 스스로 악취 풍기게 만들고 싶어 하는 사람과 같다.[29]

화에 사로잡혀 있을 때 자신에게 물어보라. 화가 누구를 더 해치는가? 당신 자신인가? 아니면 다른 사람인가? 화에 사로잡히는 것이 얼마나 괴로운지를 똑똑히 보고 확인함으로써 더 쉽게 화를 내려놓을 수 있다. 자애 명상을 통해 화를 놓아버리는 수행을 하기 위해 "이 화를 편히 내려놓기를."이나 "화에서 벗어나기를." 같은 문구를 사용할 수도 있다.

화내는 습관을 변화시키기

무엇이든 규칙적으로 연습하면 잘 하게 된다. 따라서 화가 날 때 순순히 화에 사로잡히는 것을 연습하면, 장차 화를 내는 반응이 더 쉬워진다. 자애 명상을 함으로써 우리는 나날의 삶 속에서 수없이 지나다니던 정신적이고 정서적인 화의 경로를 역행할 수 있다. 자애 명상은 우리의 반응이 변화할 수 있도록 새로운 길을 만들어낸다. 화가 날 때 활짝 깨어 주의를 기울여 보면, 우리는 잠시 멈추고 자신에게 물어볼 수 있을 것이다. 누가 옳고 누가 그른지에 대해 낡고 익숙한 내면의 이야기를 지껄임으로써 화내는 습관을 강화하고 싶은가? 아니면 우리 자신과 다른 사람들에게 덜 파괴적이고 건강한 새로운 습관을 만들고 싶은가?

연결감의 상실

화가 날 때 우리는 다른 사람에 대한 공감과 연결감을 잃어버린다. 다른 사람이 끔찍하거나 장점이 없다고 생각될 정도로 우리 자신과 다른 사람과의 간격은 매우 벌어질 수도 있다. 그 사람에 대한 이미지는 편협하고 일차원적이 되며, 다양성을 잃게 된다. 자애 명상을 할 때 우리는 타인과 불화하거나 그들의 말이나 행동 때문에 상처를 받았을지라도 그 사람들에 대한 관심을 회복하게 된다. 심지어 그들이 매우 잘못 알고 있다는 생각이 들지라도 그 행동의 연유를 이해할 수 있게 된다. 자애 명상은 우리에게 세상 모든 존재가 사랑과 존경을 받을 필요가 있다는 사실을 일깨워준다. 우리는 즉시 사랑과 존경을 줄 수 없을 수도 있지만, 최소한 이런 욕구를 다른 사람과 공유하고 있다는 사실을 기억할 것이다.

큰 자아로 화를 받아들이기

한 컵의 물이 있다고 상상해보라. 거기에 소금을 한 스푼 크게 떠 넣어라. 아마도 컵의 물은 짜서 마실 수 없을 것이다. 그런 후에 소금을 똑같이 크게 한 스푼 떠서 연못에 넣어라. 연못의 물은 전과 별 차이가 없을 것이라 마실 수 있을 것이다.[30] 같은 방법으로 우리가 자아감을 단지 자신의 정신세계 너머로 확대할 때, 즉 타인이나 주변의 세계와 서로 연결되어 있는 존재로 자신을 이해할 때, 화는 드넓은 공간으로 풀려난다. 자애 명상은 우리의 마음과 생각 속에 무변광대한 열린 공간을 만들어낸다. 우리의 앞길에 어떠한 어려움이 있을지라도 걸려 넘어질 돌부리가 없으니 그저 무사히 통과할 뿐이다.

🎐 명상: 화를 위한 문구

화를 받아들이기

화에 거칠게 대응하는 것은 화를 증폭시키는 데 반하여, 화에 친절하게 대응하는 것은 화를 누그러뜨리는 데 도움이 된다. 이 점을 명심하고, 명상 중에 화를 다루는 한 가지 방법은 "와줘서 고마워, 화야. 네가 여기 있는 걸 알려줘서 고마워."라고 말하는 것이다. 그런 다음 공손히 화를 받아들이는 모습을 상상해볼 수도 있을 것이다.[31]

명상 중에 화를 다스리기 위한 몇 가지 문구는 다음과 같다.

나의 감정을 있는 그대로 받아들이기를.

나의 화를 연민을 가지고 편안히 돌보기를.

이 상황이 나에게 삶의 본질을 가르쳐주기를.

여기 있는 것을 분명히 보고, 슬기롭게 대응하기를.

그토록 많은 화와 비난으로부터 벗어나기를.

이해할 연유를 찾고, 나 자신이나 다른 사람들을 가혹하게 판단하지 말기를.[32]

당신은 나에게 당신의 화를 줍니다. 나는 그것을 받아들이지 않습니다.

화는 여전히 당신의 것입니다.

내가 친절하게 화에 대응하기를.[33]

✋ 과제

공식 수행

- 잠시라도 고요히 자리에 앉아서 명상 수련을 하는 것은 언제나 유익하다. 매일 2분이나 5분, 아니면 10분간 가능한 대로 짬을 내서 앉아라.
- 집중 명상을 하고 싶다면 매번 20분씩, 일주일에 3~5회 정좌 명상을 하라.
- 은인과 자기 자신, 중립적인 사람, 친구들을 위해 2.3과의 자애 명상을 계속하라.
- 화가 일어나면, 마음챙김과 자애 명상을 하여 감정을 다스리려 방향을 전환하라.

일상생활 수행

걷기 자애 명상. 마음챙김을 할 때와 마찬가지로 자애 명상은 어떤 시간 어떤 장소에서나 행할 수 있다. 걸으면서 명상을 하는 것은 자애 명상을 일상생활에 통합하는 좋은 방법이다. 주위에 아무도 없다면 정좌 명상을 할 때처럼 자애 문구를 따르라. 주변에 다른 사람이나 동물에 있거든 그들에게도 자애의 문구를 보내라.

❀ 붓다의 말씀

"그는 나를 괴롭혔다. 그는 나를 때렸다. 그는 나를 무너뜨렸다. 그는 내 재산을 빼앗았다." 누구든지 그런 원한을 품은 사람이 결코 자신의 적을 멈추게 할 수는 없을 것이다. 실제로 원한이 원한에 의해 멈추는 법은 결코 없다. 원한은 오직 미워하지 않는 마음으로만 멈춘다. 이것이 영원한 진리이다.[34]

....

누구에게든 거친 말을 하지 말라. 가는 말이 고와야 오는 말이 곱다. 화나서 하는 말은 남의 기분을 상하게 하고, 그 보복이 네게 돌아온다.[35]

⊘ 기억할 요점

- 화는 괴로운 상황이나 무력감이나 수치심, 두려움을 불러일으키는 관계에 대한 자연스럽고 인간적인 반응이다.
- 우리의 목적은 화는 제거하는 것이 아니라, 화에 주의를 기울여 더 많은 손해를 초래하지 않는 방식으로 대응하는 방법을 배우는 것이다.
- 자애 명상은 우리가 화를 받아들이고 이해하고 놓아버리고, 화내는 습관을 변화시키고 다른 사람들과의 연결감을 회복하며 더 큰 시각으로 화를 받아들이는 데 도움이 된다.

🐘 논의할 질문

1. 화에 대한 당신의 생각이나 의견은 무엇인가? 화를 받아들일 수 있는가? 화를 받아들일 수 없는가?

2. 당신은 현재 화를 다스리는 어떤 방법을 가지고 있는가? 어떤 방법을 바꾸거나 추가하고 싶은가?

3. 당신의 부모와 형제는 화를 어떻게 표현하고 다스렸는가? 배우자의 부모와 형제는 화를 어떻게 표현하고 다스렸는가?

가정생활 질문

4. 화는 다른 곳에서보다 가정에서 더 쉽게 일어난다. 화를 표현하는 것에 대한 통상적인 사회적 장벽이 가정에서는 없기 때문이다. 자녀 양육과 가정의 책임, 직업적 성취에 대한 압박, 존경 받거나 사랑 받는 느낌 등 공간과 시간에 따른 갈등을 당신은 어떻게 처리하는가?

❧ 2.5과 – 친절 ❧
용서

이 과에서 공부할 내용

- 용서
- 용서 명상

❀ 학습

자애 명상은 고통이나 원한, 화에 사로잡혀 있는 마음을 구석구석 환히 밝혀준다. 이 매듭을 발견하거든 계속해서 자애심이 일어날 수 있도록 매듭을 풀어주어야 한다. 숨을 참으면서 동시에 심호흡을 하는 것이 불가능한 것과 마찬가지로, 마음이 고통의 감옥에 갇혀 있으면서 자애 명상을 할 수는 없다.

용서는 고통과 원한, 화를 놓아버리는 훈련이다. 용서는 시간이 걸리는 과정이며, 마음 속 고통의 공간을 끊임없이 드나들면서 때로는 수년이나 수십 년이 걸리기도 한다. 관대함과 친절, 심오한 깨달음을 가지고 우리는 천천히 용서에 다가간다. 이 용서는 상대방을 위한 것이기보다는 우리 자신을 위한 선물이다. 왜냐하면 용서는 '원한에 사로잡히면 원래의 화를 현재로 끌어와서 과거의 고통이 계속해서 우리를 괴롭히게 한다'는 사실을 알아차리는 것이기 때문이다.

용서는 대부분의 사람들이 애써 이해하려고 하는 인간관계의 그런 측면 중 하나다. 고통으로부터 벗어나려고 성급히 용서를 할 경우, 마치 다른 사람들이 해를 입힌 것을 용납하거나 우리가 다른 사람들에게 해를 입힌 것을 변명하거나 합리화하는 것과 같다. '용서하고 깨끗이 잊어버리는 것'이 자칫하면 자신의 진정한 욕구를 부정하고 억압하는 것이 되기 쉽다. 이것은 단지 미봉책이며, 해결되지 않은 불만에 대한 화가 다시 일어날 것이라는 직관적으로 사실을 안다. 때때로 우리는 누군가를 용서했다고 생각하지만, 그들이 화를 돋우는 행동을 되풀이하면 곧바로 원점으로 돌아가는 자신을 발견하게 된다.

용서를 직접적인 말과 행동이라고 생각하기가 쉽다. 하지만 용서는 다른 몇 가지 과정의 결과다. 때로는 그 사람을 마주치고 나서야 비로소 누군가를 용서했다는 사실을 깨닫고 더 이상 원한이 없음을 알아차릴 수도 있다. 그보다도 괴로운 감정의 '부재(不在)'를 알아차리게 된다.

그렇다면 용서를 불러일으키는 과정이나 조건은 무엇인가? 우선 왜, 어떻게 그들이 했던 방식으로 상황이 일어났는지에 대해 깊고 완전히 이해한다. 깊은 이해란 더 큰 그림에서 다른 사람들의 공격성을 넘어서 그 사람을 보고, 그들의 좋은 점을 보고 다양성을 받아들이는 것을 의미한다. 화와 원한에 집착해봐야 자신에게 괴로운 일이라는 깨달음이 있을 뿐, 아무 소용이 없다. 가만히 마음의 긴장을 풀어줌으로써 마음의 감옥에 갇혀 있던 모든 고통이 출구를 찾아 사라진다.

명상 중에 괴로운 감정을 알아차리기 위해 잠시 시간을 보내는 것은 더 큰 깨달음으로 이어진다. 이런 식으로 마음챙김 명상과 용서 명상을 함께 하는 것은 이해하고 내려놓는 데 도움이 된다. 하지만 용서 명상을 한다고 해서 모든 문제가 즉시 해결되는 것은 아니다. 하지만 용서 명상을 통해 용서하려는 소망과 의도를 확고히 하고, 따라서 용서가 일어날 기반을 마련할 수 있다. 용서 명상은 또한 우리가 받아들일 수 있는 한계로 데려가 우리를 부드럽고 열리게 하여 자신의 한계를 확장하게 도와준다.

용서는 반드시 우리에게 해를 입힌 사람과의 관계를 회복하는 것이 현명하다는 의미가 아니며, 그들에게 용서를 받았다고 말해줘야 한다는 의미도 아니다. 경우에 따라서는, 특히 괴로운 행동이 진행 중일 때는 양쪽이 서로 거리를 유지하고 다른 길로 가는 편이 낫다.

명상 지침

용서 명상에는 세 부분이 있다. 즉 당신이 해를 입혔을지 모르는 사람들에게 용서를 구하는 것과, 당신에게 해를 입힌 사람들을 용서하는 것, 그리고 당신 자신을 용서하는 것이다. 명상을 하는 과정에서 괴로운 감정이 생긴다. 이런 감정을 있는 그대로 놓아 두고, 친절하고 편안하게 호흡하며 긴장을 풀어라. 있는 그대로 탐색하고 이해하면서 그 감정을 알아차리고 싶을 수도 있다. 그런 다음 다시 돌아가서 용서 명상을 하라.

편한 자세를 찾아 차분히 호흡에 집중하는 것으로 명상을 시작하라. 그런 후에 이 문구를 소리 내어 암송하든지, 속으로 외어 보라.

"알게 모르게 누군가에게 해를 입혔다면, 그들의 용서를 구합니다."

어떤 기억이나 이미지가 떠오를지도 모른다. 흔히 하듯이 더 간단한 문구를 사용하라. "당신의 용서를 구합니다." 이 문구를 암송할 때마다 주의를 기울여 신중하게 하라.

그런 다음 당신에게 해를 입힌 사람들에게 용서를 구하는 것으로 넘어가라.

"알게 모르게 나에게 해를 입힌 사람이 있다면 그들을 용서합니다."

또 기억이나 이미지가 떠오르면, 저마다를 위해 더 간단한 문구를 사용하라. "당신을 용서합니다."

명상의 마지막 부분에서 우리는 자신에게 가혹하거나 위협적이거나 실망했던 방식에 대해 우리 자신을 용서한다. 알고 있는 자신의 단점과 결점을 용서한다.

"알게 모르게 나 자신에게 상처를 주고 해를 입힌 것을 용서합니다."

이번에도 기억이나 이미지가 떠오르면, 더 간단한 문구를 사용하라. "나 자신을 용서하기를."

✋ 과제

공식 수행

- 잠시라도 고요히 자리에 앉아서 명상 수련을 하는 것은 언제나 유익하다. 매일 2분이나 5분, 아니면 10분간 가능한 대로 짬을 내서 앉아라.
- 집중 명상을 하고 싶다면 매번 20분씩, 일주일에 3~5회 정좌 명상을 하라.
- 용서 명상을 하라.
- 자애 명상과 번갈아 하라.

☸ 붓다의 말씀

이 둘은 어리석은 자이다. 어떤 둘인가? 자신의 잘못을 잘못으로 보지 않는 사람과 자신의 잘못을 고백한 다른 이를 마땅히 용서하지 않는 사람이다. 이 둘은 어리석은 자이다.

이 둘은 현명한 사람들이다. 어떤 둘이냐면? 자신의 잘못을 잘못으로 보는 사람과 자신의 잘못을 고백한 다른 이를 마땅히 용서하는 사람이다. 이 둘은 현명한 사람들이다.[37]

☑ 기억할 요점

1. 숨을 참으면서 심호흡을 하는 것이 어려운 것과 마찬가지로 마음이 고통의 감옥에 갇혀 있다면 자애를 표현할 수 없다.
2. 용서는 고통과 원한, 화를 내려놓는 것을 의미한다.
3. 용서에는 시간이 걸린다.
4. 용서는 자기 마음을 풀어주는 데서 생길 뿐 아니라, 우리 자신과 다른 사람, 상황에 대한 깊은 이해에서 생긴다.
5. 용서 명상을 통해 용서하려는 소망과 의도를 확고히 하고, 용서가 일어날 기반을 마련할 수 있다.

🐘 논의할 질문

1. 당신에게 용서란 어떤 의미인가?
2. 과거에 누군가를 용서해본 적이 있는가? 어떤 상황에서 그런 용서가 가능했나?
3. 용서할 수 없다고 생각하는 행동이 있는가? 그렇다면 왜 그런가?

4. 용서 명상을 할 때 누군가를 용서해주는 것과 누군가에게 용서를 구하는 것, 자기 자신을 용서하는 것 중에 무엇이 가장 어려웠나?

가정생활 질문

5. 누군가와 함께 살면 그 사람을 피하거나 긴장을 무시할 여지가 없기 때문에 의견이 다를 때 해결해야 할 것 같은 압박을 느끼게 된다. 현재 당신의 가정에 용서가 어떤 영향을 미치는가? 무엇을 변화시키고 싶은가?

∾ 2.6과 – 친절 ∾
거북한 사람

이 과에서 공부할 내용

- 거북한 사람에 대한 자애
- 인간관계에 적절한 추가적인 명상 문구
- 격한 감정을 다스리기 위해 대체할 만한 명상과 방법
- 거북한 사람을 스승으로 삼아라

❁ 학습

이 과에서 우리는 전통적으로 '적'으로 불리는 사람들에게도 자애를 보낸다. 오늘날 우리는 '거북한 사람'이라는 말을 사용한다. 여서서 '거북한'이라는 단어는 그 사람이 천성적으로 거북하다는 의미가 아니라, 어쩌면 그 순간에 당신이 그렇게 생각하는 것인지도 모른다. 그보다는 우리 자신이 바로 그 사람과 어려움을 겪고 있다는 사실을 의미한다. 처음 거북한 사람에게 자애를 보내는 명상을 할 때는 단지 가벼운 문제가 있는 누군가를 골라라. 함께 일하기 힘들고 짜증나는 동료일 수도 있다. 최악의 적이나 당신에게 심한 고통을

준 사람을 고르지 마라. 마지막에 쓸 가장 좋은 것은 아껴두어야 하니까.

거북한 사람에게 자애를 보냄으로써 우리 자신과 다른 사람들에게 골칫거리를 안겨준 그들의 행동 방식을 용서하는 것이 아님을 아는 것은 중요하다. '죄는 미워하되 사람은 미워하지 말라.'는 말이 있듯이, 같은 인간으로서 그 사람과 연결되어 있음을 알아차릴 수 있다. 사람들은 누구나 행복과 사랑, 호의와 인정을 원한다. 흔히 거북한 사람들이 취하는 행동이 이상하고 사악하게 보이기 쉽지만, 그들의 잘못된 행동은 행복을 쟁취하려는 잘못된 시도다. 모든 존재가 한때는 얼마나 귀엽고 천진한 아이였는지를 생각해볼 수도 있다. 때로는 거북한 사람의 어린 시절을 상상해보면서 그들의 순수한 인간성과 친절의 욕구를 기억하는 것이 좋다.

자애 문구 바꾸어 말하기

점차 거북한 사람을 대상으로 명상을 진행하면서 자애 문구를 바꿔야 할 수도 있다. 예를 들면 다음과 같다.

> 당신에게 자애가 넘치기를.
>
> 당신이 행복하기를. 명석하고 친절함 같은 행복의 원인을 가지기를.
>
> 당신이 고통에서 벗어나기를. 악의와 질투 같은 고통의 원인에서 벗어나기를.
>
> 당신이 화와 증오, 괴로움에서 벗어나기를.[38]
>
> 마음을 다해 당신의 평화를 기원합니다.
>
> 당신의 행동이 마음속 고통에서 비롯된 것임을 알기에, 당신이 고통에서 벗어나기를 기원합니다.

격한 감정을 다스리는 방법

격한 감정이 생기거든 거북한 사람에 대한 자애 명상을 포기하고 몇 가지 다른 명상을 해도 좋다.

- 당신 자신에 대한 자애 명상으로 넘어가라. "안전하고 보호 받기를. 나 자신을 편히 돌보기를. 이런 감정을 있는 그대로 받아들이기를."
- 은인이나 당신 자신, 좋은 친구에 대한 자애 명상으로 돌아가서 다시 호의에 집중하라.
- 마음에 그리는 이미지를 수정해서, 거북한 사람이 상당한 거리에 있거나 당신이 안전하게 여길 만한 다른 상황에 있는 것으로 상상해보라.
- 떠오르는 감정에 주의를 기울이고, 그 감정이 사라지거든 자애 명상으로 돌아가는 수련을 하라.
- 용서 명상으로 넘어가라.
- 잠시 그 사람의 어린 시절을 생각해보거나 당신이 관찰할 수 있었던 긍정적인 성격을 기억해보라.

거북한 사람을 스승으로 삼아라

다른 사람들과 부대끼면서 겪는 어려움은 종종 감정적으로 나약하고 미숙하며 단절되고 편협한 우리의 처지를 드러낸다. 결과적으로 살아가면서 우리가 만나는 거북한 사람들은 의미 있는 공부와 성장의 기회를 제공한다. 가장 버겁게 생각하는 사람이 결국 최고의 스승이 되는 경우가 있다. 어려움에 대한 저항을 내려놓고 마음을 열고 거기서 배울 수 있을 때, 이것이 우리가 경험하는 방식을 변화시킨다. 때로는 "여기서 무엇을 배울 수 있을까?"라고 자신에게 질문을 해보라. 그렇게 하면 우리의 인간적 성장에 있어서 적이 하는 역할에 대해 달리 생각하게 된다.

🐚 명상 지침

- 지난 몇 주 동안 해오던 대로 은인에 대한 자애 명상으로 시작하라. 그 다음에 자기 자신과 친구, 중립적인 사람을 위해 자애 명상을 하라.
- 마음속에 호의가 쌓이는 것 같으면 조심해서 당신이 살아가면서 만나는 거북한 사람으로 넘어가라. 일주일 동안 같은 사람을 대상으로 명상하라.
- 친구나 가족, 이웃, 명상 동호회처럼 마음에 두고 있는 한 무리의 사람들을 위해 자애 명상을 하는 것으로 명상을 마쳐라.

✋ 과제

공식 수행

- 잠시라도 고요히 자리에 앉아서 명상 수련을 하는 것은 언제나 유익하다. 매일 2분이나 5분, 아니면 10분간 가능한 대로 짬을 내서 앉아라.
- 집중 명상을 하고 싶다면 매번 20분씩, 일주일에 3~5회 정좌 명상을 하라.

일상생활 수행

반복적인 일과 자애. 잔디 깎기나 장난감 정리하기, 비질처럼 반복적인 일과 자애 문구를 통합시켜라. 공식 수행에서 하는 것과 조금도 다르지 않다.

❋ 붓다의 말씀

자애로 인한 마음의 자유만큼 일어나지 않은 악의는 일어나지 않고 일어
난 악의는 버려지게 된다. 자애로 인한 마음의 자유에 집중하는 사람에
게는 생기지 않은 악의는 생기지 않고 생긴 악의는 버려지게 된다.[39]

✓ 기억할 요점

1. 친구와 다른 사람들을 위해 자애의 굳건한 기반을 만든 후에, 거북한 누군가를 위해 자애를 보내는 것으로 넘어간다.
2. 거북한 사람에게 자애를 베푸는 것은 그들의 행동을 용서한다는 의미도 아니며, 스스로 다시 위험에 처할 필요가 있다는 의미도 아니다.
3. 가벼운 문제를 겪고 있는 누군가에게 자애를 보내는 것으로 시작하라.
4. 몹시 거북한 사람들을 위해 자애 명상을 할 때, 자애 문구와 마음에 떠오르는 이미지를 바꾸어야 할 수도 있다.
5. 격한 감정이 생기면 그 감정에 주의를 기울여 자기 자신을 위한 자애 명상 같은 다른 방법을 사용하는 것으로 바꾸어라. 아니면 용서 명상으로 바꾸거나 거북한 사람의 어린 시절의 순수함을 기억해볼 수도 있다.
6. 다른 사람들과 부대끼면서 겪는 어려움은 공부와 성장의 기회를 제공한다.

🐘 논의할 질문

1. 거북한 사람을 골랐는가? 이 사람의 어떤 점이 거북한가? 다른 사람들도 그 사람과 같은 거북함이 있는가?

2. 이 사람을 위해 자애 명상을 할 때 무엇이 생각났는가? 자애 문구나 방법을 바꾸었는가?

3. 다른 사람들과 어려움을 겪는 상황에서 당신 자신에 대해 뭔가를 배운 순간을 되돌아보라. 거북한 사람들을 성장의 기회라고 생각하는가? 아니면 이런 생각에 저항감을 느끼는가?

∽ 2.7과 – 친절 ∽
세상 모든 존재

이 과에서 공부할 내용

- 더 큰 그룹에 대한 자애
- 세상 모든 존재에 대한 자애
- 연민심과 공감적 기쁨, 평등심을 위한 명상
- 마음챙김과 관련되는 자애 명상

❀ 학습

지금까지 우리는 자신이 속해 있는 공동체 같은 당연히 애정을 느끼는 소수의 사람들을 위해 자애 명상을 했다. 자애 명상의 다음 단계는 점차 관심의 범위를 넓혀 세상 모든 존재까지 포함하는 것이다. 그 과정에서 우리는 예외조항을 마주칠지도 모른다. 살인자도 실제로 포함해야 하나? 아동 유괴범은? 사람을 죽이거나 해치는 물건을 만드는 사람들은? 반대 정당의 정치인들은? 모기는? 불자의 관점에서 답은 물론 '그렇다'이다. 남들에게 일부러 해를 입히는 사람들도 포함된다. 왜냐하면 비록 미처 알지 못하더라도 그들은 이미 고통 받고 있으며, 그들이 초래한 고통이 결국 그들에게 더 많은 고통을 가져다주기 때문이다. 자애명상은 이렇게 쉽지 않은 것이다!

하지만 실제로 자애 명상을 할 때, "포악한 독재자를 포함하여 세상 모든 존재가 행복하기를."이라고 일일이 열거할 필요는 없다. 사실 자애 명상의 대상을 지명하는 것보다는 마음속에 보편적이고 차별하지 않는 자애심을 기르는 것이 더 중요하다.

세상 모든 존재를 위해 자애를 보낼 때 우리는 물리적 존재로서의 한계를 넘어 마음과 생각을 확대하여 무한한 사랑에 마음을 열게 된다. 그 광활한 공간에서 이기적인 욕구는 눈 녹듯이 사라지며 더 이상 중요하지 않게 된다. 자애 명상이 처음에는 부자연스러워 보이더라도, 모든 존재가 행복하기를 기원하는 의도는 사랑의 샘물이 자유로이 흐를 수 있는 마음의 길을 만들어낸다. 자애 명상은 마음의 물길을 가로막는 두려움과 원한이라는 돌덩이를 깨끗이 씻어 내린다. 모든 존재에게 자애를 보내는 것은 가장 관대한 행위의 극치인 것 같지만, 따져보면 자애 명상의 이익은 거듭거듭 우리에게 되돌아온다.

자애 명상의 순서

자애 명상에 세상 모든 존재를 포함시킬 때, 이 방대한 부류를 마음에 두기 위해 체계적으로 진행하는 것이 좋다. 일반적인 자애 명상은 다음과 같은 순서로 진행되지만, 자기 나름대로 순서를 만들 수도 있다.

지리적: 방안에 있는 모든 존재와 이 건물 안에 있는 모든 존재, 내 주변의 지역, 도시, 주, 나라, 지구에 있는 모든 존재. (원한다면 태양계와 우주에 있는 모든 존재)

범주: 모든 사람과 동물, 식물, 물줄기, 산, 평지, 숲, 대기, 지구 전체.

방향: 내 앞과 뒤, 오른쪽, 왼쪽, 위, 아래에 있는 모든 존재.

10방위: 동, 동남, 남, 남서, 서, 북서, 북, 북동, 위, 아래.

전통적인 자애 명상의 순서:[40]

1. 모든 여성

2. 모든 남성

3. 모든 깨달은 이들

4. 모든 깨닫지 못한 이들

5. 대체로 행복한 삶을 사는 모든 이들

6. 고락이 교차하는 삶을 사는 모든 이들

7. 대체로 괴로운 삶을 사는 모든 이들

존재란 무엇인가?

이 명상을 할 때 정확히 '존재(beings)'란 무엇을 의미하는지에 대해 의문이 생길 것이다. 식물이나 바위, 바이러스, 아메바도 포함되는가? 일부 불자들은 어떤 존재가 자신과 다른 사람들에 대한 의식이나 자각을 가지고 있음을 나타내는 '지각 있는(sentient)'이라는 형용사를 사용한다. 하지만 무엇이 자각을 가지고, 무엇이 그렇지 못한지를 어떻게 아는가? 현대의 과학자들은 이전에 의식이 없는 것으로 생각되었던 많은 것들이 실제로 어느 정도 지각이 있을 수도 있다는 사실을 밝혀냈다. 풀이나 나무, 버섯은 알려진 것보다 꽤 많이 환경자극에 반응하는 것 같다. 또 명상에 포함시키는 존재에 대해 '살아 있는(living)'이라는 말을 사용하는 불자들도 있다.

기후 위기의 상황에서 세상 모든 존재에 대해 생각할 때 정말로 모든 것을 포함하기를 바란다. 심지어 수소와 산소의 단순 화합물인 물도 우리 자신의 행복과 온전히 연결되어 있다. 우리가 수자원을 취급하는 방식은 건강에 중대한 영향을 미친다. 게다가 우리가 공기와 상호작용하는 방식은 폐의 건강을 결정한다. 베트남 출신 선사 틱낫한(Thich Nhat Hanh)은 동물과 식물, 광물을 그의 가르침에 사용한다. 물질계를 구성하고 있는 실제 광물에서부터 산이나 흙과 같은 광물로 만들어진 주거지에 이르기까지, 광물도 명상의 대상이다. 자연계로 자애를 확대할 때 우리는 세계의 웰빙(well-being)을 위한 긍정적인 의도를 마련하는 셈이며, 또한 우리의 일상적인 선택이 지구의 안녕에 중대한 영향을 미칠 수 있다.

🐚 명상 지침

- 차분히 호흡에 집중하는 것으로 명상을 시작하라. 그런 다음 당신 자신이나 은인에게 자애를 보내는 것으로 넘어가라.
- 이번에는 다른 대상으로 바꾸어라. 은인으로 시작했다면 당신 자신에게, 당신 자신으로 시작했다면 은인에게 자애를 보내라.
- 그리고 나서 친구와 중립적인 사람, 거북한 사람에게 자애를 보내라.
- 당신에게 친숙한 그룹으로 자애를 확대시켜라.
- 자애 명상의 마지막에는 당신이 선택한 순서대로 모든 존재에게 자애를 보내라.
- 특별한 부류의 상세한 부분을 떠올리든, 당신의 자애가 넘쳐흐르는 환한 빛이나 파도라고 상상하든 간에, 원하는 모든 이미지를 사용할 수 있다.
- 진심으로 각각의 부류에 주의를 기울일 수 있도록 자애 명상에 많은 시간을 할애하라.
- 자애 명상의 마지막에 호흡을 따를 필요도 없이 아무것도 하지 않고 탁 트인 마음속 평화 공간에 그대로 머무는 것은 아주 멋진 경험이다.

공식 수행

- 잠시라도 고요히 자리에 앉아서 명상 수련을 하는 것은 언제나 유익하다. 매일 2분이나 5분, 아니면 10분간 가능한 대로 짬을 내서 앉아라.
- 집중 명상을 하고 싶다면 매번 20분씩, 일주일에 3~5회 정좌 명상을 하라.
- 앞에서 배운 대로 세상 모든 존재를 포함해서 여섯 부류 전부를 대상으로 자애 명상을 하라.

일상생활 수행

하루 한 가지씩 친절을 실천하기. 날마다 한 가지씩 의도적으로 친절한 행동을 실천하라. 누군가를 칭찬하는 것처럼 사소한 일이거나, 늘 다니는 길을 청소하거나 어려움을 겪고 있는 누군가를 위해 식사를 대접하는 것처럼 좀 더 큰 일일 수도 있다. 주의를 끌거나 칭찬을 받으려고 당신의 수고를 떠벌리고 다닐 필요는 없다. 이런 친절한 행동은 그저 조용히 하라.

☸ 붓다의 말씀

자애경(축약판)

자애경은 동남아시아의 불자들이 항상 암송하는 것이다. 노래를 통해 말로 표현하고 반복함으로써 가르침이 마음속 깊이 스며들게 된다. 때로 스트레스를 받거나 혼란스러울 때, 가르침 하나가 생각에 떠올라서 방향을 제시해준다. 노래를 부르듯이 자애경을 암송하는 것은 마음에 평정과 명료함을 가져다주며, 그 자체가 일종의 명상이 될 수 있다.

그룹으로 자애경을 암송을 할 경우에는 한 번에 한 줄씩 부르면서 돌림노래처럼 할 수도 있다. 전통적으로 두 손을 가슴 앞에 합장하고 암송한다.

• 알아두기: 자애경 전체를 보고 싶다면, 어린이 명상 수업 계획안의 노래책을 참조하라.

기원하기: 반갑게, 그리고 무사히.
세상 모든 존재가 편안하기를.
살아있는 존재가 무엇이든 간에,
그들이 약하거나 강하거나 간에 아무것도 빠뜨리지 말고
크거나 중간이거나 작은 것,
보이는 것과 보이지 않는 것,
가까이 사는 것들과 멀리 사는 것들,
태어난 것들과 태어나지 않은 것들이
세상 모든 존재가 편안하기를!

어머니가 목숨 걸고 아이를 보호하듯이
하나뿐인 자녀를 끌어안듯이
무한한 사랑으로 모든 살아있는 존재를 품어야 한다.
온 세상에 친절을 발산하며,
하늘을 향해 위로 펼치고
땅속 깊은 곳까지 펼치면서
무변광대하게
미움과 악의로부터 벗어나야 한다.[41]

✅ 기억할 요점

1. 자애 명상은 세상 모든 존재를 위한 자애를 포함하며, 심지어 그럴 가치가 없는 것으로 여겨지는 존재도 포함한다.
2. 명상의 대상보다는 마음속에 보편적인 자애를 기르는 것이 더 중요하다.
3. 결국 세상 모든 존재에게 자애를 보냄으로써 우리 자신에게 행복을 되돌려준다.

🐘 논의할 질문

1. 어떤 부류의 존재를 제외하고 싶었는가? 결국 그들을 포함시킬 수 있었나?
2. 세상 모든 존재를 대상으로 명상을 한 후에 거북한 사람에 대해 깊이 생각해보라. 더 큰 맥락 속에서 이 사람이 지금 당신에게 어떻게 보이는가?

❧ 심화학습 ❧
사범주(四梵住)

마음이 자애 공간에 머무를 때 우리는 신나고 행복하고 연결감을 느낀다. 마치 거룩하고 신성한 마음 공간에 든 기분이라고도 할 수도 있을 것이다. 그러니 불자들이 자애심[慈]이라는 특성을 '범주(梵住)'라고 일컫는 것도 그럴듯하다. 전통적으로 우리를 이 아름다운 귀의처에 데려다주는, 마음과 생각의 세 가지 덕목이 더 있다. 연민심[悲]과 공감적 기쁨[喜], 평등심[捨]이 그것이다. 이것들은 저마다 불자의 길을 가면서 길러야 할 중요한 덕목이며, 이 덕목을 기르는 것은 놀라운 변화를 가져오는 수행이다.

사범주(四梵住), 즉 사무량심(四無量心)이 무엇인지를 깊이 이해하기 위해 가정생활을 생각해볼 수 있을 것이다.[42] 당신과 배우자가 태어날 아기를 기다리고 있던 시기를 기억해 보라. 아기의 탄생을 기다리는 동안에 당신은 자애로 충만했다. 오직 아기가 건강하기를, 아무데도 다치지 않고 안전하기를, 행복하게 살기를, 살아가면서 아무런 어려움에 부딪치지 않기를 바라는 소망만으로도 벅찬 시절이었다. 아기가 자라면서 우리는 아기가 기고 서고 첫걸음을 떼는 것을 지켜본다. 유아기에 아기는 주변 환경을 경험하느라 혹이 나고 멍이 들고 베이기도 한다. 아기가 넘어질 때마다 우리는 즉시 달려가 달래고 위로하며 아기의 고통은 부모의 고통이 된다. 이것이 연민이다. 훗날 아이는 자라서 자기만의 일을 이루기 시작하며, 자기만의 성채를 쌓고, 경쟁에서 이기며, 고등학교를 졸업한다. 얼마나 자랑스러운지! 이런 공감적 기쁨은 어떤 성공도 시기하지 않으며, 아이의 이익은 부모의 손실이 전혀 아니다. 마침내 아이는 자라서 이 세상에서 자기만의 길을 찾아 집을 떠난다. 더 이상 성인이 된 자녀를 책임질 필요도 없고, 그의 결정을 지시할 수도 없다. 어디까지나 자녀의 장래를 응원하고 격려하지만, 아이 스스로 자기 삶을 헤쳐 나갈 수 있게 놔둔다. 이것이 평등심, 즉 간섭하지 않고 수용하면서 아낌없는 사랑과 지원, 격려를 제공하는 것이다.

공식 명상 수련 중에 이 세 가지 범주를 더 포함시키고 싶다면, 여러 방법이 있다. 사무량심(四無量心)을 기르기 위해 다음과 같은 구절을 암송해보라. 더불어 샤론 샐즈버그의 주요 저서이며 실질적인 지침을 제공하는 『붓다의 러브레터: 삶을 보호하고 행복을 성취하는 자애명상(Lovingkindness: The Revolutionary Art of Happiness)』(한국어판, 김재성 옮김, 정신세계사, 2005)을 추천한다.

사무량심 개요

자애심 (메타 metta)	샤론 샐즈버그	잭 콘필드
가까운 적(유사한 상태): 욕망, 집착 먼 적(정반대): 악의, 화	당신이 무사하기를. 당신이 행복하기를. 당신이 건강하기를. 당신이 편히 살기를.[43]	나에게/당신에게 자애가 충만하기를. 내가/당신이 안팎의 위험에서 무사하기를. 내가/당신이 몸과 마음이 건강하기를. 내가/당신이 편안하고 행복하기를.[44]

연민심 (카루나 karuna)

가까운 적(유사한 상태): 연민/슬픔 먼 적(정반대): 무자비함	당신이 고통과 슬픔에서 벗어나기를. 당신이 평화를 찾기를.[45]	내가/당신이 연민을 품기를. 내가/당신이 고통과 슬픔에서 벗어나기를. 내가/당신이 평화롭기를.[46]

공감적 기쁨 (무디타 mudita)

가까운 적(유사한 상태): 풍부 먼 적(정반대): 원한	행복과 행운이 당신을 떠나지 않기를. 당신의 행복이 줄어들지 않기를. 당신의 행운이 지속되기를.[47]	당신이 기쁘기를. 당신의 행복이 커지기를. 큰 행운이 떠나지 않기를. 당신의 행운이 증가하기를. 또 기쁨과 행복의 원인이 증가하기를.[48]

평등심 (우빼카 upekkha)

가까운 적(유사한 상태): 무차별 먼 적(정반대): 혐오와 탐욕	누구나 있는 그대로 상황을 받아들이기를. 피할 수 없는 상황 때문에 평정을 잃지 않기를. 당신을 사랑하지만 고통으로부터 당신을 지킬 수는 없습니다. 당신의 행복을 빌지만 당신을 위해 선택해줄 수는 없습니다.[49]	이 모든 일이 스쳐지나가면서 생기는 것을 균형과 평등심을 가지고 지켜보는 법을 배우기를. 내가 자유롭고 안정되고 평화롭기를.[50]

자애 명상과 마음챙김

처음에는 마음챙김 명상은 머리를 훈련하기 위한 것이고 자애 명상은 가슴을 훈련하기 위한 것처럼 보이지만, 두 명상은 사실 상호보완적이며 뗄 수 없는 관계다. 상호보완하는 수행으로서 자애 명상은 조용한 호기심과 판단하지 않고 받아들이는 태도를 기른다. 그러기 위해서는 지속적인 탐구와 통찰을 허용할 필요가 있다. 자애 명상은 또한 마음챙김 명상을 편안하고 즐겁게 하는 데 도움이 되며, 그로 인해 우리는 명상에 대한 관심이 생기고 지속하게 된다. 아잔 브람(Ajahn Brahm)은 이렇게 말한다.

> 명상 수행 중에 우리는 행복해야 한다. 명상의 대상에 마음챙김을 고정하는 접착제로서 행복이 필요할 뿐 아니라 명상을 지속할 수 있게 하는 즐거운 요소로서 행복이 필요하다. 피트니스의 모토는 '고통 없이는 얻는 게 없다(no pain — no gain)'이지만, 명상의 모토는 '기쁨 없이 마음챙김은 없다(no joy — no mindfulness)'이다.[51]

이 두 가지 마음챙김 명상의 기본 사항은 다르지만, 마음챙김과 친절은 다르지 않다. 자애 명상을 할 때 우리는 자신의 모든 감정과 생각, 관계에 활짝 깨어 있게 된다. 자애 명상을 통해 길러진 집중력은 우리의 알아차림에 평온함과 견고함을 가져온다. 마음챙김 명상을 하면서 우리는 자신이 관찰하고 있는 대상에 대해 무한한 애정을 기른다. 나는 명상 수련원에서 사람들이 한 잔의 차나 불어오는 바람 같은 아주 사소한 것들조차 정말로 멋지고 아름답고 굉장한 것임을 발견하기 시작하는 것을 보아왔다.

어떤 사람이 유명한 명상 스승인 디파 마(Dipa Ma)에게 마음챙김 명상과 자애 명상 중 어떤 것을 해야 하는지를 물었다. 그러자 디파 마는 이렇게 대답했다.

내 경험에서 보았을 때, 아무런 차이가 없다. 온전히 사랑할 때 마음챙김도 하게 되지 않는가? 온전히 알아차림 할 때, 이것이야말로 사랑의 본질이 아닌가?[52]

❦ 2.8과 – 친절 ❦
친절한 자녀 양육

이 과에서 공부할 내용

- 부모로부터 내면화하는 것
- 내면의 부모를 반영하는 것으로서 양육 태도
- 내면의 부모를 치유하기 위한 자애 명상

🪷 학습

나 스스로 '스크램블드 에그(Scrambled Eggs)'라고 부르는 개인적인 이야기가 있다.

어느 날 아침 나는 식탁 밑에 기어들어가 바로 전날 청소한 러그 위에서 스크램블드에그 부스러기를 줍고 있었다. 당시에 3~5세쯤 된 우리 아이들은 킥킥 웃으면서 남은 계란을 퍼먹고 있었고, 나는 애들을 나무랐다. "조심 좀 하지 그러니? 접시에 입을 바짝 대고 먹으라고 몇 번이나 말해야 되니? 맙소사, 금방 청소한 러그를 또 더럽히다니. 아무래도 너희들이 이걸 치워봐야 정신을 차리지." 잔소리가 끝도 없이 이어진다. 어느 순간 나는 잔소리하고 있는 나 자신을 객관적으로 돌아보게 되었고, 그러자 이런 생각이 들었다. '이

건 좀 심하네. 아직 꼬마인데 너무 많은 걸 바라네. 기대치가 너무 높은 거 아냐.'

문득 흥미로운 생각이 떠올랐다. "혹시 나 자신에게도 이처럼 엄격한 건 아닐까?"

다음 명상 시간에 나는 고요히 정좌를 하고는, 아주 주의 깊게 내 마음의 소리에 귀를 기울였다. 아니나 다를까 몇 분도 지나지 않아서 아주 조용하지만 분명히 말하는 내면의 소리를 들었다. "명상을 지지리도 못하네. 맙소사, 한두 호흡도 따르지 못하잖아. 무려 30년을 했는데 시간만 허비했군. 내가 정말 싫어." 이런 식으로 투덜거리는 소리가 계속되었다.

이 내면의 소리를 들으면서 몇 초 만에 즉시 세 가지 통찰이 이어졌다.

- 아이들에게 말하는 것과 똑같이 엄격한 방식으로 나 자신에게도 말하고 있으며, 거꾸로도 마찬가지다.
- 이런 판단과 수치심은 내가 양육 받은 방식에서 비롯된 것이다. 나는 그 목소리를 내면화해왔다.
- 그도 그럴 것이 나는 명상을 즐기는 것이 아니며, 명상은 나 자신을 혹사하는 또 하나의 기회다.

이런 깨달음에 이르자 내 안의 문제가 누그러졌다. 나 자신과 나의 어린 시절에 대해 연민을 느꼈으며, 무의식적이지만 나를 억누르는 생각으로부터 벗어나는 기분이 들었다. 또한 이 순간에 나의 명상 방식이 완전히 바뀌었다. 부끄러운 생각이 들 때 그 사실을 알아차린 다음 그 생각을 그만두고 다른 생각으로 바꾸어야겠다고 마음먹었다. 그 후 여러 차례 명상을 하는 동안 부끄러운 생각이 들 때마다 바로 강아지를 어르듯이 나 자신에게 말했다. "착하지. 정말 착해. 넌 착한 사람이야!" 나 자신을 위해 집중명상을 하기 시작했다. 시간이 지나면서 부끄러워하는 목소리가 사라지지 않았다는 사실을 알았지만 알아차리는 것이 더 쉬워졌고, 일단 알아차리자 내가 어떤 기분을 느끼고 어떤 말을 하는지에 흔들리지 않았다.

아이들과 남편에게 말하는 목소리도 확실히 바뀌었다. 명상 중에 엄격함과 비난이 친절과 수용으로 바뀌었을 뿐 아니라, 의식적인 노력을 통해서도 변화가 일어났다. 또한 실제로 처음으로 명상을 즐기기 시작했다. 칭찬 받고 사랑 받는 것을 누가 싫어하겠는가.

자애 명상의 역할

자녀를 대하는 방식은 내면적으로 우리 자신을 대하는 방식을 그대로 비추는 거울이며, 그 자체로 어린 시절에 받은 양육을 통해 내면의 부모가 어떻게 형성되었는지를 반영한다. 우리 부모와 다른 사람들이 우리에게 현명하고 애정 어린 말을 해주었으면 참 좋았을 것이다. 하지만 종종 모자란다거나 배은망덕하다거나 예의 없다거나 이기적이라거나 까다롭다거나 유치하다거나 버겁다는 메시지를 받았다면, 우리의 마음은 고통으로 가득했을 것이다. 부모를 비롯해서 우리의 성격 형성에 영향을 미친 사람들이 위협적이거나 창피를 주거나 거만하거나 차갑거나 냉랭하거나 지배적이거나 화를 내거나 애정에 굶주렸다면, 성인이 된 자신에게도 그런 방식으로 대하기 쉽다. 조용히 앉아서 명상을 하고 자신의 생각에 귀 기울일 때, 이 내면의 부모도 더 똑똑히 듣기 시작할 것이다.

우리 자신의 이런 부분을 보는 순간, 자신에게 용서와 친절, 호의를 제공함으로써 새로운 내면의 관계를 형성할 수 있다. 자애 명상을 통해 우리는 실제로 가장 많은 변화를 경험할 뿐 아니라 가장 어려운 일을 하기 시작한다. 즉 마음속의 고통을 알고 그 고통을 치유하게 된다. 하지만 자신의 내면을 치유하기 시작하면서 당신은 스스로 아이들과 집안 식구들에게 더 친절하고 점잖은 부모가 된 것을 알게 될 것이다. 자기중심적으로 보일 수도 있지만, 사실 우리 아이들에 대한 친절은 우리 자신에 대한 친절에서 시작한다.

✋ 과제

공식 수행

- 잠시라도 고요히 자리에 앉아서 명상 수련을 하는 것은 언제나 유익하다. 매일 2분이나 5분, 아니면 10분간 가능한 대로 짬을 내서 앉아라.
- 집중 명상을 하고 싶다면 매번 20분씩, 일주일에 3~5회 정좌 명상을 하라.
- 주로 당신 자신에게 자애를 보내라.
- 당신과 부모 사이에 고통과 원한이 있다면, 가능한 만큼만 자애와 연민, 용서를 수련하라.

✓ 기억할 요점

- 우리가 자녀를 대하는 방식은 내면적으로 우리 자신을 대하는 방식을 그대로 비추는 거울이다.
- 대부분의 사람들은 부모가 자신에게 한 말을 내면화한다. 부모가 위협적이거나 창피를 주거나 거만하거나 차갑거나 냉랭하거나 지배적이거나 화를 내거나 애정에 굶주렸다면, 우리는 성인인 된 자신에게도 그런 방식으로 대하기 쉽다.
- 명상을 하는 동안 우리는 내면의 부모가 내는 이 목소리를 좀 더 똑똑히 들을 수 있다.
- 우리 자신을 위한 용서 명상과 자애 명상은 새로운 내면의 관계를 길들이는 데 도움이 된다.
- 우리 자신에 대해 느끼는 방식을 고치기 시작하면, 가족을 대하는 방식도 저절로 달라진다.

🐘 논의할 질문

1. 성장할 때 부모가 당신을 대했던 방식은 어떠했는가? 당신이 어떤 사람인지에 대해 부모는 어떤 메시지를 보냈는가? 즉 부모는 당신을 어떻게 보았는가? 긍정적인 측면과 부정적인 측면을 모두 포함시켜라.

2. 당신의 부모가 어느 정도까지 내면화되어 있는가? 부모가 당신을 대한 방식으로 당신이 자신을 대하는가?

3. 명상 수행 중에 이런 패턴 가운데 어떤 것이 반복되었는가?

4. 이런 패턴 중에 어떤 것이 당신이 자녀들을 양육하는 방식으로 이어졌는가?

5. 이 내면의 목소리에 대해 무엇을 바꾸고 싶은가?

Sitting Together

제3부

윤리

a trauma-centered curriculum on mindfulness,
meditation, and Buddhist teachings

❧ 3.1과 - 윤리 ❧
개요

이 과에서 공부할 내용

- 다섯 가지 윤리 지침 개요
- '안에서 밖으로' 접근과 '밖에서 안으로' 접근
- 명상 수행의 의의
- 윤리를 가정생활에 통합하기

❀ 학습

'안에서 밖으로' 윤리에 접근하는 방식

명상과 윤리의 관계를 이해하기 위해, 그리고 우리가 하는 선택과 그 결과 사이의 관계를 이해하기 위해 대부분의 사람들에게 친숙한 예로 시작해보자. 가령 어느 날 저녁 특별히 마음에 두고 있는 물건도 없으면서 온라인 쇼핑을 하며 빈둥거리고 있다고 가정해보자. 이런 행동의 무의미함을 알아차릴 때, 쇼핑의 이면에 있는 정신적 정서적 충동에 주의를 기울일 기회를 가지게 된다. 불빛을 향해 달려드는 부나비처럼 부족감과 권태, 외로움,

가족과의 갈등을 피하려는 감정 등이 우리를 전자기기로 이끌었다는 사실을 깨달을 수도 있다. 자신에 대한 친절과 사랑이 있을 때, 우리는 고통의 원인을 다룰 기회를 가지게 된다. 머지않아 친구를 방문하거나 다툰 사람에게 말을 걸 용기를 찾는 등 스스로 더 건강한 선택을 하는 자신을 보게 된다. 명상은 우리가 자신에게 도움이 되지 않는 것을 거부하고 웰빙의 방향으로 이끄는 선택을 하도록 한다. 우리는 이것을 '안에서 밖으로' 윤리에 접근하는 방식이라고 일컫는다.

'밖에서 안으로' 윤리에 접근하는 방식

하지만 마음챙김을 통해 행동을 변화시키는 것만으로는 시간이 걸릴 수 있기 때문에 그러는 사이에 우리 자신이 많은 곤란을 겪게 될 수도 있다. 불자로서 살아가면서 명쾌하고 의도적으로 즉시 적용할 수 있는 다섯 가지 윤리 지침이 있다. 이것을 '밖에서 안으로' 윤리에 접근하는 방식이라고 일컫는다.

실제로 윤리적 수행은 안에서 밖으로의 접근인 명상을 통한 변화와 밖에서 안으로의 접근인 스스로 잘 행동하려는 의식적인 노력 사이의 대화이다. 동시에 두 가지 접근 방식을 사용할 때 덕행을 쌓는 선순환으로 이어진다.

오계

불자의 윤리는 다섯 가지 계율, 즉 '오계(五戒)'라는 다섯 가지 지침을 통해 길러진다. 계율이란 도덕적 행동의 길잡이가 되는 규칙이다. 오계의 계율은 제각기 좋지 않은 행동을 삼가고 좋은 행동을 수련하는 양면성이 있다.

오계는 우리가 결정을 내릴 수 있는 기준점을 제공한다. 때로는 어떤 일을 행하는 것이 옳거나 그른지가 분명하며, 그런 경우에 오계는 옳은 일을 하려는 우리의 지침을 상기시켜준다. 친구와 이런저런 흥미로운 사건을 이야기할 때, 남의 험담을 삼가라는 계율은 마음챙김의 알람과 같은 구실을 한다. 평소에 스트레스를 받거나 혼란스럽거나 괴로울 때

	삼가기	수련하기
1	생명을 죽이거나 해치지 말라[不殺生]	연민, 생명을 보살피기
2	남의 물건을 훔치지 말라[不偸盜]	관대함, 나눔, 감사
3	음행을 하지 말라[不邪淫]	성 에너지에 대한 책임감, 건전한 성관계
4	거짓말, 이간질하는 말, 욕설, 험담을 하지 말라[不妄語]	주의 깊게 듣기, 현명하게 말하기
5	생각과 판단을 흐리게 하는 술을 마시지 말라[不飮酒]	몸과 마음, 생각을 건강하게 만드는 소비하기

어떻게 행동해야 할지 모를 수도 있다. 하지만 오계에 따라 행동하면 상황이 가능한 좋은 방향으로 전개될 것이다.

'선악'이 아니라 '훌륭함과 서투름'의 문제다

대부분의 사람들에게 윤리적 지침은 처음에는 외부의 권위자에 의해 강요되는 '그대는 …하지 말지어다.'라는 성경의 십계명처럼 보인다. 우리는 이런 요구에 얼마나 부응하는 지를 근거로 훌륭함과 죄 많음이 판단된다는 생각을 가지고 있을지도 모른다. 하지만 불자의 길을 가는 우리의 행동은 '선'과 '악'의 잣대로 평가되지 않는다. 그저 이런 질문을 던질 뿐이다. "이 행동이 나 자신과 타인을 위해 더 큰 행복과 웰빙을 가져오는가? 아니면 행복과 웰빙을 빼앗는가?" 이것이 우리가 하고 있는 일이 유익한지 아닌지를 판단하는 방식이다. 우리는 끊임없이 생각과 말과 행동을 훌륭하고 건전하게 하려고 노력한다.

무엇이 훌륭하고 무엇이 서투른지를 결정하기 위해 우리의 행동과 결과를 관찰하면서 계율을 연구 대상으로 삼는 것도 좋다. 의식적으로 계율을 삶에 적용하기 시작할 때, 우리는 위험을 감지하는 감각이 극도로 발달될 수 있다. 즉 모든 사소한 결정에 대해 지나치게 많은 생각을 하게 될 수도 있다. 이것은 우리가 활짝 깨어 알아차린 결과이며, 우리의 학습 곡선(학습의 결과로 일어나는 행동의 변화 현상을 도식화한 것)을 보여주는 것이다. 하지만 차츰 더 나은 습관을 들이고 계율을 삶에 통합할 때 계율에 따라 사는 것이 더 쉬워진다.

오계를 북극성으로 생각하라

가르침을 실천하기 시작할 때 생기는 또 한 가지 어려움은 철저히 이런 윤리 기준에 따라 행동하려 든다는 것이다. 결과적으로 실수를 하거나 이런 이상에 미치지 못할 때마다 실패자가 된 기분이 들지도 모른다. 하지만 완전히 깨달은 자가 아니라면 계율을 완벽하게 이행한다는 것은 불가능하다. 그보다는 오계를 북극성으로 생각하라. 선장이 북극성을 이용해서 대양을 항해하는 것은 북극성이 움직이지 않고 변함없이 밤하늘에 떠있는 유일한 별이기 때문이다. 선장이 북극성 자체에 도달하기를 기대하는 것은 아니다. 마찬가지로 완벽한 계율에 도달할 수는 없겠지만, 오계를 북극성으로 삼아 삶의 바다를 항해할 수 있을 것이다.

각각의 계율은 서로 관련되어 있다

수업 진도가 나가는 동안 각각의 계율은 그 안에 다른 계율의 측면이 있으며, 다른 계율을 보완한다는 사실에 주목하라. 계율들은 전부 서로 연결되어 있으며, 서로 영향을 미친다. 예를 들어 남을 해치지 말라는 첫 번째 계율은 우리가 하는 말에 관한 것, 즉 네 번째 계율로 확대된다.

오계를 명상과 결부시키기

오계는 공식 명상 수행을 보완하는 든든한 버팀목이다. 우리는 잘못된 행동으로 인해 불안한 마음을 진정시키는 데 어려움을 겪는다. 몹시 파렴치한 일은 아니더라도 친한 친구와의 다툼 같은 것이 마음에 걸릴 수가 있다. 누군가에게 매정하게 굴거나 거친 말을 하고 나서 호흡에 집중하는 것이 어렵지 않은가? 만약 당신이 부정하게 다른 사람을 원했다면, 그런 생각이 얼마나 명상을 방해하는지를 알 것이다. 그에 비해 누구든 윤리적으로 산다면 마음이 고요해질 것이다. 마음이 고요한 삶은 명상의 집중에 도움이 된다. 마음챙김을 통해 우리는 스스로 얼마나 해로운 일을 하는지를 깨닫고, 서서히 자연스럽게 해로운 것을 멀리하고 유익한 것에 다가갈 수 있다. 문제의 또 다른 측면은 훌륭한 삶을 살 때 명상이 더 쉬워진다는 것이다.

오계는 또한 우리의 주의를 올바른 마음챙김으로 돌린다. 우리는 어떤 것이든 알아차릴 수 있으며, 심지어 비윤리적인 것도 알아차릴 수 있다. 어린아이가 곤충의 다리를 잡아떼는 것을 본 적 있을 것이다. 아이는 그 일에 완전히 정신이 팔려 있지만, 살아 있는 존재의 고통은 전혀 알아차리지 못한다. 오계는 우리가 정확히 무엇에 주의를 기울여야 하며, 우리가 보는 것에 어떻게 반응해야 하는지를 알려준다. 또한 오계는 우리의 생각과 말, 행동의 건전함을 판단할 수 있는 기준이기 때문에 마음챙김을 길들이는 데 도움이 된다. 말하자면 남의 것을 훔치는 것이 현명하지 않다는 사실을 앎으로써 우리는 자기 것이 아닌 뭔가를 가지려고 손을 뻗는 자신을 발견할 때 충동을 알아차릴 수 있게 된다.

다섯 가지 마음챙김 훈련

이 다섯 가지 규칙은 오계로 더 잘 알려져 있지만, 베트남 출신의 선사 틱낫한은 그것을 '마음챙김 훈련'이라고 일컫는다. '훈련'이라는 단어의 사용은 산스크리트어 식사파다 (siksapada)에서 유래한 것인데, 도덕성을 수양하는 데 있어서 '훈련의 요소'를 의미한다.[53] 계율에 대한 이런 이해 방식은 마음챙김이 정좌 명상을 하는 것에 국한되지 않고 우리 삶의 매 순간 지속된다는 개념으로 확대된다. 게다가 이것은 계율이 윤리적 지침이라기보다는 훈련으로 여겨지고 있다는 의미다. 훈련이라는 개념을 사용할 때 우리는 다소 느슨하게 판단하게 된다. 왜냐하면 우리는 실수를 하기도 하고 차츰 실력이 향상되리라는 것을 알기 때문이다. 훈련이라는 개념은 또한 계율을 따르는 것이 기술이며, 기술로서 여러 가지 세부적인 것과 적응 그리고 미묘한 차이가 관련되어 있음을 뜻한다.

연습

3권 활동 책에 포함되어 있는 〈성인용 윤리 평가지〉를 사용해서 윤리적 행위를 통해 웰빙을 일구어내는 방식은 물론이고, 윤리적 부정을 통해 손해를 초래하는 방식의 실제 사례를 생각해보라. 그룹으로 평가하는 경우라면, 아래 표와 같이 5개의 소그룹으로 나누어서 각각의 그룹이 단 한 가지 계율에 대해서만 브레인스토밍을 하도록 하라.

　이 책을 혼자서 읽든 그룹으로 읽든 간에 평가지에 평가를 계속해서, 이 장을 마칠 때 당신의 생각이 얼마나 바뀔 수 있는지 비교해볼 수 있도록 하라(3.7과 참조).

성인용 평가지				
남의 물건을 훔치지 않기	… 자신과	저축에 피해를 주는 충동적 소비	관대함, 나눔, 감사하는 마음 기르기	우리의 몸과 건강에 감사하기
	… 인간관계에서	허락을 받지 않고 빌리기		어려움에 처한 친구를 돕기
	… 공동체와의 관계에서	물 낭비		정말로 필요한 자원만 사용하기

✋ 과제

공식 수행

- 잠시라도 고요히 자리에 앉아서 명상 수련을 하는 것은 언제나 유익하다. 매일 2분이나 5분, 아니면 10분간 가능한 대로 짬을 내서 앉아라.
- 집중 명상을 하고 싶다면 매번 20분씩, 일주일에 3~5회 정좌 명상을 하라.
- 다음과 같은 생각을 멈추는 것을 포함하며, 정좌 명상에서 윤리를 다루는 수행을 하라. 예를 들어 내면의 해로운 지껄임을 따라가거나 누군가에 대한 공상에 빠지거나 머릿속으로 쇼핑하는 상상을 하지 않도록 하라.

일상생활 수행

다음 주에 날마다 해로운 행동을 삼가는 것이 어떤지 지켜보라. 말을 줄이거나 건강에 해로운 제품을 소비하지 않거나 집안의 벌레를 죽이지 않는 것은 어떤가? 이제부터 당신이 하고 있는 일과 당신의 충동을 알아차림 하는 것이 당신 자신과 다른 사람들의 웰빙에 어떤 영향을 미치는지를 알아차림 하라.

♥ 자녀 양육과 윤리

부모로서 우리의 주된 의무는 자녀들에게 해야 할 일과 하지 말아야 할 일을 가르치는 것이기에 오계는 가정생활을 잘 해나가는 데 도움이 된다. 부모로서 우리는 단지 자기의 원칙을 제시하면서 오계에 의지하는 것이 좋다. 오계는 가장 지혜롭고 존경 받는 스승인 붓다의 가르침으로, 지난 2,500년 동안 이어져왔으며, 진실한 삶을 추구하는 전 세계인들이 공유해왔기 때문이다. 오계는 특히 여러 사람들이 이 지침의 의미를 강화해줄 수 있는 공동체에서 수련하고 반성하는 것이 효과적이다.

하지만 계율을 완벽하게 실천하는 것보다 더 중요한 것은 우리가 계율에 따라 살지 않았음을 깨달을 때 노력하는 것이다. 이것은 자신의 부족함을 알아차리고 스스로를 용서한 후에 다시 노력하는 것을 의미한다. 다시 말하자면 훈련과 연습을 의미한다. 우리 부모들은 완벽함을 추구하기보다는 불완전함과 자애, 용서, 인내, 배우는 자세를 보여주는 본보기가 될 수 있다.

앞으로 오계에 대해 배울 때 계율을 가정생활에 통합해서 계율 하나하나에 조용히 주의를 기울이도록 하라. 윤리적인 삶을 산다는 것이 무엇인지에 대한 알아차림을 기르는 데 있어서 아이들은 공동 참여자가 될 수 있다(아이들도 다른 사람들에게 반칙이라고 소리치는 것을 좋아한다!).

♥ 어린이와 윤리

오계의 특징은 명확해서 아이들도 즉시 이해하고 실천할 수 있다. 하지만 오계 중 어떤 것은 아이들에게 더 어울리는 말로 바꿀 필요가 있다. 어른들에게 말하는 것과 같은 방식으로 아이들에게 이야기할 수도 있지만, 성적인 것에 관한 계율은 적합하게 바꿀 필요가 있다. 따라서 어린이를 위한 오계에서는 단순히 우정과 일반적인 인간관계에 대해 더 많이 이야기한다.

오랫동안 교회에 다녔거나 신앙심이 돈독한 가정에서 자란 사람이라면, 이런 윤리적 지침을 아이들에게 가르치는 것에 반감을 가질 수도 있다. 아이들이 당신과 똑같은 시각을 가지지 않았다는 사실을 명심하라. 학급 교사들은 아이들이 규칙을 좋아한다고 말한다. 사실 아이들은 규칙을 배우는 것도 좋아하고, 때로는 규칙을 깨는 것도 좋아한다. 그러므로 이 오계를 가르칠 때 규칙을 배우려는 아이의 자연스러운 욕구를 끌어낼 수 있어야 한다.

어른들이 잘못하는 부분은 통제나 지배, 일치를 강요하는 식으로 이런 가르침을 실행한다는 것이다. 이런 관점에서 행동하는 것은 실제로 우리가 행복해지려면 다른 사람들이 어떻게 행동해야 한다는 우리 자신의 생각을 만족시키는 것일 뿐이다. 따라서 오계를 전달할 때 우리는 자신의 의도와 선량한 마음을 알아차릴 수 있다. 만약 아이들을 혼내거나 창피를 주려고 오계를 사용한다면, 아이들은 정말로 오계를 싫어하게 될 것이다. 우리가 더 건강하고 행복한 결과에 도움이 되는 방식으로, 즉 우리의 모든 말과 행동이 어떤 영향을 미치는지를 알아차리는 방식으로 오계를 사용한다면 아이들은 계율에 대해 배우는 것을 즐거워할 것이다. 아이들이 오계를 자기 자신의 웰빙을 지켜주는 것으로 보기 시작한다면, 더욱 그렇다. 모든 이들이 나쁜 말을 삼가고 친절한 말을 하려고 노력할 때, 우리 자신이 험담의 대상이 되거나 남의 가슴을 찌르는 말로 상처를 입지 않게 될 것이다.

☸ 붓다의 말씀

예로부터 전통적으로 내려온 다섯 가지 선물이 있다. 무엇이 다섯 가지 선물인가?

여기, 한 훌륭한 수행자가 생명을 해치지 않고 그런 일을 그만 둔다. 생명을 해치는 일을 그만둠으로써 이 훌륭한 수행자는 헤아릴 수 없이 많은 존재를 두려움과 적의, 억압에서부터 벗어나게 한다. 헤아릴 수 없이 많은 존재를 두려움과 적의, 억압에서부터 벗어나게 함으로써 그 수행자는 헤아릴 수 없이 많은 존재를 두려움과 적의, 억압에서부터 벗어나 자유를 즐기게 된다…

또 한 훌륭한 수행자가 남의 물건을 훔치지 않고 그런 일을 그만 둔다. 남의 물건을 훔치는 일을 그만둠으로써 이 훌륭한 수행자는 헤아릴 수 없이 많은 존재를 두려움에서 벗어나게 한다…

또 한 훌륭한 수행자가 사음(邪淫)을 하지 않고 그런 일을 그만 둔다…

또 한 훌륭한 수행자가 그릇된 말을 하지 않고 그런 일을 그만 둔다…

또 한 훌륭한 수행자가 실수를 저지르게 만드는 주범인 술을 마시지 않고 그런 일을 그만 둔다…

행복한 가운데 원숙해진 이 계율은 한없이 유익하며, 무엇이든 바라고 좋아하고 마음에 드는 것으로 이어지며, 행복과 안녕으로 이어진다.[54]

☑ 기억할 요점

- 명상 수련은 우리의 의식을 수련하기 때문에 우리는 좀 더 윤리적인 선택을 하게 된다 (안에서 밖으로의 접근).
- 불자로서 살아가면서 지켜야 할 다섯 가지 윤리적 지침, 즉 오계가 있는데, 마음챙김과 의식적인 노력을 통해 습관화할 수 있다.

1. 생명을 해치지 말라. / 생명을 양육하라.
2. 남의 물건을 훔치지 말라. / 너그럽게 나누어 가지고 감사하라.

3. 해로운 말을 하지 말라. / 주의 깊게 듣고 친절하게 말하라.

4. 사음(邪淫)을 하지 말라. / 책임 있고 건전한 성관계를 하라.

5. 술을 마시지 말라. / 건전한 소비로 몸과 마음, 생각을 살찌게 하라.

- 윤리적 행위는 선악의 개념이 아니라 '이 행동이 나 자신과 다른 사람들을 위해 웰빙을 가져오는 것인가, 아니면 웰빙을 빼앗는 것인가?'라는 관점에서 판단된다.
- 오계는 우리가 삶의 바다를 항해하는 데 도움이 되는 북극성과 같은 역할을 한다.
- 고결하고 건전한 방식으로 살 때 우리의 마음은 혼란과 고통으로 흐려지지 않는다. 맑고 고요한 마음은 명상 수행에 도움이 된다.
- 오계를 마음챙김 훈련으로 생각할 때, 우리는 윤리를 균형 있게 생각하고 기쁘게 노력하는 수행자의 태도를 받아들이게 된다.
- 가정생활은 오계에 대해 반성하고 통합할 수 있는 훌륭한 무대다.
- 어른들이 아이들에게 오계를 전달할 때, 그 이면에 있는 자신의 의도를 알아차림 할 필요가 있다. 중요한 것은 이런 계율이 우리 자신과 다른 사람들을 위해 얼마나 더 큰 행복을 가져오느냐이다.

🐘 논의할 질문

1. 도덕적이고 윤리적인 행위와 관련해서 당신은 어떻게 양육되었나? 그런 양육 방식이 성인으로서 당신의 윤리관에 어떤 영향을 미치고 있나?

2. 명상을 통해 당신의 선택을 더 잘 알아차림 하게 되었는가? 당신의 선택이 달라졌는가? 그렇다면 어떻게 달라졌는가?

3. 오계가 완벽해 보이는가? 더 필요한 게 있다면, 경우 무엇을 추가하겠는가?

4. 오계 중 어떤 계율이 가장 쉽게 느껴지는가? 어떤 계율이 가장 어려운가?

5. 명상이 오계에 도움이 얼마나 되는가? 반대로 오계는 명상에 얼마나 도움이 되는가?

가정생활 질문

6. 의식적이든 아니든 간에 가정생활에서 어떻게 윤리적 행동을 배우거나 본받고 있는가? 아니면 오히려 무엇을 바꾸고 싶은가?

❧ 3.2과 – 윤리 ❧
생명을 해치지 말라

이 과에서 공부할 내용

- 첫 번째 계율: 생명을 해치지 말라
- 고의적인 살생과 무심코 하는 살생
- 연민 훈련
- 첫 번째 계율을 가정에 통합하기

❀ 학습

명상 수련원에서 며칠을 지낸 후 내 방에 돌아왔을 때, 창틀에 커다랗고 시커먼 벌레가 기어 다니는 것을 발견했다. 평소 같으면 잽싸게 벌레를 잡아 죽이고는 태연히 일상으로 돌아갔겠지만, 이 벌레의 자그마한 다리 하나라도 해친다는 생각을 하자 배가 아파왔다. 방금 집중 명상을 한 터라 활짝 깨어 온전히 연결감을 느끼고 있었다. 벌레를 죽이지 않기로 한 결심은 살생을 하지 말라는 첫 번째 계율을 따르려는 노력에서 나온 것이 아니라, 마음 챙김, 즉 마음속 공간에서 나온 것이었다. 거기서 나의 선택은 애써 힘들이지 않고 자연스럽게 이루어졌다. 겨울이었기에 그 벌레가 식물을 먹지 않기를 바라면서 현관의 창턱으로 데려다놓았다. 일정이 느긋한 명상 수련원이었다면 스트레스 받을 일이 거의 없어서 나의 행동에 대해 깊이 생각하고 평소 불편하게 느껴질 만한 일도 더 수월하게 처리했을 것이라는 생각이 들었다.

해로운 행동은 대부분 분주하고 소홀하고 주의를 기울이지 않는 데서 비롯된다. 우리는 다른 사람들이 자신을 사려 깊게 대우하기를 바라지만, 부주의하게 살다 보면 결국 우리가 뿌린 씨앗을 거둬들이게 된다. 따라서 진실하게 행동하고 무심코 살생하는 일이 없도록 주의를 기울일 때 우리 자신의 웰빙도 지킬 수 있다.

고의적인 살생

첫 번째 계율의 가장 두드러지는 점은 살생하지 말라는 아주 단순한 것이다. 불교의 가르침은 고의적인 살생과 무심코 하는 살생을 구별하고 있는데, 고의적인 살생의 경우 더 심각한 결과를 가져온다. 쓸데없는 살생을 할 수 있는 사람은 둔감하고 혼란스럽거나 어느 정도 두려움이나 증오, 고통으로 가득 차 있다. 쓸데없는 살생을 하면 부정적인 마음 상태가 한층 강화되어 또 다른 해로운 선택의 씨를 뿌린다.

무심코 하는 살생

무심코 하는 살생은 완전히 다른 문제다. 양치질을 하면서 무수히 많은 박테리아를 죽이거나 걸어 다니는 동안에 우연히 작은 곤충들을 밟는 등 날마다 우리는 무심코 수많은 생명을 빼앗는다. 따라서 살생을 피하려고 지나치게 신경을 쓸 필요는 없지만, 좀 더 주의를 기울이면 어느 정도 쓸데없는 살생을 막을 수 있다. 가령 숲속의 오솔길에 묵으면서 쥐를 잡기 위해 인도적인 덫을 사용할 수도 있다.

생명을 해치는 행위

첫 번째 계율의 다른 측면은 생명에게 해를 끼치지 말라는 것이다. 다시 말해서 해를 끼치지 않는 것을 훈련하는 것이다. 이 윤리를 얼마간 이해하는 한 가지 방법은 우리의 생명을 동심원에 놓인 것으로 생각하는 것이다. 첫째, 우리는 분노와 원한, 탐욕, 질투 같은 해로운 생각이 미친 듯이 날뛰게 놔둠으로써 심리적으로 자기 자신을 해칠 수 있다. 해로운 생각을 삼가면 그런 생각이 잦아들고 좀 더 건전한 마음 상태가 생길 수 있는 공간이 생기게 된다. 건강을 약화시키는 제품을 소비하거나 몸을 돌보지 않음으로써 우리는 신체적으로 자기 자신에게 해를 끼친다. 가족을 비롯한 인간관계에서 우리는 다른 사람들의 요구와 소망을 존중하지 않고 다른 사람들의 웰빙을 지지하지 않음으로써 해를 끼친다. 우리는 말을 함부로 하거나 자신의 성적 에너지에 주의를 기울이지 않거나 술을 마시거나 약물을 사용함으로써 남에게 해를 끼치는데, 특히 술과 약물은 마음을 흐리게 하여 해로운 행동과 말을 초래한다. 우리는 공격적이고 무모하게 운전하거나, 못된 짓이나 차별을 눈감아주거나, 불법적인 수준의 해악을 초래하는 회사에서 일하거나, 더러운 화학물질을 하수도로 흘려보내거나, 다른 나라에 공해를 유발하거나 비인도적인 작업 환경과 관련된 불필요한 제품을 구매함으로써 사회와 세상에 해를 끼칠 수도 있다. 이처럼 우리 내면의 과정에서부터 외부 세상에 이르기까지 해로운 행동의 범위를 확대하는 것에 대해 생각해봄으로써 우리의 선택을 재고해볼 수 있다.

육식과 축산물 소비의 윤리

살생을 하지 말라는 계율은 동물이나 축산물을 먹는 것이 윤리적인지에 대한 의문을 불러일으킨다. 전통적으로 불자들은 이 문제에 대해 현실적인 견해를 가지고 있었다. 출가 승려는 대체로 신도들이 시주한 고기를 먹을 수는 있지만 특별히 그들을 위해 죽인 동물은 먹지 않았다. 동아시아의 일부 절에서는 공공연히 고기를 먹지는 않지만 다른 사람이 없는 데서는 먹을 수 있다. 신선한 과일과 야채가 귀한 히말라야 같은 지역에서는 고기와 축산물이 필수품이며, 따라서 그 지역의 불자들은 보통 고기를 먹는다. 달라이 라마 성하님도 원래 채식주의자였지만, 건강을 위해 육식을 하라는 권유를 받았다.

그럼에도 오늘날 불자들은 식물성 영양 공급원의 증가, 육식 위주의 식단이 초래하는 환경 영향에 대한 자각, 육류와 축산물의 과도한 섭취가 건강에 해롭다는 증거, 동물 복지와 농업 관련 산업 기술에 대한 관심, 살생을 하지 말라는 계율에 좀 더 충실한 삶을 살려는 욕구 등 여러 가지 이유로 점차 채식주의자가 되어가고 있다. 특히 이 첫 번째 계율과 관련해서 육식과 축산물 소비의 필요와 의미에 대해 잠시 생각해볼 수 있다. 주머니 사정에 따라 소비 습관을 바꿈으로써 이런 관심사를 다룰 수 있는 방법이 있을 것이다.

살아가면서 실크나 가죽, 모피, 상아, 약 등 다른 축산물을 어떻게 사용할 것인지에 대해 생각해 볼 수도 있다. 이런 물건들을 언제든지 선택할 수 있는 것은 아니지만, 그런 것에도 알아차림을 가져갈 수 있을 것이다.

틱낫한의 첫 번째 마음챙김 훈련: 생명에 대한 존중

베트남 출신의 선승 틱낫한은 이 계율에 대해 확대해석을 하고 있다. 명상을 시작하기 전에 이 계율을 소리 내어 읽으면 마음챙김 훈련에 임하는 의도가 강화된다.

> 나는 생명을 파괴하는 데서 오는 고통을 알아차림 하면서, 서로 연결되어 있는 존재(interbeing)에 대한 통찰과 연민을 기르고, 사람과 동물, 식물, 광물의 삶을 보호할 방법을 연구하는 데 전념하고 있다. 나는 스스로도 살생하지 않고, 다른 사람들이 살생하는 것도 허용하지 않고, 세상의 어떤 살생 행위도 돕지 않기로 결심했다. 분노와 공포, 탐욕, 불관용으로 인해 해로운 행위가 생기는 것을 지켜보면서, 나 자신과 세상의 폭력과 광신, 독단주의를 변화시키기 위해 열린 마음과 무차별, 무집착을 마음에 두고 정진할 것이다.[55]

🐚 명상 지침

연민 명상

연민은 타인의 고통에 공감하며 마음을 열 수 있는 능력이다. 연민은 또한 우리 자신과 타인에게 해를 가장 덜 끼치는 방식으로 살도록 이끈다. 타인의 고통에 민감해지고 어떤 말과 행동이 고통을 가져오는지를 지켜볼 때, 아주 간단히 타인을 해치려는 욕구를 상실한다. 타인을 해치는 말과 행동이 우리에게 잠깐의 즐거움을 주더라도 말이다. 연민은 우리가 불살생이라는 고매한 기준에 따라 살게 만드는 가장 자연스러운 방법이다.

연민 명상 수련은 자애 명상 수련과 아주 비슷하다. 하지만 여기서는 자애 문구 대신에 괴로움을 다루는 문구를 사용한다. 다음 문구 중 두세 가지를 고르거나 자기만의 연민 문구를 만들어라.

> 당신이 괴로움으로부터 벗어나기를.
> 당신이 고통과 슬픔으로부터 벗어나기를.
> 당신이 연민을 품기를.
> 당신이 평화롭기를.

연민을 보내는 사람에 따라 연민 문구를 바꿀 필요가 있을지도 모른다. 가령 누군가의 고통이 바뀔 수 없는 것이라면, "당신이 편안하기를."이나 "이 힘든 시기를 편안히 넘기기를."이라고 말하라.

명백한 어려움에 처해 있는 사람 중에 소통하기 쉬운 사람, 다시 말해서 거북하지 않은 사람을 대상으로 시작하라. 이 상황을 이해하고 동정심을 기르는 시간을 가져라. 그런 후에 자애 명상을 할 때와 마찬가지로 자기 자신과 은사, 친구, 중립적인 사람, 거북한 사람, 세상 모든 존재를 대상으로 연민 명상을 하라.

당신 자신이나 다른 사람들의 고통으로 스트레스를 받기 시작하거든, 자기 자신을 위한 연민 명상으로 바꾸어라. 기분이 안정되거든 하던 명상으로 되돌아가라. 마음이 편하고 느긋해지게 놔두어라. 명상을 마칠 무렵에는 연민 문구를 그만두고, 그 순간 기분이 어떤지를 알아차림 하면서 조용히 앉아 있어라.

✋ 과제

공식 수행

- 잠시라도 고요히 자리에 앉아서 명상 수련을 하는 것은 언제나 유익하다. 매일 2분이나 5분, 아니면 10분간 가능한 대로 짬을 내서 앉아라.
- 집중 명상을 하고 싶다면 매번 20분씩, 일주일에 3~5회 정좌 명상을 하라.
- 연민 명상을 최소한 1회는 포함시켜라.

일상생활 수행

미물이라도 고의적인 살생을 삼가도록 노력하라. 자제하는 윤리가 어떤 것인지, 뭔가를 삼가기 위해 어떤 노력을 해야 하며 그 결과 깨끗한 양심이 생기는지를 알아차림 하라. 생명을 해치지 않는 수련을 깊은 수준까지 가져가 미묘한 느낌을 키워나가는 것이 어떤지 관찰하라.

♥ 자녀 양육과 윤리

고의적으로 생명을 해치거나 살생을 하지 않는 수련을 시작하기에 좋은 장소는 우리가 사는 집이나 마당, 이웃에 벌레와 미생물이 득실거리는 주변이다. 대부분의 아이들은 어른들에 비해 벌레에 대한 결벽증이 덜하다. 아이들은 심지어 벌레가 손이나 팔에 기어 다니게 놔두기도 한다. 아이와 함께 벌레를 보게 되거든 먹이 사슬의 순환에 있어서 벌레의 생명에 대해, 그리고 벌레의 서식지에 대해 이야기하고, 쓸데없이 벌레를 죽이면 무엇을 잃게 되는지를 설명하라. 집 안이나 집밖 중 어디에서 벌레가 행복할지, 비 오는 날과 화창한 날, 음식이 있을 때 등 언제 벌레가 행복할지에 대해 이야기하라. 당신의 아이가 햇볕 아래서 확대경으로 벌레를 태우거나 벌레를 해부하려는 것을 본다면, 그 아이보다 10만 배 큰 존재가 자기에게 똑같은 짓을 한다고 생각해보라고 말하는 것도 좋을 것이다. 부모로서 벌레나 쥐, 도마뱀을 대하는 자신의 행동을 지켜보고, 그런 행동을 통해 무엇을 알려줄 수 있는지를 관찰하라.

❀ 붓다의 말씀

재가불자는 어떻게 계율에 따라 행동해야 하는가? 여기 생명을 파괴하는 일을 그만둔 어떤 사람은 생명을 파괴하는 일을 삼간다. 인정 많고 자비롭게 회초리와 무기를 내려놓은 그의 마음에는 살아있는 모든 존재에 대한 연민이 깃들어 있다.[56]

☑ 기억할 요점

- 첫 번째 계율은 살생을 하지 말라고 가르친다.
- 고의적이고 쓸데없는 살생은 부정적인 마음 상태를 강화한다.

- 무심코 하는 살생은 피할 수 없는 것이지만, 우리는 자신의 행동에 좀 더 주의를 기울이고 가능한 한 쓸데없는 살생을 막을 수 있다.
- 첫 번째 계율은 또한 해를 끼치지 말라는 것이다. 즉 내적으로나 외적으로 인간관계와 지역 사회, 세계를 해치는 일을 피하거나 줄이라는 것이다.
- 동물을 해치는 일을 줄이기 위해 가능하면 많은 이들이 채식주의자가 되거나 채식을 고려하라.
- 연민은 타인의 고통에 공감하며 마음을 열 수 있는 능력이다. 연민 명상을 통해 우리는 타인의 고통에 민감해지고 우리가 얼마나 고통을 일으키는지를 알아차림 하게 된다.
- 우리 집에 찾아드는 작은 벌레를 대하는 방식을 자녀들도 보고 배울 수 있다.

🐘 논의할 질문

1. 무엇이든 죽여본 적이 있는가? 그럴 때 어떤 생각과 기분이 들었는가?
2. 고의적으로 남에게 해를 끼친 적이 있는가? 지금 그 일에 대해 어떻게 생각하는가?
3. 생각 자체가 어떤 식으로 내면적으로 해를 입히는가?
4. 고의든 고의가 아니든 다양한 방식으로 생명을 해치는 것을 알아차릴 수 있는가? 어떻게 바꾸고 싶은가?
5. 육식과 축산물 소비에 대해 어떻게 생각하는가? 이 문제와 관련해서 어떤 수련을 하고 있는가?
6. 연민은 살생을 하지 말라는 계율과 어떤 관계가 있는가?

가정생활 질문

7. 생명을 죽이거나 해를 끼치지 말라는 계율에 대해 아이들에게 어떻게 가르치는가?

❧ 3.3과 – 윤리 ❧
남의 물건을 훔치지 말라

이 과에서 공부할 내용

- 두 번째 계율: 남의 물건을 훔치지 말라
- 적합하지 못하게 물건을 가지게 하는 마음 상태
- 감사를 해독제로 사용하기
- 가정에서의 나눔과 감사

❀ 학습

언젠가 한 식당에서 나는 샐러드바 메뉴를 주문하고 남편은 고기 메뉴(entrée)를 주문했다. 주문한 샐러드를 접시에 담던 중에 남편이 특히 좋아하는 바나나 페퍼 피클이 보였다. 그걸 내 접시에 몇 개를 담아서 남편에게 갖다 주려다가 잠시 멈추었다. 이게 과연 옳은 걸까? 나 자신이 먹으려는 것도 아니고 값을 치른 것도 아니었지만, 너무 사소한 것이었다. 공짜가 아닌 것을 가지지 말라는 두 번째 계율에 비추어볼 때, 나로서는 참으로 난감한 순간이었다.

도둑질

두 번째 계율은 기본적으로 남의 물건을 훔치지 말라는 훈계다. 자신의 욕망을 충족시키는 것이 순간적으로 좋을 수는 있지만, 오래지 않아 불안이 뒤따른다. 우리는 다른 사람이 알게 될까봐 걱정하기 시작한다. 혹여나 자기 물건을 도둑맞는 결과로 돌아올까 봐 걱정한다. 어떻게든 도둑질은 원한과 불안으로 이어지며, 얻는 것보다 잃는 게 많다.

공짜가 아닌 것을 가지는 행위

이 계율은 보통 공짜가 아닌 것을 가지지 말라는 말로 표현되는데, 그렇게 함으로써 물건 주인의 원래 의도에 주의를 기울이는 것이다. 만약 물건의 주인은 자신의 물건을 가져가는 것을 원치 않는데 당신이 그 물건을 가져간다면, 그것은 도둑질이다. 다음과 같은 잘못된 행위가 그런 것이다.

- 마트의 계산원이 거스름돈을 너무 많이 준 것을 알고도 돌려주지 않는 것.
- 어떤 물건을 사용하려고 구매한 뒤, 사용하고 나서 반품하는 것.
- 파티에서 좋아하는 음식을 자기 몫보다 많이 먹고 다른 사람들을 위해 충분히 남겨두지 않는 것.
- 친구의 소지품을 허락 받지 않고 가져가는 것.
- 조연이 주연보다 주목을 끄는 것, 말하자면 다른 사람이 칭찬받아야 할 때 자신에게 관심을 돌리는 것.
- 다른 사람의 아이디어를 정당하게 인정하지 않는 것.

도둑질과 우리의 마음 상태

위와 같이 사소하지만 잘못된 행위의 이면에 있는 마음 상태를 들여다보면 그다지 건전하지 않음을 알 수 있다. 우리는 타고난 자기 본위와 결핍감, 극단적인 욕구나 탐욕을 가진 존재일 수도 있다. 이런 충동에 따라 행동할 때 우리는 타인에 대한 민감성과 연결감을 잃게 된다. 이기심을 초월해서 자신이 하는 선택이 어떤 영향을 가져올지를 생각하지 못하기 때문이다. 실제로 절도 행위보다 훨씬 더 충격적인 것은 그런 행동의 이면에 있는 마음 상태다. 즉 남의 것을 탐내고 갈망하는 생각과 자기가 원하는 것을 가지려고 계획하고 그것을 '가지는 것'을 속으로 즐기는 마음이다. 이런 생각을 하면 할수록 우리의 탐욕스러운 마음 상태가 강화된다. 이것이 결국 장차 우리가 선택하는 방식을 결정하는 전제 조건이 될 수도 있다. 명상 수행을 하는 중에 우리는 갈망하는 마음을 잘 알고 싶어 한다. 그래야 유혹이 일어날 때 즉시 알아차리고 충동적으로 행동하지 않을 수 있다.

환경 자원

남의 물건을 훔치지 말라는 계율은 또한 자연계와 관련해서 우리가 어떻게 행동해야 하는지에도 적용된다. 우리는 지구의 한정된 자원을 필요 이상으로 많이 소비하지 않는가? 현대의 소비문화는 대부분의 사람들이 실제로 살아가는 데 필요한 것보다 훨씬 많은 자원을 소비하게 만든다. 구매를 통해 우리가 얼마나 다른 누군가의 자원을 빼앗고 있는지, 자원을 낭비하는 것이 얼마나 타인과 환경의 요구를 무시하는 것인지에 대해 의문을 가질 필요가 있다.

틱낫한의 두 번째 마음챙김 훈련: 진정한 행복

명상을 시작하기 전에 이 계율을 소리 내어 읽으면 이 마음챙김 훈련에 임하는 의도가 강화된다.

> 나는 환경 자원의 난개발과 사회적 불평등, 도둑질, 억압으로 인한 고통을 알아차림 하면서, 생각과 말, 행동의 관대함을 수련하는 데 전념하고 있다. 나는 도둑질하지 않고, 당연히 타인의 소유물인 어떤 것도 가지지

않기로 결심했으며, 나의 시간과 에너지, 물질 자원을 어려움에 처한 사람들과 함께 나눌 생각이다. 나는 타인의 행복이나 괴로움이 나 자신의 행복이나 괴로움과 동떨어진 것이 아니며, 이해와 연민 없이는 진정한 행복이 불가능하며, 부와 명예, 권력, 성적 쾌락을 추구하는 것이 고통과 실망을 가져다줄 수 있다는 사실을 지켜보기 위해 깊이 살펴보는 수련을 할 것이다. 또 행복은 외부 상황이 아니라 나 자신의 마음가짐에 달려 있으며, 나는 이미 행복할 조건을 넘치게 가지고 있다는 사실을 기억함으로써 그저 지금 이 순간에 행복하게 살 수 있다는 사실을 알아차리고 있다. 나는 지구상에 살아있는 모든 존재의 고통을 줄이고 지구 온난화를 이전 상태로 되돌리는 데 도움이 될 수 있도록 바른생활[定命]을 수련하는 데 전념하고 있다.[57]

🐚 명상 지침

감사

감사 명상을 통해 삶의 충만함을 알아차리면 더 많이 가지려는 충동이 줄어들고, 결국 실제로 우리 것이 아닌 물건을 가지려는 욕구도 줄어든다. 정식 명상을 시작할 때, 감사에 대한 잭 콘필드(Jack Kornfield)의 이런 성찰을 통합시켜라.

조용히 편안하게 앉아라. 몸의 긴장을 풀고 마음을 열고 자연스럽게 숨을 쉬면서, 마음을 편안하게 하라. 해마다 자신의 삶이 얼마나 즐거웠는지를 생각해보는 것으로 감사 명상을 시작하라. 이제부터 이런 관심으로 당신에게 도움이 되었던 모든 것을 알아차려라.

사람과 동물, 식물, 곤충, 하늘과 바다, 공기, 물, 불, 땅의 모든 피조물, 그들의 즐거운 노고 등 날마다 내 삶을 축복하는 모든 것을 감사하며 기억한다.

먼저 살았던 수많은 선조들과 노인들의 사랑과 노고를 감사하며 기억한다.

내가 가진 안전과 웰빙에 감사한다.

내가 가진 이 땅의 축복에 감사한다.

내가 가진 건강에 감사한다.

내가 가진 가족과 친구에 감사한다.

내가 가진 지역사회에 감사한다.

내가 가진 가르침과 교훈에 감사한다.

내가 가진 삶에 감사한다.

자신의 행복에 감사하는 것과 마찬가지로 타인의 행복에도 감사할 수 있다.[58]

✋ 과제

공식 수행

- 잠시라도 고요히 자리에 앉아서 명상 수련을 하는 것은 언제나 유익하다. 매일 2분이나 5분, 아니면 10분간 가능한 대로 짬을 내서 앉아라.
- 집중 명상을 하고 싶다면 매번 20분씩, 일주일에 3~5회 정좌 명상을 하라.
- 명상을 시작할 때마다 앞에서 예를 든 것과 같은 감사 명상을 포함시켜라.

- 공짜가 아닌 것을 가지지 않는 훈련을 하라. 분명히 자기 것이 아닌 뭔가를 가지려고 손을 뻗는 자신을 발견할 때 그 이면의 의도나 충동을 알아차려라. 심지어 자기 가족들의 소유물을 사용하는 것도 여기에 포함된다. 자제하는 훈련을 했을 때 기분이 어떤지, 그리고 마음속의 갈등에도 주의를 기울여라.

- 쇼핑을 할 때 계산대를 통과하기 전에 바구니에 든 물건들을 살펴보고 어떤 것이 정말로 필요한 것인지 자신에게 물어보라. 그 제품들의 사용주기를 충분히 생각해보고, 그 물건들을 버리거나 기증하게 될 때를 상상해보라.

- 평범하고 일상적인 뭔가를 골라 그것에 대해 날마다 새로운 것에 주의를 기울이고, 감사하는 마음을 수련하라. 예를 들어 걸어서 출근하는 길에 잘 포장된 보도와 신선한 공기, 풍경을 알아차림 하고, 직장에 도착해서는 동료의 우정에 주의를 기울여라.

♥ 자녀 양육과 윤리

누군가와 함께 살 때 소유물뿐만 아니라 시간과 공간에서도 자신의 것과 공동의 것에 대해 근본적인 문제가 불거진다. 물론 우리 부모들은 자녀들에게 분배에 대해 끊임없이 가르치고 있다. 어떤 가정에서는 생일이 된 아이가 자신이 받은 생일 선물을 자기 형제자매들에게 나눠주도록 하고 있다. 심지어 형제자매가 이미 많은 선물을 받았어도 말이다. 또 어떤 가정에서는 아이들에게 디저트를 절반으로 잘라서 더 큰 조각을 형제나 자매들에게 나눠주도록 하고 있다(결국 디저트를 정확히 절반으로 자르는 절묘한 기술이 필요한 상황이 된다).

우리는 또한 아이들에게 행동의 본보기를 보이기 때문에 시간과 공간의 분배와 협상에 관한 우리 자신의 행동을 살펴본다. 부부는 서로 상대방에게 충분한 시간과 공간을 주고 있는가? 가사 분담은 공평하게 이루어지는가? 집에서 즐겁게 생활할 수 있도록 가족 구성원이 저마다 제몫을 하는가? 다른 사람이 원하지 않는다면 남의 공간을 정리하지 않고 내버려두거나 원한다면 깔끔하게 정리하고 청소를 해주든지 간에, 어떤 방식이든 각자의 공간에 대한 의견을 존중하는가?

또 살아가면서 가족을 포함해서 우리가 가진 것에 대해 항상 감사한 마음을 표현하며 부모로서 모범을 보일 수도 있다. 우리가 도움에 대해 얼마나 고마워하는지를 말로 표현하면 자녀들도 자신이 가진 모든 것을 고맙게 여긴다. 깨끗한 물과 음식, 공공도서관 같은 작은 것에 감사한 마음을 표현할 때, 아이들도 자기 삶의 풍요로움에 주의를 기울이게 된다. 이런 태도를 취함으로써 끊임없는 상업광고가 우리에게 불러일으키는 부족감이 줄어들게 된다. 피터 멘젤(Peter Menzel)이 펴낸 『우리집을 공개합니다(*Material world: A global family portrait*)』(한국어판. 김승진 옮김. 윌북. 2012)를 아이들과 함께 읽으면서 지구촌 각국 가족들의 삶을 생생하게 보여주는 사진들을 살펴보고 싶을지도 모른다. 하지만 다른 나라 사람들과 비교해서 풍요로운 우리의 삶에서 비롯되는 동정심이나 우월감을 과장해서 말하지 않는 것이 중요하다. 그보다는 우리가 가진 모든 것으로 다른 사람들을 도울 수 있는 유리한 위치에 있으며, 진정한 행복은 우리가 소유하고 있는 것보다는 공유하고 있는 것에서 비롯된다는 메시지를 강조하라.

✸ 붓다의 말씀

이 두 사람은 세상에서 찾기 어렵다. 어떤 둘인가? 한 사람은 친절한 행위를 하는 사람이고, 또 한 사람은 친절한 행위에 감사하며 보답할 의무가 있다고 느끼는 사람이다. 이 두 사람은 세상에서 찾기 어렵다.[59]

✅ 기억할 요점

- 명백한 도둑질은 아니지만 자신에게 주어지지 않은 것을 남모르게 슬쩍 가지는 경우도 있다.
- 사소한 절도 행위는 타고난 이기심과 결핍감, 부분별한 탐욕에서 비롯된 것일 수 있다.
- 현대의 소비문화는 우리가 충분히 가지고 있음에도 박탈감을 불러일으킬 수 있다. 우리는 이런 소비문화의 역학을 더 의식할 수 있다.
- 우리는 도둑질로 이어지는 탐내고 갈망하는 마음 상태를 재빨리 알아차리고 그런 마음을 줄이고 싶어 한다.
- 감사는 결핍감을 줄이는 데 도움이 되며, 그렇게 되면 결국 우리 것이 아닌 것을 가지는 일이 줄어든다.
- 가정생활을 할 때 시간과 공간, 소유물을 공유하는 것에 대한 문제가 불거지는데, 가정생활은 두 번째 계율을 훈련할 수 있는 훌륭한 무대다.

🐘 논의할 질문

1. 당신의 것이 아닌 것을 가진 적이 있는가? 그때 그 일에 대해 어떤 기분이 들었는가? 지금은 어떤가?
2. '공짜가 아닌 것'이라는 말이 무엇을 의미한다고 생각하는가?
3. 이 계율이 지역사회나 세계의 자원과 어떤 관련이 있는가? 환경과는 어떤 관련이 있는가?
4. 현대의 소비문화가 과소비를 부추기고 있는가? 필요 이상의 소비를 일종의 도둑질이라고 생각하는가? 그렇지 않은가?

5. 어떤 마음 상태가 도둑질로 이어지는가?

6. 당신의 삶에서 감사하게 생각하는 것이 무엇인가?

7. 그런 감사에 주의를 기울일 때, 더 많은 것을 원하는 자신을 발견하는가? 아니면 가진 것에 만족하게 되는가?

가정생활 질문

8. 가정에서 당신은 공유와 소유에 대해 어떤 수련을 하고 있는가? 어떻게 소유권을 협상하는가?

～ 3.4과 – 윤리 ～
성적 책임

이 과에서 공부할 내용

- 세 번째 계율: 사음(邪淫)을 하지 말라
- 독신자로서 그리고 커플로서의 성적 책임
- 명상 수련 중의 성적 에너지
- 가정생활에서의 친밀함과 애정, 성행위

❀ 학습

기본적으로 사음(邪淫)을 하지 말라는 세 번째 계율은 우리에게 성 에너지와 관련된 학대나 착취, 조종 등을 하지 말라고 촉구한다. 그런 행동은 결국 인간성을 빼앗고, 우리 자신과 타인, 사회에 정서적, 신체적 고통을 야기하기 때문이다. 다른 차원에서 이 계율은 성적 에너지를 표현하고 타인을 대하는 방식은 물론이고, 성적 에너지를 가지고 마음속으로 하는 일에 대해서도 온전히 깨닫고 책임지는 것에 관한 것이다.

재가자와 성행위

본격적으로 이 계율에 대해 공부하기 전에 대체로 재가자 (승단에 출가하지 않은 사람들, 혹은 독신으로 수행하는 사람들)에 대해 아는 것이 중요하다. 종교적 전통으로서 불교는 자위행위나 혼전 성교, 혼외 출산, 피임, 낙태, 이혼, 성별 인식, 성적 지향 등을 죄악시하는 일에 그다지 관심을 두지 않았다. (독신주의에 관한 법칙을 따지자면, 승가는 완전히 다르다. 여러 계보와 스승에 따라 큰 차이가 있지만, 여기서는 거기까지 다루지는 않겠다.) 우리의 목적을 위해 중요한 것은 우리의 마음 상태이며, 우리의 행위가 해를 끼칠 가능성, 성욕과 성행위에 관련된 행위의 배경이다.

독신자의 성 윤리

독신자라면 이 계율을 지키는 것이 성관계를 가지려는 지극히 자연스러운 욕구가 타인을 대하는 방식에 어떤 영향을 미치는지를 살펴보는 것을 의미할 것이다. 여기에는 이런 질문도 포함된다. 누군가의 관심을 끌기 위해 성 에너지를 어떻게 사용하는가? 다른 사람의 파트너 관계에 관심이 있는가? 그들을 원할 때 그들의 정서적 욕구에 관심이 있는가? 성교를 시작하기 전에 정서적, 정신적 공감대를 마련하기 위해 충분히 기다렸는가? 상대방의 완전한 동의를 얻었다고 생각하는가?

성행위는 우리 자신과 상대방의 가장 민감한 부분을 건드리는 매우 사적인 행위다. 이 사실을 마음에 두는 것은 우리 자신의 욕구를 만족시킬 뿐 아니라 상대방과의 깊은 연결감을 표현하는 것인지에 주의를 기울인다는 의미다. 이런 식으로 자신의 성 관련 행동을 반성해볼 때 우리 자신과 상대방을 위해 안전하고 애정이 깃들인 공간을 자각하여 일구어나갈 수 있다.

커플의 성 윤리

만약 현재 한 사람과 진지한 관계를 맺고 있다면 또한 이 세 번째 계율을 시험해볼 수 있을 것이다. 가령 그 관계에 우리 자신과 우리의 성적 에너지를 온전히 바치고 있는지, 환상에 빠지거나 다른 잠재적 파트너를 찾아 두리번거리면서 자신의 에너지를 흩어지게 하는지를 살펴볼 수 있다. 물론 다른 이성에게 매력을 느낄 수도 있지만, 그런 유혹에 대처하는 것이 마음챙김 수련의 요점이다. 게다가 진지한 관계에서 신뢰와 건강한 소통, 약점, 성관계와 관련된 문제들을 원만하게 다루는 것도 이 계율을 수련하는 중요한 부분일 것이다.

힘과 객관화

사람들이 우리에게 동의하거나 우리를 위해 뭔가를 해주도록 만들기 위해 어느 정도로 성적 에너지를 사용할 것인지에도 주의를 기울일 수 있다. 누군가가 우리에게 끌리거나 스스로 힘 있는 위치에 있다는 사실을 안다면, 더욱 그렇다. 우리는 또한 우리의 한계를 남에게 이해시키고, 그런 것을 분명히 말할 용기를 가질 필요가 있다. 다른 측면은 객관화가 얼마나 타인의 인간성을 훼손하며, 서로 연결되어 있는 우리의 관계를 해치는지를 이해하는 것이다. 즉 성과 성행위에 대한 가정이 한 인간과 그의 능력에 대한 이해를 제한함으로써 어떻게 편견과 판단을 이끌어내는지 볼 수 있다.

해를 입히지 않기

이 계율을 좀 더 확대해서 다른 사람들이 성적 학대나 착취를 당하지 않도록 할 수도 있다. 경우에 따라 우리는 강탈로 고통 받는 다른 사람을 보호하고 개입할 필요가 있다. 또한 성적 학대를 자행하는 사람들은 자신도 고통 받고 있다는 사실을 알아차리는 것이 중요하며, 따라서 우리는 동정심을 가지고 그런 사람들에게 도움이 될 수도 있다. 또한 그들 자신과 타인에게 해를 입히는 결정을 할지도 모르는 친구들에게 인생의 중요한 시기에 명확하고 자비로운 조언을 해줌으로써 충분히 결과를 생각하도록 도울 수 있다.

명상

명상 중에 성적 에너지가 강렬해지는 것을 느낄 수도 있다. 어쩌면 마음을 열고 긴장을 풀기 때문에 에너지가 풀려나서 그런 것일 수도 있다. 이런 일이 일어날 때 의식적으로 성적 환상을 부채질하지 않기로 결심하고 특정한 생각의 흐름을 좇지 않는 것이 좋다. 갈망하는 마음 상태로부터 에너지를 제거하는 것은 우리가 '거기 가지 않는' 데 도움이 된다. 말하자면 생각이나 감정에 휘말리거든, 그 생각이나 감정을 억누르기보다는 환상에 빠지지 않고 그런 생각이나 감정이 일어나는 것을 알아차림 하는 것이 현명하다. 이 모든 것이 아마 말하기는 쉬우나 행하기는 어렵다. 따라서 노련한 명상 지도자의 가르침을 받는 것이 좋을 것이다. 명상 중에 성적 에너지를 수련하는 것은 욕망의 본성을 이해하는 데 도움이 된다. 즉 욕망이 어떻게 시작하고 어떻게 전개되며, 그런 생각에 대한 신체 반응과 욕망이 진정될 때 느껴지는 위안과 평정 등을 이해하게 된다.

틱낫한의 세 번째 마음챙김 훈련: 진정한 사랑

명상을 시작하기 전에 이 계율을 소리 내어 읽으면 이 마음챙김 훈련에 임하는 의도가 강화된다.

> 부정한 행위로 인해 초래되는 고통을 알아차림 하기에 나는 개인과 커플, 사회의 안전과 품위를 지키는 방법을 배우고 책임감을 기르는 일에 전념하고 있다. 그런 성적 욕망이 사랑이 아니며 갈망이 동기가 되는 그런 성행위는 나 자신과 타인에게 해를 입힌다는 사실을 알기에 진정한 사랑이 아닌 성관계, 가족과 친구들에게 알려진 장기적인 깊은 관계에 있는 커플 외의 성관계를 맺지 않기로 마음먹었다. 마음과 몸이 하나라는 사실을 지켜보면서, 나의 성적 에너지를 돌보는 적절한 방법을 배우고, 나 자신과 타인의 더 큰 행복을 위해 진정한 사랑의 네 가지 기본 요소인 자애와 연

민, 기쁨, 포용을 수련하는 데 전념하고 있다. 우리는 진정한 사랑을 실천할 때 장차 아름다운 관계를 지속할 수 있다는 것을 안다.[60]

✋ 과제

공식 수행

- 잠시라도 고요히 자리에 앉아서 명상 수련을 하는 것은 언제든 유익하다. 매일 2분이나 5분, 아니면 10분간 가능한 대로 짬을 내서 앉아라.
- 집중 명상을 하고 싶다면 매번 20분씩, 일주일에 3~5회 정좌 명상을 하라.
- 성적 내용에 대한 생각과 몸 안의 성적 에너지의 이동을 알아차림 하라.
- 우리가 생각하고 있는 내용과 생리적 반응은 어떤 관계가 있는가?

일상생활 수행

다음 주에는 당신의 성적 에너지를 알아차리고 당신이 그 에너지를 사용하고 통제하고 감소시키고 벗어나는 방식을 아주 간단히 알아차려라. 또한 성적 에너지가 존재할 때 다른 사람과 연결되는 것의 이면에 있는 동기를 알아차려라. 당신은 허락받고 싶은 욕구나 외로움의 감소, 인정받고 싶은 욕망을 느끼고 있는가?

❤ 자녀 양육과 윤리

우리가 자녀들에게 성교육을 하는 방식은 어린 시절과 성인이 되기 이전의 자신의 과거 성적인 경험과 파트너 관계에서 성행위가 이루어지는 방식에 따라 결정된다. 마음챙김은 우리 자신의 몸과 육체적 친밀감, 정서적 친밀감, 성행위를 이해하는 방식을 더 잘 알아차리는 데 도움이 된다. 마음챙김은 또한 우리가 부지불식간에 자녀들에게 전해줄 수 있는 온갖 억측과 두려움, 투사 등을 드러내는 데 도움이 된다. 우리가 자신의 몸에 대해 좋아하든지, 모호한 태도를 보이든지, 비난하든지 간에 아이들이 주변에 있을 때 자신의 몸에 대해 말하는 방식을 지켜볼 수도 있다. 게다가 우리는 포옹을 하거나 바싹 달라붙거나 손을 잡는 등 가정에서 스킨십을 통해 사랑이 어떻게 표현되는지를 알아차릴 수 있다. 파트너가 있는 경우라면, 파트너에 대한 신체적, 정서적 애정과 존경을 어떻게 자녀들에게 보여주는지를 알아차림 할 수 있다. 우리는 또한 아이들의 몸에 대해 어떻게 존중을 드러내야 하는지를 생각해볼 수 있다. 예를 들어 우리가 다른 성인의 달갑지 않은 포옹이나 키스를 처리하는 방식이나, 성인의 체구나 힘으로 강요하는 방식이 아이의 무력감을 초래할 수 있다.

우리는 형제자매가 어떻게 서로에게 영향을 주는지, 특히 아이들이 다른 사람들의 요구에 어떻게 호응하고 존중하는지를 주의 깊게 관찰할 수 있다. 아이들은 때때로 신체적 장난을 칠 수도 있지만, 이것은 곤혹스러운 결과를 초래할 수 있다. 자신의 욕구를 분명히 주장하고 전달하는 법과 경계에 대한 다른 사람들의 요구를 존중하는 법에 대해 아이들과 이야기를 나누어라.

불교도의 관점에서 자녀들과 성에 대한 대화를 하는 법에 대해 좀 더 알려면, 샬럿 케이슬(Charlotte Kasl)의 저서 『붓다에게 자녀가 있다면(If the Buddha Had Kids)』에서 '삶의 일부로서의 성행위(Sexuality as a Part of Life)' 장을 참조하라.

☸ 붓다의 말씀

남편과 아내가 현생에서 오래도록 함께 하고, 내세에서도 함께 하기를 바란다면, 똑같은 믿음과 똑같은 도덕적 수양, 똑같은 관대함, 똑같은 지혜를 지니야 한다. 그렇다면 그들은 현생에서 오래도록 함께 하고, 내세에서도 함께 하게 될 것이다.

두 사람이 충실하고 관대하며
자제하고 바른 생활을 할 때,
그들은 남편과 아내로서 결합된다.
서로에 대한 사랑이 충만하니

그들의 앞길에 많은 축복이 있으리.
그들은 행복하게 함께 지내며,
그들의 적은 낙심해서 떠난다.
두 사람이 똑같이 선업을 쌓으며

이승에서 계율에 따라 살았기에
똑같이 덕행과 계율에 따라 살았기에
죽은 후에 저승에서도 복락을 누리며
기뻐할 것이다.[61]

☑ 기억할 요점

- 사음에는 성적 학대와 착취 같은 명백히 해를 입히는 행위가 포함된다.
- 우리는 또한 환상이나 외도, 헤픈 행실, 가벼운 성생활, 성 상품화 등이 관계의 질을 얼

마나 떨어뜨리고 우리 자신과 타인에게 상처와 혼란을 가져올 수 있는지를 알아차릴 수 있다.

- 성적 책임에는 타인에 대해 경계하고 피해를 입지 않도록 조심하는 것도 포함된다.
- 명상 수련 중에 욕망과 성적 에너지가 일어날 때 그것을 자세히 살펴봄으로써 욕망과 성적 에너지의 본성을 이해할 수 있다.
- 가정생활은 애정과 신체적 접촉을 어떻게 다루어야 할지를 탐색하고, 우리 몸을 이해하고, 소통과 존중에 대해 배울 수 있는 훌륭한 무대다.

🐘 논의할 질문

1. 당신이 독신이라면, 새로운 관계에서 언제 성관계를 시작하는가? 그 타이밍이 건전하고 애정 어린 관계에 대한 당신의 환상을 망치지는 않는가?
2. 파트너가 있다면, 성행위가 당신들의 관계에서 어떤 역할을 하는가?
3. 성적 책임과 관련해서 순결을 지킬 수 있는 좋은 방법이 있는가?
4. 경계를 허무는 혼란, 부적절한 힘의 사용, 성 상품화 (당신 자신이든 다른 사람이 당신을 대상으로 하든 간에) 등을 경험한 적이 있는가? 달리 어떤 일이 일어나기를 바라는가?
5. 주변에 성적 책임 문제로 고심하는 사람이 있다면, 그 사람을 어떻게 도울 수 있는가?
6. 명상 수련 중에 욕망이 일어나면 그 욕망을 어떻게 다스리는가?

일상생활 수행

7. 성행위에 대해 아이들과 이야기를 나눈 적이 있는가? 당신과 배우자는 어떻게 애정의 본보기를 보이는가?

~ 3.5과 – 윤리 ~
해로운 말과 유익한 침묵

이 과에서 공부할 내용

- 네 가지 유형의 해로운 말
- 다른 형태의 언어: 문자 언어, 비언어적 표현, 내면의 언어
- 침묵에 편안해지기

❀ 학습

만약 오계 가운데 각각의 계율과 관련된 행위에 얼마나 많은 시간을 보내는지를 비교해 보면, 의사소통을 알아차리는 것에 소비하는 시간이 단연 압도적일 것이다. 말로 하든 이 메일이나 문자 메시지, 소셜 미디어를 통해 글로 하든, 아니면 얼굴 표정이나 보디랭귀지를 통해 신체로 표현하든, 혼잣말이나 생각을 통해 마음속으로 하든 간에 우리는 끊임없이 의사소통을 하고 있다. 나날의 삶을 살아가면서 대부분의 사람들은 말을 통해 가장 큰 피해를 입는다. 살인이나 절도 같은 명백히 해가 되는 행위를 자주 하는 사람은 드물기 때문이다. 적어도 그런 일을 동시에 저지르지는 않는다! 요컨대 말에 대한 마음챙김은 불교

윤리의 중요한 요소로서, 오계의 하나이자 팔정도(八正道)의 하나로 꼽히는 충분한 이유가 있다. 말에 대한 마음챙김은 또한 수행하기 가장 어려운 영역이다. 왜냐하면 말은 내뱉기는 쉽지만, 남을 곤혹스럽게 할 가능성이 엄청나기 때문이다. 사랑과 신뢰의 관계를 일구는 데는 수년이 걸리지만, 단 한마디 말로 좋은 관계를 허물 수도 있다.

나날의 삶을 살아가면서 의사소통은 꼭 필요한 부분인 만큼 해로운 말을 자주 하게 될 가능성이 있다. 오직 지혜롭고 다정한 말만 하려고 노력해보라. 하루나 이틀 안에 고약한 말이 무심코 튀어나온다. 그런 이유로 이 계율에 정진하는 가장 효과적인 방법은 안에서 밖으로 접근하는 것이다. 자제력을 가지고 말을 통제하기보다는 해로운 말을 뱉어내는 좋지 않은 마음 상태를 변화시키는 것이 낫다. 마음챙김 명상과 자애 명상, 때로는 심리치료가 좋지 않은 마음 상태를 이해하고 그런 상태에서 풀려나서 건전한 마음을 수련하는 데 도움이 된다. 또한 좋은 마음 상태에서 다정하고 지혜로운 말이 나오게 된다.

의도를 살피기

명상 수행이 깊어짐에 따라 여러모로 우리의 의사소통은 자연히 달라진다. 우리 자신과 타인에게 좀 더 주의를 기울이게 되고 무엇이 해로운지, 무엇이 친절한지에 대해 민감해지기 때문이다. 하지만 또한 우리가 말하는 것과 말하려고 하는 것에 세심하게 신경을 씀으로써 우리의 언어 습관과 근원적인 마음 상태에 엄청난 통찰을 하게 된다. 마음챙김 수행을 통해 뭔가를 생각하는 것과 말하는 것의 사이에 작은 틈이 생긴다. 그 공간에서 우리는 자신의 말을 반성할 기회를 가지게 된다. 바로 여기서 우리는 자신이 하는 말의 이면에 있는 의도나 동기를 살피게 된다. 왜 여기서 나의 관점이나 우월함을 주장할 필요가 있는가? 남의 험담을 하려는 것인가? 이 말이 다른 사람들에게 이로울 것인가? 다소 과장된 이 이야기가 누군가를 설득하는 데 사용되고 있는가? 이런 사소한 거짓말이 실제로 그 목적에 도움이 될 것인가? 아니면 경우에 따라 문제의 소지가 될 것인가? 이런 무뚝뚝한 말투가 내게는 귀엽게 들리지만, 다른 사람에게는 어떻게 들릴까?

네 가지 유형의 해로운 말

이 계율은 전통적으로 네 가지 유형의 해로운 말을 피하라고 조언하고 있는데, 우리의 의사소통이 해를 끼칠 수 있는 모든 방식에 대해 다루고 있다.

1. 거짓말이나 사실이 아닌 말

2. 두 사람이나 여러 단체 사이에 갈등을 조장하는 불화를 일으키는 말

3. 거친 말이나 욕설

4. 쓸데없는 잡담이나 험담

연습

여러 사람이 함께 수련하고 있다면, 네 그룹으로 나누어 각 그룹에 위의 네 가지 유형 중 하나를 할당하라. 가능한 한 각 유형의 다양한 형태를 브레인스토밍하고, 각각 한 문장으로 된 예를 들어보라. 이를테면,

거짓말이나 사실이 아닌 말	불화를 일으키는 말	거친 말이나 욕설	쓸데없는 잡담이나 험담
과장	해로운 말	비하하기	불평하기
물고기가 적어도 이만큼 컸을 거야!	그 사람들은 무식해.	네가 실제로는 그렇게 느끼지 않았을 거야.	이 식당은 항상 식은 음식을 내온다니까.

알아두기: 각 과의 마지막에 더 많은 예가 있다.

문자 언어

이 지침은 문자로 하는 의사소통이나 인터넷으로 이미지나 글을 포스팅하는 것에도 똑같이 적용된다. 예를 들어 당신이 이메일에서 누군가를 언급할 때 험담을 하지 않으려면, 그 메시지를 다시 읽고 당신이 쓴 글을 제3자가 어떻게 생각할지 살펴보라. 이렇게 한 덕분에, 메일을 받은 사람이 무심코 전체 메일을 다른 사람에게 전달하거나 복사해서 제삼자에게 회신을 했을 때, 몇 차례나 위기를 모면한 적이 있다. 이렇게 하는 것은 불교의 계율을 수행하는 것일 뿐 아니라 훌륭한 직업 훈련이 되기도 한다.

비언어적 언어

이 계율에는 말이나 글로 표현된 언어뿐 아니라, 모든 형태의 의사소통이 포함된다. 우리는 얼굴 표정은 물론이고, 눈을 반짝이거나 눈을 굴리거나 눈을 내리깔거나 흘끔 쳐다보는 등 눈으로도 의사소통을 한다. 우리는 어떤 자세나 몸짓을 취하는지, 어떤 사람 쪽으로 몸을 기울이거나 피하는지에 따라 몸으로도 의사소통을 한다. 또한 이야기를 할 때 목소리의 어조나 크기, 속도로도 의사소통을 한다. 자신이 어떻게 말하는지에 좀 더 주의를 기울이면, 의사소통의 이런 측면도 생각할 수 있게 된다.

혼잣말

우리가 혼잣말은 하는 방식은 다른 사람이 우리에게 말하는 방식만큼이나 우리를 뒤흔들 수 있다. 실제로 혼잣말을 지켜보려면 실험적으로 당신이 속으로 생각하는 모든 것을 말로 나타내고, 실제로 말하는 것을 들어보라. 이번에는 다른 누군가가 특히 당신 자신에 관한 생각과 관련해서 당신이 생각하는 것을 말하거나 생각하는 것을 상상해보라. 혼잣말은 더 깊은 마음 상태의 표현이며, 따라서 주의 깊게 귀 기울임으로써 우리는 자신의 이런 부분을 알 수 있다.

해로운 침묵

해로운 말을 하지 말라는 계율은 타인이 듣기 괴로울 수도 있는 말을 해서는 안 된다는 의미가 아니다. 실제로 침묵을 지키는 것이 우리 자신이나 다른 사람들을 위해 그 자체로 해로울 때가 있다. 이 계율은 말을 하지 말라는 것이 아니라 해로운 말을 삼가라는 것이므로 필요한 대화를 피할 구실로 이 계율을 사용해서는 안 된다. 다른 사람이 듣기에 거북할 수도 있는 말을 해야 할지 고민스러울 때 우리는 그 말을 하게 되는 동기를 살펴보기를 원한다. 우리가 하는 말이 단순한 화풀이인지, 아니면 평화적인 해결을 원해서 하는 말인지에 따라 다르게 들릴 수 있기 때문이다.

침묵

해로운 말을 하지 말라는 계율이 처음 수행하기 시작할 때는 부담스럽고 거북할 수 있다. 커피스테이션에 둘러서서 동료들에 대해 잡담을 하지 않는다면 어떻게 직장 동료와 유대를 형성할 것인가? 다른 사람 때문에 속이 상해있는 친구에게 어떻게 하면 제삼자에 대해 나쁜 말을 하지 않고 공감하고 도움이 될 수 있을까? 때로는 말조심을 하면 할 말이 거의 없다는 사실을 알게 될 것이다.

뒤에 남겨진 침묵이 고민스러울 수도 있다. 침묵이 불편하게 느껴진다면 왜 그런 걸까? 침묵과의 관계를 탐구해보는 것이 효과적일 것이다. 혼자 말없이 있는 것은 쉽지만 다른 사람들과 함께 말없이 있는 것은 불편하며, 그 반대도 마찬가지다. 침묵과 편안해지는 것은 해로운 말을 삼가는 능력에 도움이 된다. 왜냐하면 우리는 어떻게든 침묵을 피하면서 타인과 연결되는, 진심에서 우러나오는 확실하고 의미 있는 새로운 방법을 찾기 때문이다.

해롭지만 사회적 관계를 제공하는 형태의 의사소통에 덜 가담할 수도 있지만, 우리가 진실하게 말할 때 다른 사람들도 우리를 더 신뢰하고 우리와 함께 있는 것을 더 안전하게 느낄 것이다. 신중한 말은 우리 자신과 다른 사람들을 위한 선물이다. 나는 이 계율에 대해 굉장히 조심하는 불교도들과 함께 일하는 행운을 누려왔다. 나는 그들과 함께 하면서 편안하고 안심할 수 있었으며, 결국 나 자신의 언어 패턴이 개선되었다.

🖐 과제

공식 수행

- 잠시라도 고요히 자리에 앉아서 명상 수련을 하는 것은 언제든 유익하다. 매일 2분이나 5분, 아니면 10분간 가능한 대로 짬을 내서 앉아라.
- 집중 명상을 하고 싶다면 매번 20분씩, 일주일에 3~5회 정좌 명상을 하라.
- 하루 종일 하는 혼잣말에도 알아차림을 가져가라. 주의 깊게 들어라. 어떤 형태의 말이 존재하는가? 주로 어떤 말을 하는가?
- 혼잣말이 불편함이나 괴로움, 지금 이 순간으로부터 마음이 흐트러지게 만드는 것을 어떻게 가리는지 생각해보라. 마음속 지껄임을 내려놓는 기분은 어떤 것일까? 내면의 침묵은 어떤 것인가?

일상생활 수행

험담. 지금부터 다음 시간까지 함께 대화할 때 자리에 없는 사람에 대한 말을 삼가도록 하라.

❤ 자녀 양육과 윤리

해로운 말

가족끼리는 통상적인 사회적 규칙에 얽매이지 않는 기분이 들기에 다른 상황에서보다 더 쉽사리 해로운 말을 내뱉기 쉽다. 그에 비해 직장이나 공적인 상황에서는 공손함과 예의 바름, 정치적 민감성에 대한 사회적 기대를 가지고 있다. 결과적으로 가족들은 더 빨리 격의 없이 자기 의견을 표현한다. 게다가 가족들의 욕구가 전혀 다른 방향으로 갈리고, 따라서 빈번히 갈등이 일어나는 많은 영역이 있다. 상반된 욕구를 둘러싼 갈등이 고조되고 자기표현에 대한 장벽이 낮기 때문에, 가정생활은 확실히 엄청나게 많은 해로운 말이 난무하는 무대다.

결과적으로 가정생활은 언어 습관을 단련하여 좀 더 성숙하고 덜 해로운 의사소통 방법을 찾는 놀라운 기회를 제공한다. 가정을 학습과 성장의 기회로 받아들이고 용서하는 분위기를 일구어냄으로써 우리는 점차 변화할 수 있다. 우리가 왜 그런 식으로 소통하는지 알고 자신을 더 잘 표현하는 법을 알 때, 매우 다행스럽게도 서투른 의사소통을 다음 세대에 물려주지 않게 된다. 또한 우리가 더 건전한 의사소통 방법의 본보기를 보여주기 시작할 때, 우리 자녀들이 지혜로운 말을 수련하는 데 도움이 된다.

가족들에게 할 말을 적어보는 것도 흥미로운 수행이 될 것이다. 그렇게 하면 사실이 아닌 말, 불화를 일으키는 말, 거친 말, 쓸데없는 잡담 등 네 가지 유형의 해로운 말을 분별하게 되기 때문이다. 이처럼 가정의 언어 패턴에 알아차림을 가져가는 것만으로도 언어 패턴을 변화시키는 데 도움이 된다.

침묵

가정생활의 큰 혜택 중 한 가지는 침묵이 받아들여질 수 있는 사회적 환경이라는 것이다. 물론 때로는 침묵이 화를 표현하기 위해 사용되기도 한다. 그것은 건전한 침묵이 아니며,

그런 종류의 침묵이 어떤 것인지 누구나 안다. 하지만 지금 이 순간에 집중하여 특별히 할 말이 없는 침묵은 아름답고 긴밀한 형태의 침묵이기에, 그런 경우에는 누구든 지금 이 순간에 활짝 깨어 정서적 공감대를 형성하게 된다. 우리 아이들이 아주 어렸을 때, 일부러 한동안 침묵하는 시간을 만들어서 아이들이 이 시간을 사랑과 단란함과 연관시키도록 했다. 나는 아이들이 침묵에 편안해지고, 끊임없이 소리를 통한 자극을 받지 않고도 안심할 수 있게 되기를 바랐다. 장거리 자동차 여행을 할 때처럼 우리가 함께 있으면서도 조용히 있는 동안에 아이들은 내면으로 주의를 돌려 자신의 생각에 귀를 기울였다.

✹ 붓다의 말씀

언어 행위로 깨끗해질 수 있는 네 가지 방법은 무엇인가? 사실이 아닌 말을 삼가기에 사실이 아닌 말을 그만두는 경우가 있다. 주민 회의나 집단 회의, 친족의 모임, 궁정의 모임에 참석하여, "와서 그대가 아는 것을 말하라. 선한 남자여."라며 증인으로 심문 받을 때, 그는 모르면 "모릅니다."라고 말한다. 알면 "압니다."라고 말한다. 그는 본 적이 없으면 "본 적이 없습니다."라고 말한다. 본 적이 있으면 "본 적이 있습니다."라고 말한다. 따라서 그는 자신의 이익을 위해서나 타인의 이익을 위해 혹은 어떤 보상을 바라고 의식적으로 거짓말을 하지 않는다. 그는 사실이 아닌 말을 삼가기에 사실이 아닌 말을 그만둔다. 그는 진실을 이야기하고 진실을 받아들이며, 세상을 속이지 않는다.

그녀는 불화를 일으키는 말을 삼가기에 불화를 일으키는 말을 그만둔다. 그녀는 여기 있는 사람들과 저기 있는 사람들을 이간질하려고 여기서 들은 말을 저기서 옮기지 않는다. 그녀는 저기 있는 사람들과 여기 있는 사람들을 이간질하려고 저기서 들은 말을 여기서 옮기지 않는다. 따라서 사이가 멀어진 사람들을 화해시키고 화합을 굳게 하면서, 그녀는 화합하는 것을 좋아하며, 사이좋게 즐거워하며, 기쁘게 어울리며, 화합을 일구는 이야기를 한다.

그는 욕설을 삼가기에 욕설을 그만둔다. 그는 다정하고 예의 바르며, 많은 사람들에게 재미있고 유쾌하며 마음에 와 닿는 말로 귀에 거슬리지 않게 이야기를 한다.

그녀는 쓸데없는 잡담을 삼가기에 쓸데없는 잡담을 그만둔다. 그녀는 적절한 이야기를 하며, 사실에 입각한 이야기를 한다. 목표와 붓다의 가르침과 계율에 부합하는 이야기를 한다. 그녀는 적절하고 분별 있고 마음에 새길 만한, 목표에 부합되는 이야기를 한다.[62]

☑ 기억할 요점

- 해로운 말은 괴로운 마음 상태나 도움이 되지 않는 좋지 않은 의도에 뿌리를 두고 있다. 명상과 마음챙김은 해로운 말의 근원을 찾아내 근본적으로 변화시키는 데 도움이 된다.
- 자신이 하는 말의 동기나 의도를 살핌으로써 왜 그런 말을 하는지를 간파하는 통찰을 지니게 된다.
- 거짓말, 불화를 일으키는 말, 거친 말이나 욕설, 쓸데없는 잡담 등 네 가지 유형의 해로운 말이 있다.
- 의사소통에는 소셜 미디어를 통해 쓰는 글이나 이미지, 문서, 얼굴 표정이나 보디랭귀지, 혼잣말(혼자서 생각하는 것)이 모두 포함된다.

• 침묵에 편안해지는 것은 해로운 말을 하지 않는 데 도움이 된다.

🐘 논의할 질문

1. 당신의 언어 패턴 중에서 가장 흔한 유형의 해로운 말은 무엇이라고 생각하는가? 거짓 말이나 불화를 일으키는 말, 거친 말, 쓸데없는 잡담 중 무엇인가?

2. 거짓말이나 불화를 일으키는 말, 거친 말, 쓸데없는 잡담 등 해로운 말의 유형에 대해 생각할 때, 그런 언어 패턴을 뒷받침하는 마음 상태나 의도, 동기는 무엇인가?

3. 당신의 온라인 의사소통을 어떻게 특징지을 수 있는가? 바꾸고 싶은 것이 있다면 무엇인가?

4. 당신은 어떻게 침묵을 경험하는가? 다른 사람들과 함께 있을 때에 비해 혼자 있을 때 어떻게 다른가? 아니면 다른 특별한 사람들과 함께 있을 때 어떻게 다른가?

가정생활 질문

5. 자녀들과 함께 있을 때 당신의 언어 패턴에 대해 무엇을 관찰하는가? 배우자와 함께 있을 때는? 가정생활에서 해로운 말을 하지 말라는 계율을 수련하기 위해 어떻게 하고 싶은가?

6. 당신의 가정에는 침묵하는 시간이 있는가? 당신의 가정에서는 어떻게 침묵을 경험하는가? 당신이 자란 가정에서는 어떻게 침묵을 경험했는가?

네 가지 유형의 해로운 말의 예

다음은 네 가지 유형의 해로운 말에 대한 추가적인 예이다.

거짓말이나 사실이 아닌 말	불화를 일으키는 말	거친 말이나 욕설	쓸데없는 잡담이나 험담
포괄적 진술	험담	비하하기	잘난 체하기
기만	반성하지도 않고 고의적인 편향과 편견	약자를 괴롭히기	불평하기
부정직		비난하기	험담
과장	비밀을 만들고 공유하기	판단하기	골치 아프게 따지면서 옥신각신하기
아첨	차별적인 진술	빈정대기	
불성실	뒷공론	모욕하기	겸손한 척하면서 자기자랑하기
정보 누락	공포를 불러일으키기	신랄한 말	잔소리하기
잘못된 지시	악의적인 소문	헐뜯는 말	자기과시하기
선의의 거짓말		욕설	징징거리기

알아두기: 각 과의 마지막에 더 많은 예가 있다.

～ 3.6과 – 윤리 ～
지혜로운 말과 마음챙겨 듣기

이 과에서 공부할 내용

- 언제, 무엇을, 어떻게 말하는지를 평가하기 위한 다섯 가지 지침
- 주의 깊게 듣기
- 대화에 마음챙김 하기

🪷 학습

지혜로운 말

지난 시간에는 해로운 말을 그만두기 가장 좋은 때를 살펴보았다. 하지만 우리가 말하기로 마음먹은 생각에 대해 평가하는 방법은 무엇인가? 붓다는 다섯 가지 기준을 제시한다.

1. 시기적절한 말인가?
2. 진실한 말인가?
3. 다정하고 온화한 말인가?
4. 유익하고 유용한 말인가?

5. 호의를 가지고 하는 말인가?

말에 해를 입힐 힘이 있는 것과 마찬가지로, 말에는 우리 자신과 다른 사람들을 치유하고 도울 힘이 있다. 이 다섯 가지 기준은 그런 긍정적인 의사소통의 틀을 제시한다. 다섯 가지 기준이 하나하나 얼마나 중요한 것인지 이해하려면, 그 중 한 가지가 충족되지 않은 경우를 상상해보라. 예를 들어 당신은 네 가지 조건은 충족시키지만 온화하게 말하지 않을 수도 있다. 만약 당신의 어조가 거칠거나 부담스럽다면 어떻게 들리겠는가?

마음챙겨 듣기

우리가 해로운 말을 하지 않고 위의 다섯 가지 기준에 부합하는 말만 한다면 할 말이 거의 없다는 사실을 알아차릴 것이다. 이것은 좀 더 귀를 기울여 잘 들어야 한다는 의미다. 귀를 기울인다는 것은 그저 음파가 고막을 때리게 놔둔다는 의미가 아니며, 다른 사람을 이해하는 데 온 마음과 정성을 완전히 기울인다는 의미다. 이야기를 가로막고 싶은 욕구를 내려놓으면 긴장을 풀고 남의 생각을 받아들이게 된다. 귀를 기울일 때 상대방의 어조와 보디랭귀지, 얼굴 표정, 감정 상태, 심지어 말하지 않은 것까지도 알아차릴 수 있다.

우리는 또한 자신의 내부 반응에도 주의를 기울이지만, 반드시 즉시 표현할 필요는 없다. 남의 말에 귀를 기울이면서, 반응하거나 끼워들거나 자기 의견을 내세우거나 관련된 이야기를 하거나 바로잡으려는 충동을 알아차림 하라. 그런 것을 조금이라도 줄이면 어떻게 될까?

당신이 말할 차례가 되면 자신이 하고 있는 말과 그 말을 하는 이유에 세심하게 주의를 기울이는 것은 물론이고, 당신의 말이 다른 사람에게 미칠 영향에도 신경을 써라. 온전히 집중해서 자신의 말과 타인의 말에 귀 기울일 때 결국 무엇이 필요한지에 우리가 반응하게 된다는 사실을 믿어라. 우리가 친구들에게 줄 수 있는 가장 큰 선물은 남의 말을 잘 들어주는 사람이 되는 것이다. 실제로 우리는 판단하지 않는 경청을 높이 평가하며 기꺼이 되돌려주고 싶어 한다 하지만 친구들에게 부담을 주지는 마라).

마음챙겨 말하기와 마음챙겨 듣기

단체로 이 프로그램을 수강하는 사람이라면, 말하기와 듣기 연습을 할 짝을 찾아라. 혼자서 이 책을 읽는 사람이라면, 말하기와 듣기 연습을 할 좋은 친구를 찾을 수 있을 것이다. 5분 동안 교대로 상대방이 마음챙겨 듣기를 하는 동안 한 사람은 마음챙겨 말하기를 하게 된다. 그 5분 동안 듣는 사람을 말하지 않는다. 말하는 사람은 최근 사건이나 지금 일어나고 있는 일, 장차 일어날 일에 대해 어떻게 느끼는지에 대한 생각처럼 편하게 생각되는 주제를 고를 수 있다.

듣는 사람은 다음과 같은 것을 훈련한다.

1. 들을 때 자신의 몸에 일어나고 있는 일을 알아차리기.
2. 그들 자신의 생각과 감정 반응을 알아차림 하기.
3. 말하고 있는 사람에게 마음을 열고 온전히 주의를 기울이고 집중하기.

말하는 사람은 다음과 같은 것을 훈련한다.

1. 말할 때 자신의 몸에 일어나고 있는 일을 알아차리기 (예를 들어 스트레스가 많은 일을 털어놓을 때 배나 가슴이 당기는 것을 알아차리기).
2. 가령 그들이 "부모님을 만나러 가는 이번 가족 여행에 대해 이야기하면서 생각했던 것보다 불안한 기분을 느끼고 있는 것을 알아차리고 있다."라고 말할 때 신체적, 정서적으로 알아차림 하고 있는 것을 공유하기.

3. 가능하면 터놓고 솔직하게 진심으로 말하기.

5분이 끝날 때 각자 눈을 감고 이 훈련을 하는 동안 어떤 기분이 드는지 확인하면서 1분 동안 명상을 한다. 그런 후에 역할을 바꾸고, 이번에도 5분이 끝날 때 잠시 확인하는 시간을 가진다.

그런 다음 여전히 짝을 지어서 이 훈련을 하는 것이 어땠는지에 대해 대화를 나눈다. 상대방에 대해 가진 모든 생각과 의문에 대해 이야기를 나눈 후에 더 큰 그룹으로 돌아가서 그 경험을 보고한다.

틱낫한의 네 번째 마음챙김 훈련: 다정한 말과 주의 깊은 경청

명상을 시작하기 전에 이 계율을 소리 내어 읽으면 이 마음챙김 훈련에 임하는 의도가 강화된다.

> 부주의한 말과 남의 말에 귀 기울이지 못함으로 인해 초래되는 괴로움을 알아차림 하면서, 나는 나 자신과 다른 나라와 민족, 인종, 종교 집단 간의 고통을 덜고 화해와 평화를 촉진하기 위해 다정하게 말하고 연민을 가지고 듣는 일에 마음을 쏟고 있다. 그런 말이 행복이나 괴로움을 일으킬 수 있다는 사실을 알기에 나는 신뢰와 기쁨, 희망을 불러일으키는 말을 사용해서 진실하게 말하는 데 마음을 쏟고 있다. 나는 마음속에 화가 일어날 때는 말하지 않기로 마음먹었다. 나는 화를 알아차리고 깊이 들여다보기 위해 호흡 마음챙김과 걷기 마음챙김 명상을 할 것이다. 나의 잘못된 인식과 나 자신과 다른 사람의 마음속 괴로움에 대한 이해 부족에서 화의 뿌리를 찾을 수 있다는 사실을 알고 있다. 나는 나 자신과 다른 사람이 고통을 변화시키고 어려운 상황에서 벗어나는 방법을 찾는 데

도움이 될 수 있는 방법으로 말하고 들을 것이다. 나는 스스로 확실히 알지도 못하는 소문을 퍼뜨리지 않고, 분열과 불화를 일으킬 수 있는 말을 하지 않기로 마음먹었다. 나는 이해력과 사랑, 기쁨, 포용력을 기르고, 점차 나의 의식 깊숙이 도사리고 있는 분노와 폭력, 공포를 변화시키기 위해 올바른 근면을 수행할 것이다.[63]

✋ 과제

공식 수행

- 잠시라도 고요히 자리에 앉아서 명상 수련을 하는 것은 언제든 유익하다. 매일 2분이나 5분, 아니면 10분간 가능한 대로 짬을 내서 앉아라.
- 집중 명상을 하고 싶다면 매번 20분씩, 일주일에 3~5회 정좌 명상을 하라.
- 지혜롭고 친절한 내면의 언어에 알아차림을 가져가라. 자신에게 얼마나 호의를 가지고 다정하고 유익한 말을 하는가? 해로운 말을 알아차리는 것이 중요한 것과 마찬가지로 친절한 말을 알아차리는 것이 중요하다.
- 명상 중에 당신이 귀를 기울이는 대상에 알아차림을 가져가라. 명상 자체가 얼마나 듣기 훈련이 되는가? 친구에게 하듯이 수용과 무비판, 호기심, 친절함을 가지고 얼마나 주의 깊게 들을 수 있는가?

일상생활 수행

즉시 반응하지 말고 다른 사람이 말하고 있는 내용을 들으면서, 우선 자신이 어떻게 귀 기울이는지에 마음챙김을 가져감으로써 다른 사람들과의 대화 중에 마음챙김 명상을 하라. 그 사람의 말이 당신의 몸과 호흡, 생각에 미치는 영향을 알아차려라. 무엇이든 당신이 말하고 싶어 하는 종류의 일을 알아차리되, 말하는 것을 미루어라. 긴장을 풀고 흔히 하듯이 많은 판단이나 비평을 하지 말고 그저 수용적으로 들어라. 그런 다음 당신이 말할 차례가 되면 말하기 전에 심호흡을 하라. 당신의 말이 상대방에게 어떤 영향을 주는지는 물론이고 자신의 말에 세심한 주의를 기울이며 말하라. 주의를 기울여라. 나는 매우 호의적이고 바른말을 하는 일에 지나치게 신경을 쓴 나머지 실제로 듣는 대신에 다음에 할 말에 대해 생각하는 데 가장 많은 시간을 보냈다는 사실을 알아차렸다. 하지만 재미있게도 정말로 긴장을 풀고 상대방이 하는 말을 주의 깊게 들으면 자연스럽게 반응하게 되며, 그들이 한 말에 훨씬 더 적절한 반응을 하게 된다.

♥ 자녀 양육과 윤리

듣기

가정생활은 말하기와 듣기 마음챙김을 수행할 수 있는 최적의 장소다. 왜냐하면 우리는 가족과 함께 많은 시간을 보내면서도 흔히 서로의 말을 건성으로만 듣거나 전혀 듣지 않기도 하기 때문이다. 우리 부모들이 여러 미디어에 집중해 있거나 집안일로 바쁠 때, 우리는 듣지 않을 뿐 아니라 누가 팔을 잡아당겨도 알아차리지 못한다. 또 좀 더 나이가 든 아이들도 여러 미디어에 집중하며 다른 가족에게 주의를 기울이지 않을 수 있다. 특히 문제가정의 경우에 더욱 그렇다. 부부 중 한 사람이 잔소리가 심한 나머지 상대방이 듣지 않게 될 수도 있다. 또 가정에서 우리는 양극단으로 치달을 수 있다. 침묵하고 말수가 적거나 아니면 무심코 말실수를 하거나 너무 솔직해서 상처를 주기도 한다.

　가정생활을 개선하는 가장 좋은 방법은 듣는 방법을 향상시키려고 노력하는 것이다. 이것은 라디오나 TV, 노트북을 끄는 것을 의미하며, 이어폰을 귀에서 뽑는 것을 의미한다. 또한 우리가 누군가와 함께 있을 때, 그 상황이 그다지 재미있지 않을지라도 자기만의 생각에 빠지지 않고 지금 이 순간에 머무르는 것을 의미한다. 더 잘 듣는 것만으로도 수많은 가정 문제가 해결될 수 있다.

지혜로운 말

가족 구성원들이 저마다 수행하며 공부하고 있다는 사실을 누구나 알아차릴 수 있을 때, 가정은 의도적으로 지혜로운 말을 수련할 기회를 제공한다(예를 들어 직장에서는 지혜로운 말에 공감하기가 더 어려울 것이다). 요약 카드가 활동 책에 포함되어 있다. 자주 지나다니는 냉장고나 벽에 붙여두어라.

❁ 붓다의 말씀

다섯 가지 요인을 갖춘 말은 평판이 좋다. 식견이 있는 사람들은 그런 말을 비난하거나 흠을 잡지 않는다. 어떤 다섯 가지인가?

1. 시기적절한 말.
2. 진실한 말.
3. 다정한 말.
4. 유익한 말.
5. 호의를 가지고 하는 말.

이 다섯 가지 요인을 갖춘 말은 평판이 좋다. 식견이 있는 사람들은 그런 말을 비난하거나 흠을 잡지 않는다.[64]

✅ 기억할 요점

- 지혜로운 말은 시기적절하고 진실하고 다정하고 유익하며 호의를 가지고 하는 말이다.
- 경청은 그저 들을 뿐 아니라 자유롭고 무비판적이고 주의 깊고 배려하는 방식으로 소통되는 것에 주의를 기울이는 것이다.
- 또한 좋은 경청은 동시에 자기 자신에 대한 이야기를 하거나 남의 말을 가로막거나 자신이 어떻게 응답할지를 생각하려는 욕구를 내려놓는 것이다.
- 대화를 할 때 말하기와 듣기를 두루 마음챙김 하면 지혜로운 말을 하고 해로운 말을 삼가는 데 도움이 된다.

🐘 논의할 질문

1. 당신의 말이 특히 지혜롭고 훌륭했던 최근의 대화를 생각해보라. 당신의 소통 방법이 어떤 점에서 훌륭했는가? 그것들이 다섯 가지 지침에 부합하는가?
2. 지혜로운 말의 다섯 가지 지침 중 한 가지가 빠진 경우를 생각할 수 있는가?
3. 지혜로운 말의 다섯 가지 지침 중 당신이 가장 잘하는 것은 무엇이라고 생각하는가? 어떤 것에 좀 더 집중할 수 있는가?
4. 특히 남의 말을 잘 들어주는 사람이라고 느껴지는 친구를 생각해보라. 남의 말을 잘 들어주는 사람으로 만들어주는 자질은 무엇인가?
5. 듣는 사람으로서 당신은 어떤가? 말하는 상대방에 따라 다른가? 당신은 언제, 왜 남의 말을 잘 듣지 않는가?

6. 가족들이 가장 주의를 기울이지 않는 상황은 주로 언제인가? 당신 자신은 어떤가? 언제 가장 귀 기울여 듣지 않는가? 언제 가장 귀 기울여 듣는가?

❧ 3.7과 - 윤리 ❧
해로운 소비

이 과에서 공부할 내용

- 술이 얼마나 판단을 흐리게 하여 나쁜 선택을 하게 만드는가?
- 해로운 소비와 웰빙 사이의 관계
- 해로운 소비가 명상에 미치는 영향

❀ 학습

술을 마시지 말라

옛날에 어떤 남자가 술을 마시고 취한 상태에서 이웃의 아내를 농락했다. 자기 욕심을 채운 후에 그는 몹시 배가 고팠다. 이웃집 닭을 발견한 그는 닭을 잡아 죽여서 맛있는 닭요리를 만들어 먹었다. 그날 저녁 그 여인의 남편이 돌아왔는데 그는 무슨 일이 일어났는지 알아차렸다. 흥분한 남편은 자초지종을 알아보려고 옆집으로 갔다. 그러자 남자는 당황한 나머지 자신의 악행을 무마하려고 거짓말을 했다. 그러니까 그 남자가 네 가지 계율을 어기게 만든 것은 음주였다. 말할 필요도 없이 다음 날 아침 명상을 시작했을 때, 그는 숙취가 심했을 뿐 아니라 몹시 두려웠고 후회스러웠으며 멀리 떨어진 마을로 이사를 가야 할지 고민스럽기까지 했다. 이 오래되고 재미있는 불교 우화는 다른 네 가지 계율에 따라 살기 위해 다섯 번째 계율이 필요한 이유를 설명하고 있다. 술을 마시면 부주의해지고, 그런 부주의로 인해 문제를 일으키게 된다.

술과 약물

이 계율은 기분전환을 위한 술과 약물을 삼가도록 권하지만, 요점은 마음을 흐리게 하거나 판단력을 저하시키는 것을 마시거나 복용하지 말라는 것이다. 불자의 관점에서 술과 약물이 그 자체로 나쁜 것은 아니다. 술을 마시지 말라는 계율은 실용적이다. 왜냐하면 그런 것들로 인해 후회할 일을 하게 될 수도 있다는 깨달음에서 나온 것이기 때문이다. 만약 술과 약물을 섭취하고도 기적적으로 완전히 깨끗한 마음챙김과 선의를 유지한다면, 불자의 관점에서 잘못된 것은 아무것도 없다. 만약 오렌지 주스가 당신의 판단을 흐리게 하고 부주의한 행동을 유발한다면, 오렌지 주스를 마심으로써 이 계율을 어기게 될 것이다.

소비

이 계율의 정신을 확대하여 우리의 건강과 명석함, 선의, 훌륭한 선택을 할 수 있는 능력을 저하시키는 다른 형태의 소비를 살펴볼 수 있다. 우리는 감각기관을 통해 소비한다. 그러니 그런 소비로 인해 얼마나 우리 자신과 다른 사람들을 해칠 수 있는지 생각해보자. 미각, 즉 입을 통해 소비하는 것에 관해서라면, 우리가 먹고 흡연하는 모든 것이 여러모로 우리의 건강을 해칠 수 있다. 우리는 바르는 것을 통해, 혹은 극도로 강한 햇빛이나 추운 환경에서 적절히 차단하지 않음으로써 피부를 독소에 노출시킨다. 우리의 눈은 우리가 보는 다양한 미디어를 통해 폭력과 공격, 범죄를 받아들일 가능성을 가지고 있으며, 이런 정보는 우리의 화와 무지, 탐욕을 부추길 수 있다. 마찬가지로 귀를 통해 폭력적이거나 인종 차별주의, 성차별주의 등 모욕적인 내용의 음악이나 대화를 무분별하게 소비할 때 다른 사람들에 대한 공감 능력이 떨어지게 된다.

중독된 마음 상태

우리 마음이 무엇에 사로잡히는가를 생각해보면 중독에 대해 훨씬 더 분명히 이해할 수 있다. 우리는 탐욕이나 분노, 불안, 공포, 혼란 같은 마음 상태에 중독되거나 사로잡힐 수 있다. 예를 들어 우리는 왜 특정한 누군가가 세상에서 가장 나쁜 사람인지에 대해 되풀이하여 이야기를 늘어놓는다. 아니면 성적 경험에 대한 생각에 탐닉할 수도 있다. 이런 마음 상태는 우리가 타인에 대해 느끼거나 생각하는 방식에 영향을 주며, 건전한 방식으로 타인을 대하는 능력을 저하시킬 수 있다. 이런 중독된 마음 상태를 알아차리고 단념하는 것은 더욱 명확하고 자유롭게 사는 데 도움이 된다.

명상과 소비

스스로 명상하는 것을 세심히 관찰하면, 먹고 듣고 보는 등 감각을 통해 최근에 소비한 모든 것이 명상의 질에 영향을 미친다는 사실을 알아차리게 된다. 그 전날에 감동적인 영화를 보았다면, 명상 중에 영화의 장면들이 떠오를 것이다. 건강에 좋지 않은 음식을 먹었다면, 신체 컨디션을 회복하는 데 애를 먹을 것이다. 누군가가 성이 나서 고함치는 소리를 들었다면, 몇 시간 후 그 분노가 당신의 마음속에 울려 퍼질 것이다. 불필요하게 해로운 것을 받아들이지 않기 위해 더욱 주의를 기울인다면, 좀 더 고요히 명상 수련을 하는 데 도움이 된다.

　마찬가지로 명상을 통해 우리는 아무리 부인하려 해도 유해한 것들이 우리의 몸과 마음, 의식에 영향을 미친다는 사실을 미묘한 방식으로 알아차린다. 우리는 너무 많은 뉴스를 접함으로써 공포와 절망에 사로잡힐 수도 있으며, 따라서 얼마나 많은 뉴스를 받아들일지를 주의해서 조절할 수도 있다. 외부 자극이 내면의 웰빙에 미치는 영향에 대해 민감해지면 유해한 물질을 소비하는 것을 피하게 된다.

건전한 소비

'마음을 흐리게 하는 것을 하지 말라.'는 지침에 내포된 의미는 마음의 명료함과 웰빙에 도움이 되는 것을 선택하라는 요구이다. 우리의 몸과 마음과 생각에 무엇을 떠올리든, 그것이 우리를 살찌게 하지는 않는지, '영양가는 없고 열량만 높지는 않는지,' 건강을 해치지는 않는지, 의문을 가질 필요가 있다. 우리는 또한 스스로 타인의 행복과 건강에 얼마나 도움이 되는지를 살펴야 한다. 선물을 고를 때는 그것이 정말로 그들에게 유익한지, 누군가에게 식사를 제공할 때는 그 음식이 그들의 건강에 도움이 되는지, 말을 할 때는 우리의 말이 듣는 사람을 고상하고 품위 있게 만드는지를 염두에 두어야 한다.

틱낫한의 다섯 번째 마음챙김 훈련: 자양물과 치유

명상을 시작하기 전에 이 계율을 소리 내어 읽으면 이 마음챙김 훈련에 임하는 의도가 강화된다.

> 부주의한 소비로 인한 고통을 알아차림 하면서, 나는 마음챙겨 먹고 마시고 소비하는 수행을 통해 나 자신과 가족, 사회를 위해 몸과 마음의 건강에 유익한 수련을 하는 데 마음을 쏟았다. 나는 네 가지 종류의 자양물, 다시 말하자면 먹을 수 있는 음식과 감각 인상, 의지, 의식을 소비하는 방법을 깊이 탐구하는 수행을 할 것이다. 나는 도박을 하거나 알코올이나 약물, 특정 웹사이트나 전자 게임, TV 프로그램, 영화, 책, 대화 같은 독소를 함유한 것들을 사용하지 않기로 결심했다. 나는 지금 이 순간으로 돌아가는 수행을 통해 나와 내 주변에서 항상 상쾌하고 영양가 있고 치유가 되는 요소들을 접촉할 것이다. 후회와 슬픔이 나를 과거로 끌

고 가거나 불안과 공포, 갈망이 나를 지금 이 순간에서 멀어지게 하도록 놔두지 않을 것이다. 나는 해로운 소비에 빠져 고독과 불안 같은 괴로움을 회피하지 않기로 결심했다. 스스로 세상 모든 존재에 연결되어 있는 존재임을 깊이 깨닫고, 나 자신의 몸과 의식, 그리고 가족과 사회, 지구의 집단적인 몸과 의식이 평화와 기쁨, 웰빙을 간직하는 방식으로 소비할 것이다.[65]

✋ 과제

공식 수행

- 잠시라도 고요히 자리에 앉아서 명상 수련을 하는 것은 언제든 유익하다. 매일 2분이나 5분, 아니면 10분간 가능한 대로 짬을 내서 앉아라.
- 집중 명상을 하고 싶다면 매번 20분씩, 일주일에 3~5회 정좌 명상을 하라.
- 명상 중에 당신이 먹는 것과 읽는 것, 이메일에 쓰는 것, 대화하며 듣는 말 등 무엇이든 좌선을 할 때 마음속에 떠오르는 것에 영향을 끼칠 수 있다는 사실에 주목하라. 감각을 통해 소비하는 모든 것의 강도와 그것이 명상 중에 얼마나 생생하게 나타나는지 사이에 상관관계가 있는지에 주의를 기울여라.

일상생활 수행

술을 마시지 말라는 수련을 하는 좋은 방법은 정해진 시간 동안 당신이 소비하는 것 중에 해로워 보이는 한 가지를 그만두는 것이다. 그것을 금식이라고 생각해보라. 어떤 음식을 삼갈 수도 있고, 특정 웹사이트를 방문하거나 소셜 미디어에 참여하거나 뉴스를 듣거나 몸에 무리가 갈 정도로 늦게까지 깨어 있거나 술을 마시는 것을 그만둘 수도 있다. 술을 삼가는 것이 당신의 웰빙에 도움이 되는지 관찰하고 명상의 질에 주의를 기울여라.

❤ 자녀 양육과 윤리

부모로서 우리의 선택은 자녀들의 선택에 중요한 영향을 미치는데, 우리가 소비하는 것과 소비에 대한 우리의 태도나 생각에 관해서는 더욱 그렇다. 습관과 중독, 충동을 더 잘 알아차림 하고자 하는 바람을 우리의 마음 수련에 포함시킬 수도 있다. 언젠가 나는 아침 5시에 모두 깨어 있을 때 아이들에게 "내가 지금 기분이 나쁜 건 커피를 마시지 못해서야."라고 말하는 나 자신을 발견했다. 이 말에 대해 곰곰이 생각해보니, 내가 외부의 물질에 의존해서 기분이 좋아지게 만들고 있다는 말을 하고 있었다는 사실을 깨달았다.

알코올과 마리화나, 약물 등 우리가 섭취하는 것들에 대해 다양한 견해와 의견이 있으며, 이 책은 무엇이 좋고 나쁘다거나 어떻게 살 것인지를 이야기하려는 것이 아니다. 오히려 이것을 기회로 받아들일 수 있을 것이다. 가정에서 소비를 가능하게 만드는 사람이 당신이라는 생각과 그런 물건이 더 큰 웰빙을 가져오는지, 웰빙에서 멀어지게 하는지에 대해 곰곰이 생각해볼 기회로 받아들일 수 있다. 또한 성인들이 해로운 소비를 하는 것은 아이들이 그런 행위를 하는 것과 다를 수도 있다고 인정하더라도, 이중적인 잣대, 즉 위선이 있는지를 생각해볼 필요가 있다.

☸ 붓다의 말씀

부지런히 수행하고 깊이 생각하고 말과 행동이 맑고 신중하며 스스로 억제하고 진리를 따르는 근면한 사람은 그 이름이 빛난다.

항상 힘써 게으르지 않고 스스로 자제할 줄 아는 지혜로운 사람은 홍수로도 밀어낼 수 없는 섬을 쌓는 것과 같다.

어리석어 지혜가 없는 사람은 게으름과 방종에 빠지고, 생각이 깊은 사람은 부지런함을 가보처럼 지킨다.[66]

☑ 기억할 요점

- 다섯 번째 오계는 부주의함을 초래하는 것, 즉 술을 마시지 말라고 요구한다.
- 이 계율은 다른 네 가지 계율을 위해 꼭 필요하다. 술이나 약물 등 취하게 하는 것에 의해 판단이 흐려질 때, 다른 네 가지 계율을 어기기 쉽기 때문이다.
- 불자의 관점에서 술이나 약물은 본래 나쁜 것으로 여겨지지 않는다. 그보다는 우리의 판단을 저하시키는 것을 삼가도록 강조한다.
- 그런 관점에서 우리의 건강과 명석함, 선의, 훌륭한 선택을 할 수 있는 능력을 저하시키는 것은 무엇이든 술로 여겨지며, 삼가야 할 대상이다.
- 더 광범위하게 탐욕과 분노, 망상의 마음 상태에 집착하는 방식을 독소로 여길 수도 있다.
- 명상 중에 우리는 해로운 소비가 건강에 미치는 영향을 관찰할 수 있다. 마찬가지로 명상을 통해 우리는 인과관계에 더 민감해지며, 결국 해로운 것을 피하고 유익한 것을 취할 수 있다.

🐘 논의할 질문

1. 술을 마시거나 약물을 복용하는가? 이런 것이 당신에게 어떤 영향을 미쳤는가? 그 중 어떤 것이 판단을 흐리게 하는가? 당신이 취기를 느끼게 되는 지점, 즉 주량이 있는가?
2. 음식이든 미디어든, 대화든, 마음 상태든 간에 당신이 소비하는 것 중에 웰빙을 저하하고 판단을 흐리게 만드는 해로운 소비가 있는지 알아차림 하라.
3. 휴대폰이나 인터넷 활동이 당신의 웰빙에 어떤 영향을 미치는가?
4. 당신이 소비하는 것 중에 그것이 당신에게 미친 해로운 영향 때문에 그만두고 싶은 한 가지 습관은 무엇인가?

후속 훈련(선택적)

이제 3부을 다 마쳤으면 활동 책에 포함되어 있는 성인용 윤리 평가지를 인쇄하거나 복사해서 다시 작성하라. 이 장의 처음에 3.1과에서 작성한 윤리 평가지와 비교해보라.

제4부

성격

∾ 4.1과 – 성격 ∾
개요; 보시

이 과에서 공부할 내용

- 여섯 가지 성격 수양 원리 소개
- 첫 번째 원칙: 보시(布施)

🪷 학습

성격

앞 장에서 윤리적 행위에 대해 살펴보았는데, 윤리적 행위는 언제든 우리가 하는 선택과 관련된다. 이런 선택이 모인 것이 시간이 지나면서 우리의 성격을 형성한다. 성격은 우리가 세계와 상호작용하는 방식을 구성하고 특징짓는 변치 않는 특성으로 이루어진다. 개성과 마찬가지로 성격은 변화무쌍한 일상 사건에도 불구하고 깊이 뿌리를 내리고 있으며 단호하다. 대부분의 사람들이 어린 시절에 성격이 형성되기는 하지만, 성인으로서 계속 성격을 가다듬어 더욱 고결한 성품으로 거듭나는 것도 가능하다.

성격이 어떻게 형성되는지, 왜 중요한지를 설명하는 아름다운 격언이 있다.

그대의 생각을 지켜보라. 그것이 그대의 말이 되나니.

그대의 말을 지켜보라. 그것이 그대의 행동이 되나니.

그대의 행동을 지켜보라. 그것이 그대의 습관이 되나니.

그대의 습관을 지켜보라. 그것이 그대의 성격이 되나니.

그대의 성격을 지켜보라. 그것이 그대의 운명이 되나니.

한 가지 패턴이 다른 것으로 이어지기 때문에, 우리의 마음 상태가 어떻게 삶 전체를 결정하는지 알 수 있다. 마찬가지로 이 명상 과정은 마음 수련으로 1부와 2부를 시작해서 생각에 관한 내용을 다루었으며, 3부에서는 말과 행동에 관해 다루었다. 이 장에서는 습관을 다루게 되는데, 결국 습관이 성격이 되기 때문이다.

여섯 가지 성격 수양 원리

여섯 가지 성격 수양 원리는 여섯 가지 완성, 즉 육바라밀이라고도 일컬어지는데, 승가에서 널리 이어져 오는 가르침이다. 직접적인 자기 수양을 목표로 하는 육바라밀은 결국 열반에 이르고자 하는 불자의 수행이다.

1. 보시(布施)
2. 지계(持戒)/도덕
3. 인욕(忍辱)
4. 정진(精進)/노력
5. 선정(禪定)
6. 지혜(智慧)

보시, 지계/도덕, 인욕 등 처음 세 가지 바라밀은 그 자체로 덕목이지만, 노력/정진, 선정, 지혜 등 다음 세 가지 바라밀은 이 세 가지 덕목을 수양하기 위한 수련 방법이다.

이 여섯 가지 수행 원리에 따라 살기 시작할 때 우리는 서서히 변화될 것이다. 불교학자인 데일 라이트(Dale Wright)는 이렇게 설명한다.

> '성격(character)'이라는 영어 단어는 어떤 것에 '특징적인(characteristic)' 흔적이나 자국을 남기는 행위인 '도장 찍다(stamp)', '새기다(engrave)'라는 의미의 고대 그리스어에서 유래한다… 나는 '성격'이라는 단어를 우리 자신이 하는 선택에 의해 결정되는 전반적인 동일성의 일부를 가리키는 것으로 생각한다. 따라서 당신의 성격은 당신 자신의 자아구성 행위에 의해 결정된다[67]

육바라밀을 수련하는 것은 바로 우리의 생각과 말, 행동을 다스림으로써 성격을 가다듬는 과정이다.

이 여섯 가지 수행 원리는 순차적이고 상호 반사적이며 서로 얽혀 있다. 예를 들어 바라밀은 보시부터 시작해서 차례로 수행하는 것이 적절하다. 지혜는 다섯 가지 바라밀을 오래 수행함으로써 서서히 길러지는 것인 반면에, 보시는 누구나 즉시 실천할 수 있기 때문이다. 수행 원리들이 상호적이기에 육바라밀 중 어느 한 가지를 수행하면 불가피하게 다른 것도 길러진다. 가령 인욕 바라밀에 온전히 집중하면, 저절로 지혜가 길러질 것이다. 마지막으로 서로 뒤얽힌 세트로서 각각의 바라밀은 다른 바라밀의 인도와 도움을 받는다. 마음챙김은 에너지와 지혜를 필요로 하며, 윤리는 인내를 필요로 한다. 이 장을 공부하는 내내 이 세 가지 요점을 마음에 두어라.

바라밀

바라밀이라는 단어는 흔히 '완성'으로 번역된다. 이 여섯 가지 덕목이 완성될 때 열반에 이르게 된다는 의미다. 육바라밀은 깨달은 이가 구현하는 이상적인 수행의 경지다. 바라밀은 또한 '피안으로 건넌다'는 의미로 해석될 수도 있다. 즉 이 여섯 가지 원리가 태어나고 죽는 고통의 강을 건너 깨달음의 경지로 데려다준다는 이미지를 전한다. 소승 불교의 결출한 스승인 아잔 수치토(Ajahn Sucitto)는 바라밀을 '삶의 바다를 건너는 법'이라고 일컬었다.[68] 여기서 바다는 하찮은 고통의 바다를 말하는 것이 아니라 우리를 송두리째 휩쓸려 내려가게 만드는 무지와 집착, 혐오의 바다에 대해 말하는 것이기 때문에, '바다'는 올바른 이미지이다. 육바라밀은 이 폭풍우치는 바다를 건너는 다리를 제공한다.

첫 번째 바라밀: 보시(관대해지기)

마음 수련의 첫 번째 바라밀로서 보시는 기부 행위에 앞서 마음 상태나 의도에 관한 것이기 때문에 무엇을 베푸는가의 문제라고 보기 어렵다. 단순히 더 많이 베푼다고 해서 반드시 너그러운 성격이 길러지는 것은 아니다. 붓다는 세 가지 형태의 보시에 대해 설명했다. 첫째, 인색한 보시는 인색한 태도로 베푸는 것이다. 둘째, 친절한 보시는 우리가 선물을 주지만 인정받거나 보답 받고자 하는 욕망에 의해 그런 행동을 할 수도 있다. 셋째, 이상적인 형태의 보시인 관대한 보시는 무조건적으로, 그리고 타인의 행복을 위해 베푸는 것이다.

이런 이해를 통해 우리는 보시에 대한 자신의 심리를 면밀히 관찰한다. 보시를 네 가지 단계로 살펴볼 수 있다.

1. 우리는 보시를 하기 전에 자신의 근원적인 의도를 알아차리게 된다. 자신의 욕구가 순수한 의도와 자기만족, 칭찬 받고자 하는 욕구, 환심을 사고자 하는 기대가 뒤섞인 데서 비롯된 것이라는 사실을 발견할 수도 있다. 이런 사실에 지켜보면서 그런 불순한 동기를 가진 것에 대해 스스로를 비난하거나 관대한 보시를 그만둘 필요는 없다. 그보다는 그 순간에 우리는 물건에 대한 자신의 집착을 알아차리거나 우리가 자기

도 모르게 얼마나 탐욕스러워질 수 있는지를 더 잘 이해할 수 있다.

2. 비록 동기가 순수하지 않더라도 우리는 베풀 때 얼마나 너그러운 기분이 드는지를 알아차릴 수 있다. 무엇이든 처음에는 주는 것이 어려울 수 있지만, 그 물건이 우리 손을 떠나자마자 기쁨과 행복, 온정, 만족을 느낄 것이다. 보시 행위에 따르는 긍정적인 감정을 관찰함으로써 다시 베풀고 싶은 생각이 들게 된다.

3. 남에게 베풀 때 우리는 받는 이의 반응에 주의를 기울이게 되는데, 물론 그것이 행복과 감사, 위안, 만족 중 한 가지이기를 바란다. 타인의 행복이 결국 우리에게 행복을 준다는 사실을 알아차려라. 또한 이런 온정을 교환함으로써 다시 베풀고 싶은 생각이 들게 된다.

4. 베푼 후에 우리 자신을 위해 간직할 필요가 있다고 생각하는 것이 없어지면 어떤 기분이 들지 잠시 생각해본다. 실제로 박탈감을 느끼는가? 자신의 웰빙이 사라졌나? 베푸는 것에 대한 두려움은 어쩌면 현실보다는 예상과 더 많은 관련이 있다는 사실을 알아차릴 수도 있다.

붓다가 말했듯이 "보시하는 자는 보시하기 전에 마음이 즐겁고, 보시할 때 마음이 깨끗하고, 보시한 뒤 마음이 흐뭇하다."[69]

감사

마음속에 관대함을 기르는 또 한 가지 방법은 감사의 마음, 즉 자기 삶의 좋은 것에 대해 깊이 생각하는 것이다. 우리가 잘 살기에 충분한 것 이상으로 많이 가지고 있다는 사실을 알 때, 어떤 면에서 감사는 만족감을 가져다준다. 하지만 우리 존재의 모든 것과 우리가 가진 모든 것이 어떻게든 자신에게 주어진 것이라는 사실을 깨닫는 데서 감사의 마음이 깊어진다. 우리가 직장에서 번 자기 돈으로 뭔가를 사더라도 우리의 직업은 수많이 사람들이 길러준 교육의 결과다. 타인의 보시를 통해 우리가 얼마나 많이 받았는지를 곰곰이 생각해보면, 처음부터 '우리 것'이었던 것은 아무것도 없다는 사실을 알기에 관대해지기가 훨씬 더 쉽다.

다양한 형태의 보시

보시는 물건이나 돈을 주는 것으로 제한되지 않는다. 아낌없이 선물을 주면서도 시간과 관심에 인색할 수도 있다. 예를 들어 갓 부모가 된 나는 어느 날 아이들을 위해 장난감을 사면서, 잠시라도 내 시간을 가질 수 있도록 아이들이 충분히 오래 가지고 놀 만한 장난감을 사려고 하고 있다는 사실을 알아차렸다. 아이러니컬하게도 아이들이 정말로 원하는 것은 나의 보살핌이었으며, 아이들을 충분히 보살폈다면 그들이 만족하고 그들끼리 놀았을 거라는 생각이 든다. 이런 식으로 보시에는 우리의 시간과 관심, 사랑, 마음의 평화, 기술, 우정을 주는 것이 포함된다. 이런 것이야말로 누군가에게서 우리가 받으면 소중히 여기는 선물이다.

보시와 영적인 성장

보시는 또한 영적인 성장이라는 다른 중요한 자질을 기른다. 보시는 시간과 장소, 돈에 대한 집착을 누그러뜨려 내려놓기가 생각보다 두려운 것이 아니라는 사실을 알도록 도와준다. 보시는 물론 욕심에 대한 해독제다. 또한 보시 행위는 우리가 가지거나 소유하고 있는 것이 아니라 마음의 본성에 의해 규정되도록 자신을 재평가하는 데 도움이 된다. 당신은 보시를 실천하기를 갈망하기 때문에 행하는 것이 다소 어렵더라도 괜찮다. 티베트 승려인 겔렉 린포체(Gehlek Rinpoche)는 이런 감정을 '핀치(pinch)'라고 부르는데,[70] 말하자면 당신이 스스로 설정한 한계를 넘어 성장하고 있다는 표시다.

공식 수행

- 잠시라도 고요히 자리에 앉아서 명상 수련을 하는 것은 언제든 유익하다. 매일 2분이나 5분, 아니면 10분간 가능한 대로 짬을 내서 앉아라.
- 집중 명상을 하고 싶다면 매번 20분씩, 일주일에 3~5회 정좌 명상을 하라.

일상생활 수행

다음 몇 주 동안 실험적으로 주고자 하는 모든 충동에 따라 주저하지 말고 행동하라. 물질이든 아니든 간에, 주고 싶은 생각이 들자마자 즉각 주어라.

⊛ 붓다의 말씀

보시의 여덟 가지 방법이 있다. 무엇인가?

1. 자발적으로 주는 경우
2. 두려워서 주는 경우
3. '그도 나에게 선물을 주었으니까'라고 생각해서 주는 경우
4. '그녀도 나에게 선물을 줄 것'이라고 생각해서 주는 경우
5. 주는 것이 미덕이라고 생각해서 주는 경우
6. '나는 요리를 하지만 수도자인 그들은 요리를 못하잖아. 요리를 하지 않는 그들에게 식사를 내주는 것을 거절한다면 내 행동이 옳지 않을 것'이라고 생각해서 주는 경우

7. '그런 선물을 주면 좋은 평판을 얻게 될 것'이라고 생각해서 주는 경우

8. 보시가 마음을 고귀하고 아름답게 만든다고 생각해서 주는 경우[71]

....

내가 알고 있듯이 그들도 보시와 나눔의 결과를 알고 있기에 보시를 하지 않고는 먹지도 않을 것이며, 마음이 더러운 이기심에 사로잡히지도 않을 것이다. 마지막 숟가락일지라도 보시를 받을 사람이 있다면 그들은 반드시 나누어 먹을 것이다.[72]

☑ 기억할 요점

- 우리의 성격, 즉 성실하고 고결한 성품은 오랫동안 우리가 하는 선택에서 형성된다.

- 육바라밀을 수행함으로써 성격을 가다듬는다. 보시, 지계/도덕, 인욕 등 처음 세 바라밀은 노력/정진, 선정, 지혜 등 다음 세 바라밀을 통해 길러진다.

- 보시라는 첫 번째 바라밀을 수련할 때, 보시를 하는 근원적인 동기를 알아차리고 의식적으로 보시 행위를 수련하며, 보시에서 얻게 되는 즐거움을 주의 깊게 관찰한다.

- 감사는 만족감을 느끼게 하기 때문에 보시에 도움이 된다. 만족감을 느끼면 받기만 하려는 옹색한 생각이 줄어들기 때문이다.

- 보시는 단지 선물이나 돈에 국한되는 것이 아니며, 시간이나 관심, 우정도 보시에 포함된다.

- 보시를 통해 우리는 집착을 내려놓고 타인과의 관계를 도모하고 기쁨의 바탕을 키워나가는데 도움이 되는 영성 수행을 하고 있다.

🐘 논의할 질문

1. 물질적인 것이든 아니든 지금까지 받은 것 중에서 가장 기억에 남는 선물은 무엇인가? 당신이 준 것 중에 가장 기억에 남는 선물은 무엇인가?
2. 그런 선물을 받는 기분은 어땠나? 그런 선물을 주는 기분은 어땠나?
3. 보시가 승가에서 이어져 오는 수행의 첫 번째 가르침인 이유는 무엇이라고 생각하는가?
4. 다음 주에 보시를 수행할 수 있는 현실적이고 유의미한 몇 가지 방법을 논의해보라.

가정생활 질문

5. 자녀들에게 관대할 때, 그 행위의 이면에 조건이나 의무, 혼합된 동기가 있는가?
6. 자녀들에게 관대한 것과 방치하는 것 사이에 기준은 무엇인가?
7. 집에서 보시와 나눔을 수련하는 방법은 무엇인가?

〜 4. 2과 − 성격 〜
윤리와 카르마

이 과에서 공부할 내용

- 카르마와 윤리
- 변화하는 카르마
- 가족 카르마

✿ 학습

카르마

두 번째 바라밀은 지계인데, 3부에서 광범위하게 다루었다. 여기서는 카르마의 관점에서 지계를 봄으로써 공부를 계속해보자. 산스크리트어 카르마(karma)는 아주 흔히 사용되기 때문에 우리는 그것이 무슨 뜻인지 알고 있다. 즉 카르마는 우리의 행위가 자신에게 돌아온다는 뜻이다. 하지만 공식적으로 붓다는 카르마의 법칙을 우주의 섭리라고 가르쳤던 것으로 더 잘 이해되는데, 요컨대 카르마의 법칙은 행위는 결과를 가져온다는 것이다. 말하자면 우리가 생각하고 말하고 행하는 것에는 결과가 따른다는 것을 의미한다. 공을 밀면 공이 구른다. 다정한 말을 하면 친구가 웃는다. 불교 스승들은 흔히 뿌린 대로 거둔다는 식물 이미지로 카르마의 법칙을 표현한다. 사과 씨앗을 심으면 사과를 수확하고, 당근 씨앗을 심으면 당근을 수확하게 된다. 마찬가지로 불화의 씨앗을 심으면 불화를 수확하지만, 친절의 씨앗을 심으면 친절을 수확한다. 얌! 맛있다.

또한 무엇이 카르마가 아닌지도 알아야 한다. 첫째, 카르마는 선업을 많이 쌓으면 부자가 되고 악업을 잔뜩 쌓으면 노숙자가 된다는 식의 은행 잔고 같은 것이 아니다. 둘째, 우리에게는 아무런 선택권도 자유 의지도 없으며, 카르마가 우리의 운명을 결정하는 것은 아니다. 이런 해석은 옳지도 유용하지도 않다.

카르마와 지계

행동에는 결과가 따른다는 깨달음은 지계를 수련하기 위해 꼭 필요하다. 생명을 해치거나 죽이지 말라는 첫 번째 윤리적 계율의 관점에서 카르마와 지계 사이의 관계를 살펴보자. 벌레를 일부러 죽이는 것과 우연히 죽이는 것은 차이가 있다는 것은 상식이다. 가령 거미를 보고 두렵거나 불쾌해서 거미를 밟아버리는 것은 들판에서 술래잡기 놀이를 하다가 미처 보지 못하고 무심코 거미를 밟는 것과 다르다. 거미를 밟는 행위와 죽은 거미라는 결과는 같지만, 두 경우는 천양지차다. 즉 그 행위를 하는 순간에 당신이 가진 의도와 당신의 마음 상태는 확연히 다르다. 거미를 밟는 행위와 죽은 거미라는 결과는 마찬가지만, 두 경우는 천양지차다. 즉 그 행위를 하는 순간에 당신이 가진 의도와 당신의 마음 상태는 확연히 다르다. 두려움 때문에 저지르는 해치는 행위와 해치려는 의도는 무심코 저지르게 되는 같은 행위보다 더 심각한 결과를 가져온다.

그렇기에 우리의 행위는 제각기 다양한 카르마의 결과를 가져오는데, 그 과정이 초자연적이고 불가사의한 방식이 아니라 실제로 논리적이고 진솔한 방식이다. 첫 번째 경우에는 거미를 보는 것과 두려움 사이의 관계가 증폭되어 두려운 마음이 강화되며, 이것이 다음에 거미를 보는 순간에 결실을 맺는다. 마찬가지로 죽이려는 의도는 그 의도가 실행되는 순간에 강화되어, 앞으로도 거미를 죽일 가능성이 커진다. 이것은 부정적인 마음 상태가 늘어나게 내버려두어 의도가 실행될 때 만들어지는 카르마이다.

마음챙김

마음챙김을 통해 우리는 자신의 의도와 마음 상태를 알아차림 하게 된다. 마음챙김은 자신의 생각에 주의를 기울임으로써 점차 해로운 마음 상태로부터 벗어나 유익한 마음 상태를 수련하고 해로운 의도에 저항하고 좋은 의도를 기르는 데 도움이 된다. 마음챙김은 또한 나날의 삶 속에서 어떻게 인과관계가 작동하는지를 관찰할 때 우리가 어떻게 미래의 행복이나 불행을 위한 조건을 만드는지를 알아차리는 데 도움이 된다. 말하자면 마음챙김은 친구에 대해 비난할 때 우리는 반드시 보답을 받게 되며, 소문이 퍼지면 우정은 손상을 입는다는 사실을 이해하는 데 도움이 된다.

카르마 변화시키기

나쁜 일이 일어나면 우리는 과거에 자신이 나쁜 사람이었기 때문이라고 생각하기 쉽다. 후회를 통해 자신의 행동을 변화시킬 필요가 있다는 사실을 깨달을 수는 있지만, 불자의 관점에서 과거를 이해하는 데 연연하기보다는 현재의 상황에 적절히 대응하는 법을 배우는 것이 더 중요하다. (마찬가지로 좋은 일이 일어난다고 해서 우리가 과거에 천사 같은 사람이었다는 것을 의미하지는 않는다.) 카르마의 결과를 바꾸고 싶다면, 외부의 결과를 갈망하거나 두려워하면서 살기보다는 자신이 이룬 내면의 결실을 생각해보는 것이 훨씬 더 유익하다.[73] 이런 식으로 '착하게 살면 부자가 되고 인기를 끌거야.'라고 생각하기보다는 '착하게 살면 좀 더 마음이 편안해지고 인간관계가 조화로워질 거야.'라고 생각하는 편이 낫다. 흔히 어쩔 수 없는 과거의 선택과 삶의 상황 간에 직접적인 연관은 어렵지만, 우리의 선택과 기분, 관계의 건전함, 공동체의 웰빙 사이에는 확실히 밀접한 관계가 있다는 것을 알 수 있다.

　고인이 된 캄보디아 스님 고(故) 마하 고사난다(Maha Ghosananda)의 훌륭한 설법을 들은 적이 있다. "지금 이 순간은 미래의 어머니다. 어머니를 돌보아라. 그러면 어머니가 아기를 돌볼 것이다."[74] 다시 말하자면, 지금 이 순간을 돌보아라. 지금 이 순간이 미래를 결정하기 때문이다. 이것이 우리가 할 일이다.

본보기가 되기

우리는 다른 사람들과 동떨어져 살거나 행동하지 않는다. 다른 사람들이 우리를 지켜봄으로써 배우는 것과 마찬가지로 우리는 다른 사람들을 지켜봄으로써 배운다. 우리의 윤리적 선택은 다른 사람들에게 선물이다. 고결하고 품위 있는 행동은 우리 자신은 물론이고 주변 사람들을 기분 좋게 만든다. 물론 우리는 수없이 많은 실수를 할 수도 있지만, 겸손함과 자기인식을 가지고 실수를 인정하고 다시 노력한다면, 그것이 다른 사람들에게 본보기가 된다.

🖐 과제

공식 수행

- 잠시라도 고요히 자리에 앉아서 명상 수련을 하는 것은 언제든 유익하다. 매일 2분이나 5분, 아니면 10분간 가능한 대로 짬을 내서 앉아라.
- 집중 명상을 하고 싶다면 매번 20분씩, 일주일에 3~5회 정좌 명상을 하라.
- 명상을 하는 동안 생기는 의도를 주의 깊게 들여다보라. 가려운 곳이 있다면 긁으려고 팔을 들어 올리려는 의도를 발견할 수 있을 것이다. 자세를 바로잡는다면 그 동작을 하기 전에 어떤 생각이 나는가? 걷기 명상을 할 때, 발을 들고 내리는 마음의 지시는 어디서 하는가?

말이나 행동을 하기 전에 당신의 의도에 세심한 주의를 기울여라. 이런 의도가 어떻게 선택을 좌우하고 결과를 결정하는지 조사해보라. 이런 식으로 우리는 흔히 별 생각 없이 하는 일상적인 행동을 통해 삶에서 카르마가 어떻게 작용하는지를 점차 밝힐 수 있다.

♥ 가정생활: 카르마

주의 깊게 들여다보면 대체로 가족 간에, 그리고 세대 간에 카르마, 즉 인과의 원칙이 작용하는 것을 알 수 있다. 우리 가족의 기질과 대대로 이어져온 내력을 알게 되었기에, 나 자신의 경우에 이것이 분명해졌다. 우리들의 이야기와 경험 중 몇 가지는 놀랄 정도로 흡사하다. 오래전 세대의 트라우마가 여러 세대를 지나 나 자신에게까지 영향을 미치는 것을 더듬어볼 수도 있을 것이다. 알코올 중독과 성격 장애, 주부 역할에 숨 막혀 하거나 전쟁 후유증으로 시달리는 등 고통이 우리 가계에 이어져 내려오고 있다. 면면히 이어온 가족 카르마의 힘은 참으로 강력하다.

스님들을 포함해서 많은 사람들이 깊은 고통을 가지고 명상센터를 찾는다는 사실은 승가에서 잘 알려져 있다. 그들 중 많은 이들이 자신의 가족에서 비롯된 트라우마를 지니고 있다. 따라서 영적인 성장을 추구하는 사람들은 어린 시절의 고통을 회피하거나 무시하기 위해 수행의 길을 가고 싶을 수도 있다. 사람들은 '치유'라는 것이 '고통에 맞설 필요 없이 고통이 사라지는 것'을 의미하기를 바라고 있다. 영적인 성장을 추구하는 사람들은 수행 센터에서나 정좌 명상을 할 때는 완전히 깨달음을 얻는 기분이 들 수도 있지만, 추수감사절이나 다음 번 가족 모임에서 낡은 습관과 반응적인 행동으로 돌아간다.

사실 아무리 멀리 달아나거나 아무리 오래 떨어져 있거나 어떤 라이프스타일을 선택하더라도, 우리는 가족의 카르마로부터 달아날 수 없다. 심지어 아시아로 가서 수십 년 동안 동굴에 거주하며 고행자로 살더라도, 이 문제를 처리하는 것으로부터 달아날 수는 없다. 우리 아이들과 세계를 치유하고 더 나은 유산을 물려주고 싶다면, 어느 순간에는 자신의 뿌리를 주의 깊게 들여다보고 그것을 변화시키기 위해 열심히 노력해야 한다.

카르마의 유산은 아무것도 바꿀 수 없다는 것을 의미하는 것이 아니다. 우리 가족의 경우에 대대로 심리치료와 명상 같은 것을 열심히 해서 수치심과 고통의 사이클을 다소 허물 수 있게 되었다. 남편과 나는 물론 우리 자신의 괴로운 어린 시절에서 비롯된 단점이 있기는 하지만, 자녀들에게는 트라우마를 물려주지 않고 있으며 상당히 건강한 부모 노릇을 하고 있다. 우리는 분노와 두려움, 원한의 씨앗에 물을 주지 않고, 사랑과 수용, 알아차림의 씨앗을 심으려고 주의를 기울이고 있다. 이런 노력이 우리 자녀들과 손주들, 그리고 앞으로 올 세대에게서 열매를 맺으리라고 기대한다.

☸ 붓다의 말씀

한마디로 의도는 카르마이다. 우리는 누구나 몸과 말과 지성을 통해 의도함으로써 카르마를 만든다.[75]

....

(붓다) "라훌라여, 거울은 무엇을 위한 것인가?"

(붓다의 아들 라훌라) "거울에 비친 상을 위해서입니다."

"라훌라여, 마찬가지로 신체 행위나 언어 행위, 정신 행위는 반복된 상으로 이루어진 것이니라."

"어떤 신체 행위를 하고 싶을 때마다 너는 그 행위에 대해 깊이 생각해 보아야 한다. '내가 하고자 하는 이 행위가 자신이나 타인에게, 아니면 모두에게 고통을 초래할 것인가? 괴로운 결과를 가져오는 서투른 행위인가?' 생각해보고 그것이 자신이나 타인에게, 아니면 모두에게 고통을 초래할 것이며 괴로운 결과를 가져오는 서투른 행위라는 생각이 든다면, 그런 종류의 신체 행위는 무엇이든 네가 하기에 부적합하다. 하지만 생각해보고 그것이 고통을 초래하지 않으며… 행복한 결과를 가져오는 훌륭한 행위라는 생각이 든다면, 그런 종류의 신체 행위는 무엇이든 네가 하기에 적합하다."[76]

☑ 기억할 요점

- 카르마는 행위는 결과가 따르며, 우리의 선택이 결과를 가져온다는 원칙이다. 말하자면 카르마는 은행 계좌 같은 것이나 자유의지가 없는 것을 의미하는 것이 아니다.
- 마음 상태나 의도가 우리가 만들어내는 카르마를 결정한다.
- 카르마의 결과를 생각하면서 두려워하며 살거나 외부 결과를 기다리는 것보다 우리가 기른 내면의 열매를 생각하는 것이 낫다.
- 우리의 행위는 다른 사람들을 고무하며, 따라서 우리의 덕목은 선물이다.
- 카르마는 대대로 가족에게 이어져 내려온다. 우리는 알아차림과 마음 수련을 통해 카르마를 변화시키고 자녀들에게 더 나은 미래를 물려줄 수 있다.

🐘 논의할 질문

1. 이 책을 읽기 전에는 카르마를 무엇이라고 생각했는가? 지금은 카르마를 어떻게 이해하고 있는지 말해보라.

2. 카르마와 지계 사이의 관계는 무엇인가?

3. 곧바로, 수주 이내, 혹은 여러 해에 걸쳐서든, 시간이 길든 짧든 간에 살아오면서 인과 관계가 영향을 미치는 것을 관찰한 경험을 몇 가지 예를 생각해보라.

4. 대대로 이어져 내려온 당신 가족의 카르마는 무엇인가? 가족으로부터 물려받은 것은 무엇인가? 변화시키고 싶은 것은 무엇인가?

5. 명상이나 수행의 길을 선택할 때, 과거로부터 회피하고 싶었는가?

가정생활 질문

6. 명상 수련을 통해 부모에게 물려받은 것에 대해 어떻게 생각하게 되었는가? 그것을 어떻게 다루었는가? 가정생활에서 관계의 변화를 볼 수 있는가?

7. 자녀들에게 물려주고 싶은 윤리적, 심리적, 정신적 유산은 무엇인가?

❦ 4.3과 – 성격 ❧
인욕

이 과에서 공부할 내용

- 인욕(忍辱) 바라밀
- 세 가지 유형의 인욕
- 가정생활의 인욕

❀ 학습

오늘날 순간적인 만족을 얻기가 유례없이 쉬워졌다는 것은 인내하거나 충동을 자제할 필요가 거의 없다는 것을 의미한다. 인터넷으로 상품을 주문하면 하루나 이틀 만에 받을 수 있으며, 단 몇 분 만에 지구 반대편의 뉴스를 얻을 수 있다. 잠시라도 지루할 틈이 없이 언제든지 즐길 수 있는 여흥이 있다. 그럼에도 불구하고 우리가 아무리 많은 기술을 가지고 있다 하더라도 인내를 요구하는 수많은 삶의 국면이 있다. 삼나무가 자라고 된장과 퇴비가 숙성되는 데에 시간이 필요한 요소인 것과 마찬가지로, 우정과 지혜, 치유, 공부, 정신적 깊이, 자기 수양, 직업적 전문 지식 등 어느 것을 위해서든 시간은 중요한 요소다. 요컨대 우리의 삶에 진정한 의미와 아름다움을 가져오는 것들을 위해 인내는 필수적이다.

불자로서 살아가면서 인내는 흔히 자제나 관용 혹은 무엇이든 그 순간에 일어나고 있는 일을 참는 능력으로 이해된다. 인내를 통해 우리는 반사적인 충동과 습관을 억제하여 주어진 상황에 좀 더 사려 깊은 반응을 모색할 수 있다. 인내는 사건과 우리의 반응 사이에 잠시 멈춤을 삽입하기 때문에, 우리는 한 걸음 물러서서 균형감 있는 관점을 찾고 우리 자신과 타인에게 유익하고 현명한 행동을 시작할 수 있게 된다. 이처럼 자제하는 순간이 윤리적 결정에 도움이 된다.

세 가지 유형의 인욕

가끔 인내는 삶에 피할 수 없는 괴로움과 어려움, 불편함, 스트레스, 고통이 뒤따른다는 사실을 알아차리는 것을 의미한다. 이런 어려움은 교통 체증을 겪는 것에서부터 소풍날에 비가 오거나, 병과 노화, 죽음에 대처하는 것까지 다양하다. 아무리 삶을 신중하게 계획하더라도, 이런 일이 일어나지 않도록 막을 수는 없다. 그러면 중요한 것은 그런 일에 어떻게 대처하는가이다. 날씨에 대해 불평하는 사람들을 비웃을 수도 있지만, 우리는 자신의 백발이나 주름에 대해 불평을 늘어놓는다. 나이를 먹는 것은 어쩔 수 없는 현상인데도 말이다. 따라서 인욕 바라밀을 수행하는 것은 피할 수 없는 삶의 괴로움과 어려움에 대해 관용과 유머를 기르는 것이다.

이 단계에서 우리가 통제하지 못하는 일로 인욕을 수행하는 것은 인간관계의 어려움을 참기 위한 탁월한 훈련이다. 우리가 신뢰 관계를 형성해놓은 이들에 대한 탐욕과 분노, 망상을 다루는 것은 특히 어려운 일일 수도 있다. 피할 수 없는 일에 대해서는 "세상 일이 다 그런 거지."라고 생각하며 변명을 할 수 있다. 그러나 누군가가 우리가 잘못했다고 비난하거나 우리의 신뢰를 배반할 때 이런 말을 하는 것은 쉽지 않다. 게다가 우리는 자신이 절대로, 의심할 여지없이 100퍼센트 옳다고 생각할 때, 참을성을 잃게 되기 쉽다. 인간관계에 있어서 인욕은 비난하거나 분노하거나 방어적이 되거나 원한을 품는 등 우리가 자신을 보호하기 위해 사용하는 수많은 전략 중 어떤 것이든 취하기보다는 침착하게 가장 확실한 길을 택하는 것을 의미한다. 이런 경우에 인욕을 '더 큰 사람이 되는 것'이라고 생각할 수 있다.

삶의 모든 좋은 것들과 마찬가지로 수행의 길을 가는 과정도 엄청난 인내를 필요로 한다. 과거의 사건을 치유하고 천천히 이해하는 법을 배우고 받아들이는 데는 시간이 걸린다. 하룻밤 사이에 자유롭고 다정하고 깨어 있도록 마음과 생각을 변화시킬 수는 없으며, 그러기 위해서는 꾸준히 끊임없는 노력이 필요하다. 통찰을 통해 우리는 내려놓고 변화할 수 있다. 통찰 자체는 순간적으로 일어날 수도 있지만, 보통은 오랫동안 탐구와 명상을 한 후에 비로소 통찰이 가능하다. 명상 과정 전체에서 강조했듯이 용서와 자애, 내려놓기 같은 영적인 성장의 측면을 억지로 수련할 수는 없으며, 그보다는 영적인 추구가 일어날 수 있는 환경을 길들여서 영성이 발달하도록 참을성 있게 기다려야 한다.

명상과 인욕

인욕 바라밀은 명상 수련을 하는 동안 강화될 수 있는 놀라운 정신의 근육이다. 정좌 명상 중에 등이 쑤시는 것을 참을 수 있는가? 투덜대며 들떠 흐트러지는 생각을 참을 수 있는가? 모기나 기침소리, 차가운 공기, 침 삼키는 소리, 나쁜 냄새, 좋은 냄새, 갑작스럽게 올라오는 사랑의 감정, 사랑의 감정의 상실, 시원한 바람, 배에서 나는 꼬르륵거리는 소리, 귓속에 졸졸 물이 흐르는 듯한 느낌, 비현실적인 생각에 잠기는 마음, 함께 사는 개와 고양이들 등 명상 시간 동안 경험하는 모든 것과 함께 있는 그대로, 지금 여기에 머무를 수 있는가? 그렇다면 우리는 명상을 하지 않을 때도 지금 이 순간에 머무를 수 있을 것이다.

인욕은 복종이 아니다

인욕을 그저 복종하거나 분별없는 순종과 혼돈하기 쉽지만, 이런 것은 인욕 바라밀을 통해 수련하고자 하는 것이 아니다. 때로는 한계를 분명히 정하고 감정을 공유하고 행동을 취할 필요가 있다. 인욕은 지혜와 연민, 분별과 친절의 공간을 제공하여 더 나은 대응을 하도록 이끈다. 이런 식으로 다른 바라밀들은 인욕 바라밀에 훌륭하게 통합된다.

✋ 과제

공식 수행

- 잠시라도 고요히 자리에 앉아서 명상 수련을 하는 것은 언제든 유익하다. 매일 2분이나 5분, 아니면 10분간 가능한 대로 짬을 내서 앉아라.
- 집중 명상을 하고 싶다면 매번 20분씩, 일주일에 3~5회 정좌 명상을 하라.
- 명상을 하는 동안 참을 수 없는 반응을 일으키는 모든 경험에 참고 견디는 느낌을 가져가라. 무슨 일이 일어나든 당신 자신과 명상에 대해 온전히 인내하는 것은 어떤 기분일까? 복종하거나 체념하는 것이 아니라 인내한다는 것이 무엇인지 탐색해보라.

일상생활 수행

평소 못 견딜 것 같은 상황에 처한 자신을 발견하거든, 저항하거나 반응하기 전에 잠시 멈추어라. 적당하도록, 가능한 한 오래 멈추어라. 한 걸음 물러서는 것이 어떻게 상황에 대한 이해를 변화시키고 우리의 대응을 바꿀 수 있는지를 알아차림 하라.

♥ 가정생활

말할 필요도 없이 자녀 양육의 본질은 인내다. 생후 1주 된 아기가 있더라도, 당신의 인내심은 상상할 수 있는 모든 방식으로 시험 받을 것이다. 어느 더운 여름날 오후에 5개월 된 아기의 기저귀를 갈아주고 있었던 기억이 난다. 초보 엄마인 나는 기저귀를 가는 동안 아기의 주의를 돌릴 장난감이 필요하다는 사실을 아직 몰랐다. 딸애는 몸을 흔들며 몸부림을 쳤고, 도무지 아기에게 기저귀를 채울 수가 없었다. 수없이 시도를 하다가 나는 완전히 실망하고 지친 채 구슬땀을 흘리기 시작했다. 그 순간 나는 천정을 쳐다보고 큰소리로 외쳤다. "수행자가 참을성이라곤 조금도 없네." 그러고는 나 자신을 비웃었다.

물론 문제를 내려놓고 있는 그대로 머무를 수 있도록 훈련하는 명상은 인내심을 기르는 데 도움이 된다. 하지만 통제된 환경에서 정좌 명상을 하면서 인내심을 가지는 것은 지각할 지경인데 아이들이 신발을 신느라 한없이 꾸물대는 것을 기다리는 것보다는 훨씬 더 쉽다. 가정생활은 이전에는 생각지도 못했던 참을 수 없는 정도까지 우리의 인내심을 시험하기 때문에, 집중적으로 마음 수련을 하기에 가장 좋은 장소다. '성공과 실패'라는 이분법으로 인내의 수준을 평가하기보다는 집중적인 영성 수행으로 인내심을 기르는 것을 목표로 할 수 있다. 말하자면 누구든 수년간 자녀 양육을 하고 나면 보살이 될 수도 있을 것이다. 그때 수행의 길을 가는 데 있어서 엄청난 정진을 이루게 된다.

☸ 붓다의 말씀

무엇이든 그가 좋아하는 것을 생각하게 두어라.
"나를 두려워해서 그는 참고 있다."
숭고한 이상과 최고의 물건 중에
인내보다 나은 것은 찾을 수 없네.

참으로 힘 있는 사람이라면,
힘없는 자에게 인내하네.
힘 있는 자는 항상 참아내네.

이것을 최상의 인내라 부르네.

어리석은 자의 힘을 가진 사람들은
강한 사람들에 대해 "그는 약하다!"라고 말한다.
붓다의 가르침을 지키는 강한 사람들은
결코 다투는 일이 없다.

화를 화로 갚는 사람에게
그것은 정말로 단점이다.
화를 화로 갚지 않는 사람은
이중으로 승리한다.

그는 자기 자신과 다른 사람
모두에게 유익한 행동을 한다.
다른 사람의 화를 잘 알기에
그는 주의를 기울여 평정을 유지한다.

이런 식으로 그는 자기 자신과 다른 사람
모두를 치유한다.
그를 바보라고 생각하는 사람들은
붓다의 가르침을 이해하지 못하네.[77]

☑ 기억할 요점

- 삶의 가장 좋은 것들을 위해 인내는 필수적인 요소다.
- 세 가지 종류의 인내가 있다. (1) 삶의 피할 수 없는 어려움과 관련된 것, (2) 인간관계의 어려움과 관련된 것, (3) 마음 수련이나 정좌 명상과 관련된 것.
- 인내는 우리에게 분별과 더 나은 대응에 필요한 공간을 제공하지만, 복종이나 분별없는 순종과 혼동해서는 안 된다.
- 가정생활은 인욕 바라밀을 개발하고 우리의 인내심을 시험할, 많은 기회를 제공한다.

🐘 논의할 질문

1. 인욕은 성격의 수양과 어떤 관계가 있는가?
2. 다른 바라밀들은 인욕 바라밀의 수행에 얼마나 도움이 되는가?
3. 삶의 피할 수 없는 어려움과 관련해서 어느 정도까지 인내할 수 있을 것 같은가?
4. 당신은 인간관계에서 인내를 얼마나 수행하는가?
5. 영적인 성장에 인내가 얼마나 중요한가? 영적인 성장을 추구하는 과정에서 인내를 기르는 것을 어떻게 생각하는가?
6. 자제나 관용의 한계는 무엇인가? 자제나 관용이 부적절할 수 있는 경우가 있는가?
7. 인욕은 복종과 어떻게 다른가?

가정생활 질문

8. 현재 부모로서 당신은 어느 정도로 인내하고 있는가? 어떤 상황에서 가장 빨리 인내심을 잃게 되는가? 보통 그런 상황을 유발하는 계기가 무엇인지 알 수 있는가?

❧ 4.4과 – 성격 ❧
정진

이 과에서 공부할 내용

- 성격의 형성에 있어서 정진(精進)의 역할
- 네 가지 위대한 정진
- 균형 있게 정진하는 법

❀ 학습

보시, 지계/도덕, 인욕 등 처음 세 바라밀은 정진, 선정, 지혜 등 다음 세 바라밀을 통해 길러진다. 성격은 저절로 가다듬어지는 것이 아니며, 우리 스스로 가다듬기 위해 노력해야 한다. 우리가 노력을 기울이는 방법은 선정과 지혜를 통해 알 수 있다. 선정은 활짝 깨어 지금 하고 있는 일을 알아차리는 데 도움이 되며, 지혜는 올바른 일에 노력을 기울이는 데 도움이 된다. 이 세 바라밀은 상승효과를 가진다. 전력이 전자기기에 동력을 공급하듯이, 정진 바라밀은 수행의 길을 가는 데 에너지를 공급한다. 실제로 우리 자신의 노력 없이는 다른 바라밀들은 아무런 쓸모없는 것이 된다.

네 가지 위대한 정진

불자가 영적인 성장이라는 결실을 맺으려면 엄청나게 많은 정진이 필요하다. 정진의 유의어는 근면, 인내, 결심이다. 하지만 정진이 엄격하고 완고하며 재미없는 것일 필요는 없다는 사실을 알아차리는 것이 중요하다. 실제로 마음 수련을 오래 할수록 정진은 즐거운 것이 된다. 역설적이게도 애쓰지 않는 요령을 익히려면 엄청난 노력이 필요하다.

불교의 가르침에는 우리의 에너지를 쏟는 네 가지 방법이 있는데, 일반적으로 네 가지 위대한 정진 또는 네 가지 합당한 노력이라고 일컬어진다.

1. 생기지 않은 나쁜 상태가 생기는 것을 막기.
2. 이미 생긴 나쁜 상태를 그만두기.
3. 아직 생기지 않은 좋은 상태를 일으키기.
4. 이미 생긴 좋은 상태를 유지하고 완성하기.[78]

불자의 관점에서 우리의 마음은 좋고 나쁜 성향의 씨앗을 모두 지니고 있다. 우리는 누구나 사랑과 기쁨, 감사뿐만 아니라 분노와 질투, 탐욕의 씨앗을 지니고 있다. 우리는 무엇이든 자라고 번성하는 씨앗에는 힘을 쏟는 반면에, 무엇이든 시들고 활력을 잃는 씨앗은 버린다. 이런 씨앗 중에는 동면하고 있지만 여전히 싹틀 힘이 있는 것도 있으며, 계속 자라서 좀 더 견실해질 수 있는 씨앗도 있고, 땅을 뚫고 나와 우리의 의식적인 마음에 꽃이 피고 열매가 익게 할 씨앗도 있다.

생기지 않은 나쁜 상태가 생기는 것을 막기

당신에게 그다지 좋지 않은 습관이 있다는 사실을 알게 되었다고 가정해보자. 예를 들어 당신은 뒷공론을 즐기거나 뉴스 중독자거나 건강에 해로운 음식에 탐닉할 수도 있다. 스스로 저속한 말을 하거나 어리석은 정치에 화를 내거나 슈가 크래시(sugar crash)[*]를 초래하는 습관을 피하려는 노력을 한다면 당신은 생길지 모르는 나쁜 가능성을 막고 있는 것이다. 물론 그런 성향을 자극하는 외부 세계의 상황을 항상 피할 수는 없다. 요점은 삶에서 분리되라는 것이 아니다. 일반적으로 우리는 유해한 마음 상태를 막기 위해 자신의 마음속에서 무슨 일이 일어나는지에 주의를 기울이다가 스스로 유해한 마음 상태에 휩쓸리지 않도록 능숙하게 처리한다.

이미 생긴 나쁜 상태를 그만두기

때로는 해로운 마음 상태가 생길 수도 있으며, 한동안 그 상태에 휩쓸렸더라도 어느 순간에 그런 마음에서 벗어나 방향을 바꾸기도 한다. 가령 명상 중에 어떤 이야기가 떠오르면, 잠시 거기에 사로잡히더라도 결국 당신은 '거기 휘말리지 않기로' 선택한다. 당신은 대화 중에 누군가를 비난하고 있다는 사실을 깨닫고, 해로운 말을 하는 것을 피하려고 재빨리 화제를 바꿀 수도 있다. 해로운 마음 상태를 다루는 수많은 방법이 있는데, 가장 쉬운 방법은 단지 좀 더 긍정적인 것으로 주의를 돌리는 것이다.

내 아이들이 놀고 있던 공원에 앉아 있다가 한 친구와의 말다툼에 대해 더럭 겁이 나기 시작했던 기억이 난다. 그 무렵에 나는 규칙적으로 명상 수련을 하고 있었으며, 그 덕분에 마음속으로 투덜거리는 동안 하늘을 쳐다보고 산들바람에 나무가 어떻게 흔들리고 있는지를 알아차렸다. 그 순간에 잠시 알아차림 하며 머물렀다. 오래지 않아 투덜거림은 저절로 사라졌다. 투덜거림에 에너지를 넣어주지 않았기 때문이다. 나는 마음속에 생긴 나쁜 생각의 맥락을 내려놓으려고 노력을 기울였다.

---

[*] 당분이 많이 든 음료나 간식을 먹은 뒤 급격하게 혈당이 치솟다가 갑자기 떨어지면서 무력감과 피로, 우울을 느끼는 상태 - 옮긴이 주.

아직 생기지 않은 좋은 상태를 일으키기

이따금 당신은 좋은 마음 상태를 일으키기 위해 '그렇게 될 때까지 그런 척할' 필요가 있다. 다시 말하자면 있는 줄도 몰랐던, 동면하는 긍정적인 성향의 씨앗에 물을 줄 필요가 있다. 자애 명상은 일종의 이런 것이다. 자애를 느끼지 않더라도 우리는 의도를 만들어내기 시작한다. 가령 우리가 아주 인색한 사람이라도 관용을 기르기 위해 작은 것을 남에게 베풀기 시작할 수도 있다. 그러면 마중물을 붓는 것과 마찬가지로 관용의 샘물이 넘쳐흐르기 시작한다. 우리는 자기방어의 층으로 겹겹이 덮여 있던 우리 안의 한없는 선함에 놀랄 수도 있다. 머지않아 내면의 선한 본성이 발현되어 우리의 삶의 일부가 될 것이다.

이미 생긴 좋은 상태를 유지하고 완성하기

마지막으로 이미 생긴 긍정적이고 좋은 마음 상태는 강화되고 길러지고 확대되어야 한다. 이것이 중요하다. 친절하고자 하는 생각이 항상 충분히 있다 하더라도 우리의 덕행이 언제나 최고 상태에 머물러 있을 수는 없다. 정진을 게을리하면 다시 타락하거나 상태가 나빠지기 쉽다. 아름다운 정원은 오래 돌보아야 하듯이, 좋은 의도를 재빨리 알아차리고 의도를 완수할 필요가 있다.

네 가지 위대한 정진의 장점은 이 방식이 에너지의 사용에 균형 잡힌 접근을 제공한다는 것이다. 경우에 따라 정진이 속박으로 사용되기도 하지만, 수양으로 사용되기도 한다. 성격 형성에는 두 가지가 다 필요하다.

다른 바라밀과 정진의 관계

노력/정진 바라밀은 친절과 인욕, 지계는 물론이고, 마음챙김과 지혜의 가르침에 따라야 한다. 선정을 통해 마음챙김을 수련함으로써 다양한 마음 상태를 알아차릴 수 있지만, 지계와 지혜는 마음 상태의 좋고 나쁨을 분별하여 마음을 다스리는 법을 결정한다. 친절은 우리가 알아차리는 나쁜 상태에 대해 비판적인 기분을 느끼지 않게 해준다. 인욕은 나쁜 상태를 억압하거나 부정하여 성급히 없애려하기보다 기꺼이 받아들여 알아차리고 대처하도록 해준다. 때로는 인정하고 반성하고 통찰하는 것이 필요하다. 지혜의 기능을 통해 적절한 행동 방침이 무엇인지 안다면 괴로운 마음 상태를 받아들이는 데 도움이 된다.

명상과 훌륭하고 균형 잡힌 정진

명상(선정)은 정진을 훌륭하게 수련하기 위한 시험장이며, 정좌 명상 중에 공부한 내용은 일상생활 수행으로 이어진다. 명상을 하는 동안 우리는 생기려는 마음 상태에는 물론이고 현재의 마음 상태에도 훨씬 더 주의를 기울이게 된다. 우리는 생각이 다소 흐트러지는 것을 느끼고 그 사실을 알아차릴 수 있다. 마음이 완전히 흐트러지기 전에 우리는 다른 곳으로 주의를 돌릴 필요가 있다. 명상은 우리가 어떻게 정진과 휴식의 균형을 맞출 것인지 알 수 있도록 해준다. 지나치게 애를 쓰면 과로가 되기 쉽지만, 너무 노력을 하지 않으면 발달이 지체되고 학습 능력이 줄어들 수 있다. 가령 야구공을 던질 때 공을 너무 세게 던지면 포수를 지나쳐 날아가 버리지만, 충분히 세게 던지지 않으면 공이 얼마 가지 못한다. 호흡에 집중할 때도 마찬가지다. 지나치게 애를 쓰면 곤란한 상황에 처하게 되지만, 충분히 애를 쓰지 않으면 집중을 잃고 딴생각을 하게 된다. 얼마나 많은 정진이 필요한지를 알기 위해서는 인내와 연습이 필요하다. 역설적이게도 애쓴 흔적이 없이 되려면 많은 노력이 필요하다.

✋ 과제

공식 수행

- 잠시라도 고요히 자리에 앉아서 명상 수련을 하는 것은 언제든 유익하다. 매일 2분이나 5분, 아니면 10분간 가능한 대로 짬을 내서 앉아라.

- 집중 명상을 하고 싶다면 매번 20분씩, 일주일에 3~5회 정좌 명상을 하라.
- 매번 명상을 하기 전에 그 시간에 수련할 네 가지 위대한 정진 중 한 카테고리를 선택하라. 예를 들어 월요일에는 이미 생긴 좋은 마음 상태를 알아차리고 유지하라. 화요일에는 아직 일어나지 않은 유익한 마음 상태에 주목하고 각성시키고 확장시키도록 노력하라. 등등.

일상생활 수행

마찬가지로 네 가지 위대한 정진 중 카테고리 하나를 선택해서, 하루 종일 그것에 주의를 기울여라. 이미 생긴 마음 상태(주어진 상황에 대한 능동적인 반응)를 알아차림 하는 것으로 시작해서, 아직 생기지 않은 마음 상태(잠재의식)에 주의를 가져가는 단계로 넘어가라.

❂ 붓다의 말씀

그러면 올바른 정진이란 무엇인가?

여기, 어떤 사람은 생기지 않은 나쁜 상태를 생기지 않게 하려고 욕심을 낸다. 어떤 사람은 노력을 하고 힘을 쓰고 마음을 쓰고 애를 쓴다.

어떤 사람은 이미 생긴 나쁜 상태를 버리고자 욕심을 낸다.

어떤 사람은 아직 생기지 않은 좋은 상태를 일으키려고 욕심을 낸다…

어떤 사람은 수련을 통해 쇠퇴하지 않고 정진하여 성취하기 위해 이미 생긴 좋은 상태를 유지하려고 욕심을 낸다… 어떤 사람은 노력을 하고 힘을 쓰고 마음을 쓰고 애를 쓴다.[79]

✅ 기억할 요점

- 보시, 지계/도덕, 인욕 등 처음 세 바라밀은 정진, 선정, 지혜 등 다음 세 바라밀을 통해 길러진다.
- 정진은 힘, 근면, 인내, 결심으로 가장 잘 이해된다.
- 네 가지 위대한 정진은 나쁜 마음 상태를 버리고 좋은 마음 상태를 가꾸는 균형 잡힌 방법을 제공한다.
- 명상 중에 주의를 기울여 균형 잡힌 정진을 하는 법을 배울 수 있다.

🐘 논의할 질문

1. 나날의 삶에서 네 가지 위대한 정진을 어떻게 이해하는가? 일상생활과 명상 수련에서 제각기 예를 생각해보라.
2. 지금 당신은 당장 영적인 성장을 위해 어느 정도로 힘을 쓰고 있는가? 어떻게 바꾸고 싶은가?
3. 명상에 힘을 쏟은 경험이 있는가? 균형 잡힌 정진을 한다는 것이 당신에게 어떤 의미인가?

가정생활 질문

4. 성인들과 마찬가지로 아이들도 다양한 기질이 있다. 어떤 아이는 지나치게 모범생이어서 '쉬엄쉬엄 하는 법을 배워야 한다.', '실패가 스승이다.', '우리의 정체성은 성취로만 규정되지 않는다.', '사회적 성취가 성적에만 달려있는 것이 아니다.'라는 말을 들을 수도 있다. 또 어떤 아이는 패배주의자이거나 외곬수일 수도 있다. 그런 아이들에게는

방침을 바꿔 끈기와 인내, 근성을 가르치고 팀이나 활동에 참여하는 것이 유익하며 그런 훈련이 즐거운 경험이 될 수 있다는 것을 가르쳐 줄 수 있다. 이런 식으로 아이들의 성격에 따라 우리가 해줄 수 있는 것이 다르다. 우리 아이의 기질은 어떤가? 균형 잡힌 정진이 무엇을 의미하는지를 그들에게 가르치기 위해 어떻게 하고 있는가?

~ 4. 5과 – 성격 ~
선정과 고통에서 배우기

이 과에서 공부할 내용

- 괴로움의 정의
- 명상 중의 고통을 관찰하기
- 고통에서 배우기
- 연꽃의 상징

☸ 학습

다섯 번째 바라밀은 선정이다. 이 명상 과정에서 명상에 대해 배우고 수련했기 때문에, 이 과에서는 불자로서 살아가면서 명상의 핵심 문제이자 목적인 고통을 다루는 법을 명확히 이해하는 것에 초점을 맞추고 있다. 지금까지 우리는 명상에 대해 우리 자신과 우리의 삶에 대해 공부하는 것으로 생각해왔다. 물론 이것은 명상 수행에 있어서 필수적이고 훌륭한 적용 방식이다. 하지만 불자의 관점에서는 나아가 훨씬 더 심오한 공부, 즉 고통을 다스리고 고통에서 성장하는 법을 공부할 필요가 있다.

고통을 정의하기

붓다는 '아무리 많은 부와 권세를 가지고 있더라도 어차피 삶은 고통이다.'라고 냉혹하고 가차 없는 평가를 했다. 우리는 단지 고통에서 달아날 수 있을 뿐이다. 어떻게든 우리는 질병과 노화, 세금, 사랑하는 이들의 죽음, 우리 자신의 죽음을 경험하게 된다. 이런 정직한 평가로 인해 혹자는 불교는 비관론이라고 말한다. 하지만 이 가르침은 실제적이라 할 수 있다. 어떻게든 이런 진실을 호도하거나 미화하지 않고 직면할 때, 우리는 고통을 어떻게 다루어야 할지 더 잘 이해할 수 있을 것이다.

산스크리트어에서 사용되는 불교 용어인 고(苦, 두카duhkha)는 흔히 고통으로 쉽게 번역되지만, 사실은 가벼운 불만이나 괴로움에서부터 스트레스와 명백한 고통에 이르기까지 모든 것을 포함한다. 이 단어는 원래 부드럽게 돌아가야 할 수레바퀴의 축이 삐걱거려서 불편하고 덜컹거리는 여정이라는 뜻이다. 이런 단어를 사용함으로써 붓다는 최상의 삶이라 할지라도 우여곡절이 없는 삶은 없다는 진리를 설파하고 있다.

명상 중에 고통을 관찰하기

명상 수행 중에 우리는 삶의 근원적인 괴로움을 관찰하기 시작한다. 드물게 오는 법열의 순간을 제외하면, 대부분 귀찮거나 성가시거나 괴롭거나 스트레스가 많은 이런저런 일을 찾으면서 앉아 있다. 냉난방이 되는 방을 찾아 완벽한 명상 방석에 앉아서 무엇을 하든지 여전히 괴로움이 생긴다. 모든 것이 고요하게 느껴지는 진기한 순간에 순조롭게 명상을 하고 있을 때, 우리는 이런 순간도 잠깐이며 돌연 바뀔 수 있다는 사실을 알게 된다.

어느 정도의 괴로움은 항상 어디에나 있다는 사실을 지켜보는 것은 놀라운 깨달음일 수도 있다. 이것은 괴로움을 다스리기 위한 평소의 방법이 적어도 언제나 효과가 있는 것은 아니라는 의미다. 그 시점에서 우리는 회피하거나 산만해지거나 비난하거나 거부하는 등 흔히 고통에 대처하는 모든 방식을 무시할 필요가 있다는 사실을 안다. 하지만 단순히 알기만 하는 것은 소용이 없다. 그렇다면 어떻게 해야 할까? 우리는 어떻게 이런 근본적인 상황에 대처할 수 있을까?

　불교도의 관점은 반직관적이다. 고통으로부터 달아나기보다는 도리어 고통을 똑똑히 보고 그 고통과 함께 머무르면서 고통이 우리를 변화시킬 수 있는 길을 터놓으라고 요구한다. 명상 수행 중에 우리는 작게나마 이렇게 하는 법을 배운다. 조용한 방에서 방석에 앉아 있을 때 가려움과 함께 머무는 것은 그다지 어렵지 않다. 시간이 지나면서 우리는 명상 중에 점점 더 도전적인 순간에도, 가령 과거의 어떤 일에 대해 슬픔에 잠기거나 불안에 사로잡혀 있을 때도 함께 머무를 수 있는 능력을 기르게 된다. 우리는 솔직하고 다정한 방식으로 자신의 문제를 직시하는 법을 배우고, 고통에 대응하는 법을 변화시키기 시작한다. 이런 식으로 점차 나날의 삶 속에서 어려움과 함께 머무는 훈련을 하게 된다.

고통에서 배우기

명상 중에서와 마찬가지로 우리는 일상생활에서 알아차리고 수행으로 통합할 수 있는 어려움에 맞닥뜨린다. 일이 재미가 없거나 배우자가 화가 나거나 뭔가가 뜻대로 되지 않을 때, 이때가 바로 어려움을 마음챙김 수행의 기회로 여기고 정어(正語)를 하거나 심호흡을 하며 참을성 있게 대응하기 시작할 때다. 이런 순간에 우리는 '위대한 정진'을 위한 마음 근육을 키우고 있는 셈이다. 이처럼 소소한 어려움에서 배움으로써 정말로 파국적이거나 참담한 일에도 좀 더 훌륭하게 대처할 수 있게 된다. 역도를 할 때 그렇듯이 가벼운 중량으로 자주 훈련을 하면 필요할 때 엄청나게 무거운 중량을 들 수 있게 된다.

　괄목할 성장을 했을 때 자신의 삶에서 중요한 순간들을 돌아본다면, 종종 이런 시간들이 어려움과 관련이 있다는 사실을 발견할 것이다. 실제로 고통의 정도와 우리가 배우고 성장하는 수준 사이에는 직접적인 상관관계가 있는 것 같다. 사서라도 고생을 해야 한다는 뜻이 아니며, 무리하게 스스로를 괴롭히려고 해서는 안 된다. 그보다는 고통이 일어날 때 고통이 마음에 작용해서 우리의 성장에 도움이 되게 함으로써 어떻게 고통에서 배울 수 있을지를 살펴볼 수 있다.

연꽃

현명하고 자비로운 마음과 고통의 관계는 연꽃의 도해 이미지에 나타나 있다. 연꽃은 진흙 수렁에서 피어나지만, 수면 위에 떠있는 연꽃은 화사한 색과 아름다움을 발산한다. 마찬가지로 삶이라는 진흙 수렁에서 우리는 마음을 여는 에너지와 자양분을 찾을 수 있다. 실제로 우리는 나날의 삶 속에서 맞닥뜨리는 고통에 감사한 마음을 느낄 수 있다. 왜냐하면 우리가 활짝 깨어 자비롭고 자유로워지는 법을 배우는 것도 이런 괴로운 경험을 통해서 가능하기 때문이다.

✋ 과제

공식 수행

- 잠시라도 고요히 자리에 앉아서 명상 수련을 하는 것은 언제든 유익하다. 매일 2분이나 5분, 아니면 10분간 가능한 대로 짬을 내서 앉아라.
- 집중 명상을 하고 싶다면 매번 20분씩, 일주일에 3~5회 정좌 명상을 하라.
- 명상 중에 생기는 온갖 불편함에 주의를 기울여라. 그 불편함에 대해 뭔가를 하고자 하는 충동에 저항하고, 그저 지켜보라. 명상 수련 중에 생기는 고통에 대체로 어떻게 반응하는가?

일상생활 수행

하루나 이틀 동안 우리가 좀 더 편안해지기 위해 자기 자신이나 환경에 계속해서 적응하는 수많은 방법을 관찰해보라. 자동차 온도조절 장치를 조절하거나 자세를 바로잡을 때, 그 행동을 하기 직전에 어떤 불편함을 느끼는가? 조정을 함으로써 그 불편함이 얼마나 덜해지는가? 다시 불편해지는 데 얼마나 오래 걸리는지에 주의를 기울여라. 조정을 하지 않으면 어떻게 되는가? 그 불편함은 참을 수 있는가?

⚙ 붓다의 말씀

> 고성제(苦聖諦)는 이러하다. 태어나고 늙고 병들고 죽는 것, 즉 생로병사
> 는 인생을 살아가면서 누구나 겪게 되는 고통이다. 싫은 것에 엮이는 것
> 도 고통이며, 좋아하는 것에서 떨어지는 것도 고통이며, 바라는 것을 얻
> 지 못하는 것도 고통이다.[80]
>
> ·····················
>
> 나는 이렇게 배웠다. "이것이 고통이다."
> 나는 이렇게 배웠다. "이것이 고통의 원인이다."
> 나는 이렇게 배웠다. "이것이 고통의 사라짐이다."
> 나는 이렇게 배웠다. "이것이 고통의 사라짐에 이르는 길이다."
> 또한 내가 이것을 가르치는 이유는 무엇일까? 고통이 유익한 영적인 삶
> 의 근본 원칙이며, 각성과 평정, 멈춤, 평화, 직접적인 지식, 깨달음과 열
> 반에 이르는 진리이기 때문이다.[81]

☑ 기억할 요점

• 명상의 핵심 문제이자 목적은 고통을 명확히 이해하고 고통에서 자유로워지는 여정
  을 안내하는 것이다.
• 불자의 관점에서 고통은 가벼운 불만에서부터 스트레스와 비참한 고통에 이르기까지

모든 것을 포함한다.

- 명상을 통해 우리는 끊임없이 불편함과 스트레스, 어려움을 똑똑히 보고, 고통이 우리 삶의 근본 조건이라는 사실을 알아차릴 수 있다.
- 참을성 있게 고통에 주의를 기울임으로써 우리는 스승이 되기 위해, 그리고 영적인 깨달음에 도달하기 위해 고통을 마주할 기회를 가진다.
- 나날의 삶 속에서 맞닥뜨리는 사소한 어려움은 물론이고, 명상 중에 마주하는 고통과 함께 머무는 훈련을 함으로써 정말로 괴롭거나 파국적이거나 참담한 삶의 상황에 대처하는 요령을 익힐 수 있다.

🐘 논의할 질문

1. 일상생활에서 어려움이 생기면 대체로 어떤 방법으로 대처하는가?
2. 명상 수련 중에 어려움이 생기면 어떻게 대처하는가?
3. 고통을 경험하는 것에 대해 당신의 생각이 바뀌게 된 순간을 이야기해보라. 그 순간에 고통에 대처하는 당신의 태도는 어떻게 바뀌었나?
4. 인생에서 중요한 변화를 가져온 순간이 있었는가? 그런 순간이 특히 도전적인 상황과 관련이 있었는가?

❧ 4.6과 – 성격 ❧
지혜

이 과에서 공부할 내용

- 다른 다섯 가지 바라밀을 위한 지침으로서의 지혜 바라밀
- 세 가지 지혜의 근원
- 영적인 질문의 역할

❀ 학습

육바라밀 중 지혜 바라밀은 다른 다섯 바라밀을 위한 지침이 될 뿐 아니라, 다섯 바라밀은 지혜 바라밀을 뒷받침한다. 이 관계는 상징적이다. 지혜를 위해 지금 일어나고 있는 일을 알아차리려면 선정이 필요하며, 선정을 생생하게 유지하려면 정진이 필요하며, 말하고 행동하는 법을 가르치는 지침이 되는 지계가 필요하며, 어려움과 함께 머무르며 매 순간 어려움을 통해 배우려면 인욕이 필요하며, 호기심과 너그러이 열린 마음, 즉 관대함이 필요하다. 이런 식으로 다섯 바라밀은 지혜를 수련하는 데 도움이 된다. 마찬가지로 지혜는 다른 다섯 바라밀을 위한 길잡이 역할은 하며, 지혜가 없으면 목표가 사라진다. 가령 외과

의사가 아니라 아이에게 칼을 주는 것과 같이, 지혜가 없는 관대한 행위는 실제로 해로운 결과를 가져온다. 지혜는 우리가 동료의 비난을 참는 것이 적절할 때와 그렇지 않을 때를 분별하는 데 도움이 된다. 이런 식으로 지혜는 다섯 바라밀의 지침이 된다.

여기에 지혜 바라밀의 딜레마가 있다. 다른 다섯 바라밀을 적절히 전개하려면 지혜 바라밀이 필요하며, 결국 다른 다섯 바라밀은 우리를 더 큰 지혜로 이끈다. 다행히도 작은 지혜로운 행위로 시작해서 시간이 지나면서 더 큰 지혜가 생기게 된다. 지혜는 다른 사람의 가르침을 처음으로 믿고 우리 스스로 시험해보고 그런 경험으로부터 배움을 얻는 것으로 시작된다.

세 가지 지혜의 근원: 공부, 삶의 경험, 통찰

지혜의 첫 번째 근원은 책으로 배운 지식이며, 어떤 원칙이 현명하고 유익하다는 지적인 이해다. 이런 종류의 지혜는 스승과 함께 읽고 공부함으로써 길러진다. 이 시점에서는 가르침이 우리 자신에게도 그대로 적용되는지 잘 모르더라도 그것이 유익하다는 것은 안다. 그러면 우리는 그 가르침이 우리에게 과연 효과가 있는지, 왜, 어떤 효과가 있는지 알기 위해 이런 가르침을 시험해보기 시작한다. 게다가 타인에게서 배운 지식은 우리의 지혜가 무르익었을 때 올바른 방향으로 나아가고 있는지 확인하는 데 필요한 배경 지식을 제공한다. 책으로 배운 지혜는 표면적인 것이 아니며, 근본적인 출발점이다.

지혜의 두 번째 근원은 개인적인 삶의 경험이다. 물론 나이가 많아도 축적된 지혜가 거의 없을 수도 있다. 따라서 중요한 것은 우리가 무엇을 하고 있는지, 자신의 경험으로부터 어떤 의미를 찾는지를 알아차리는 수준이다. 대체로 우리는 실제로 지혜를 얻기 전에 많은 실수를 할 필요가 있다. 지혜를 기르는 데는 시간이 걸리며 경험이 필요하다는 사실을 아는 것도 지혜다.

지혜의 세 번째 근원은 우리 자신의 깨달음이나 통찰에 관한 지혜다. 이런 종류의 지혜는 고요하고 명료한 명상 수행으로부터 생긴다. 명상을 하면 혼란스럽고 어려웠던 문제가 차츰 이해되고 쉬워진다. 통찰을 함으로써 우리는 늘 알고 있던 자명한 진리지만 그것을 완전히 새롭고 독창적인 방식으로 이해하게 된다.

이 세 가지 지혜의 근원은 서로 상승효과가 있다. 우리는 책이나 법문을 통해 가르침을 이해하며, 나날의 삶 속에서 그것을 실천한다. 혹은 지금 일어나고 있는 일에 대해 혼란스러운 감정을 느끼면서 어려움을 경험하다가, 명상 중에 그 상황을 더 분명하게 이해할 수도 있다. 혹은 명상 중에 통찰을 할 수도 있다. 오래전에 들은 가르침을 명상 중에 기억해내고는 "아, 스승이 말씀하신 것이 바로 이것이구나. 이제 알겠군!"이라고 생각하는 것이다. 이런 식으로 지혜의 근원은 상승효과를 가지며 우리의 영적인 성장에 도움이 된다.

좋은 질문

지혜가 원숙해지도록 하는 한 가지 방법은 좋은 질문에 의지하는 것이다. 좋은 질문에는 답이 여러 개일 수 있으며, 그로 인해 때로는 수년 동안 더 많은 의문이 생기기도 한다. 이런 질문을 통해 우리는 마음을 열고 주의를 돌리며 독창성을 발휘할 수 있다. 예를 들어 나는 스승에게서 "정말로 자기만의 것이 아무것도 없구나."라는 말을 들은 적이 있다. 이 말을 듣고 완전히 좌절했지만, 몇 년 동안 그런 충격적인 말이 무슨 의미인지 곰곰이 생각하고 반성을 거듭하는 사이에 스승이 던진 말은 정곡을 찌르는 귀중한 질문이 되었다. 그것은 매우 의미심장한 선문답이었다.

✋ 과제

공식 수행

- 잠시라도 고요히 자리에 앉아서 명상 수련을 하는 것은 언제든 유익하다. 매일 2분이나 5분, 아니면 10분간 가능한 대로 짬을 내서 앉아라.

- 집중 명상을 하고 싶다면 매번 20분씩, 일주일에 3~5회 정좌 명상을 하라.
- 명상을 시작하기 전에 불교 책을 골라 한두 페이지만 천천히 주의 깊게 읽어라. 눈을 감고 방금 읽은 내용을 되새겨보라. 그것에 대해 생각하고 몇 가지 질문을 해보라. 돌아가서 다시 그 구절을 읽고, 다시 생각해보라. 그런 다음 명상 수련을 시작하라.

일상생활 수행

영적인 질문. 한 가지 주제에 대해 잠시 생각하거나 당신이 가질 수 있는 영적인 질문을 던져보라. 스스로 질문이 생각나지 않거든, 불교 책을 골라 특히 어렵거나 자극적이거나 도전적인 문구를 찾아보라.

✸ 붓다의 말씀

가진 적이 없는 분별을 얻고, 이미 가진 분별을 키우고 풍요롭고 원숙하게 만드는 여덟 가지 원인과 필요조건이 있다…

1. 불제자로서 양심과 도의심, 친절과 존경심을 불러일으키는 훌륭한 본보기로 산다.
2. 그런 식으로 살 때 누군가가 적절한 경우에 스승을 찾아가서 "이 말이 무슨 뜻입니까?"라고 질문을 한다. 스승은 숨은 뜻을 알려주고 뜻이 모호한 것을 밝히며 그가 의심을 떨치게 한다…
3. 불법을 들은 후로 몸과 마음이 속세에서 떠나 있다…
4. 도덕적이고, 수행 원칙에 따라 자제하는 삶을 산다…
5. 많은 가르침을 듣고 자기가 들은 것을 잊지 않고 있다… 그 후에 이야

기를 나누고 유념하고 음미하며 사람들을 설득하여 자신의 견해를 강화한다…

6. 서투른 마음 상태를 내려놓고 훌륭한 마음 상태를 강화하기 위해 줄곧 기운을 북돋운다. 한결같이 견고한 자세로 정진한다…

7. 영성공동체에서 이런저런 일에 대해 그저 잡담하지 않는다. 불법에 대해 담소를 하거나 다른 사람도 그렇게 하도록 권한다. 침묵 수행 중에도 편안하다…

8. 자아감이 어떻게 생기고 사라지는지에 집중을 유지한다.…[82]

☑ 기억할 요점

- 지혜는 다른 다섯 바라밀과 상징적인 관계를 가진다.
- 세 가지 지혜의 근원은 배움, 삶의 경험, 명상적 혹은 영적인 통찰이다.
- 영적인 질문은 지혜를 성숙하게 한다.

🐘 논의할 질문

1. 세 가지 지혜의 근원 중 어느 것이든 당신의 삶에 영향을 미친 적이 있는가? 이 세 가지 외에 다른 지혜의 근원을 생각할 수 있는가?

2. 다른 바라밀들은 얼마나 지혜의 함양에 도움이 되는가? 지혜가 얼마나 다른 바라밀의 지침이 되는가? 당신 자신이 경험한 실례를 들어보라.

3. 지혜란 무엇이라고 생각하는가? 당신이 현명하게 행동한 예를 이야기해보라.

4. 살아오면서 어떤 영적 질문이나 확장된 탐구를 해왔나?

가정생활 질문

5. 자녀들의 좀 더 철학적인 질문에 어떻게 대처하는가? 아이들의 탐구 과정을 어떻게 장려하는가?

6. 부모가 되는 것은 당신에게 어떠한 지혜를 길러주었는가? 자녀들에게서 지혜를 얻은 순간이 있었는가?

7. 삶의 경험을 반성하는 것이 지혜의 근원이라면, 당신은 자녀들이 자신의 삶의 경험을 성찰할 수 있도록 돕기 위해 얼마나 노력하는가?

∼ 4.7과 – 성격 ∼
지혜로운 자녀 양육

이 과에서 공부할 내용

- 자녀 양육에 지혜를 가져가기
- 침묵, 계획되지 않은 시간, 어려움을 겪게 놔두는 것의 가치

❀ 학습

우리는 부모로서 얼마나 많은 일을 하느냐로 자신을 평가하는 경향이 있다. 더 많은 일을 할수록 자녀 양육을 더 잘 하고 있는 것 같은 생각인 든다. 하지만 내려놓고 더 적은 일을 하는 데 지혜가 있을 수도 있지 않을까? 명상 수행을 할 때 아무것도 하지 않고 내려놓는 것이 이로운 것과 마찬가지로, 자녀 양육을 할 때도 마찬가지라는 사실을 알 수 있다. 이런 식으로 세 가지 '지혜로운 자녀 양육' 수행을 생각해볼 수 있지만, 여러분이 더 많은 아이디어가 생각해낼 수도 있다.

침묵을 위한 공간을 만들어라

가족들이 침묵을 깨려고 아무 말이나 내뱉는 경향이 있는데, 그것은 침묵이 불편하기 때문이다. 누군가가 화가 나 있을 때만 침묵이 생긴다고 배웠을 수도 있고, 따라서 침묵에 대해 좋지 않은 생각을 가지고 있다. 어쩌면 재미있는 이야기를 하지 않으면 남들이 우리에게 관심을 가지지 않을까봐 걱정하는 것일 수도 있다. 나는 자녀들과 편안하고 따뜻한 정적을 즐기는 연습을 하기를 좋아한다. 또한 내 마음이 떠돌지 않고 현재에 머무르게 하려고 주의를 기울인다. 함께 하는 침묵의 진가는 우리가 아이들과 함께 침묵하도록 그들을 훈련시키는 데 있다. 이 명상 과정의 앞부분에서 배웠듯이, 침묵은 내면의 소리에 더 깊이 귀를 기울이는 것은 물론이고, 남의 말에 더욱 집중하는 데도 도움이 된다. 자기 자신의 내면을 고요히 들여다볼 수 있을 때 우리는 정말로 자기 마음과 생각을 들을 수 있게 된다. 이것은 영적인 성장을 위해 매우 귀중하고 필요하다.

계획되지 않은 시간을 제공하라

아이들의 깊은 심성을 수련하기 위해 잘 이용되지 않는 방법은 아이들이 놀이를 하거나 편히 쉴 수 있게 플러그를 뽑은 자유 시간을 즐기도록 허용하는 것이다. 많은 아이들이 과도한 스케줄에 쫓기거나 미디어 포화 상태이며, 부모들도 마찬가지다. 그들은 대개 자발적인 놀이나 몽상을 하거나 멍하게 있는 시간이 거의 없으며, 심지어 잠잘 시간도 부족하다!(미국의 소아과 의사는 7~12세 아이들은 하루에 10~11시간 잠잘 것을 권장하고 있지만, 대부분은 9시간만 잠을 잔다.)

교육심리학자 메리 헬렌 이모르디노 양(Mary Helen Immordino-Yang) 교수는 최근 연구에서 몽상을 하는 시간, 즉 멍하게 있는 시간이 마음 수련에 꼭 필요하다는 사실을 밝혔다. 쉬는 동안 편안히 지내면서 사람들은 과거와 미래에 대해 생각하고 최근의 인간관계를 돌이켜보며 감정을 처리한다. 내면을 성찰하는 시간을 가짐으로써 우리는 외부 경험에서 의미를 찾을 수 있다. 연구자들은 젊은이들이 인터넷 활동으로 인해 자기반성의 시간을 가질 여유가 부족한 현실에 대해 우려를 표명했다. "젊은이들이 소셜 미디어를 지나치게 사용한다면 텍스트의 방해를 받지 않는, 깨어 있을 수 있는 시간이 거의 없을 것이다." 이 모르디노 양 교수는 "이런 상황에서 젊은이들이 자기 자신과 주변 상황에 대해 구체적이고 물리적이고 순간적인 측면에 초점을 맞추고, 추상적이고 장기적이고 도덕적, 감정적인 관계에 소홀하기 쉬울 것이라고 생각한다."라고 썼다.[83] 자기반성의 시간을 가지기 위해 아무런 계획이 없는 것이 유일한 계획인, 계획되지 않은 시간을 마련하는 것을 생각해볼 수도 있으며, 심지어 하루를 통째로 비워둘 수도 있을 것이다.

어려움을 겪게 놔두어라

자녀 양육을 하면서 가장 힘든 점은 작은 상처든 친구와의 어려운 문제든 축구 경기에서 지든 어려운 과제로 씨름을 하든 간에 아이가 괴로워하는 것을 보는 것이다. 부모는 당연히 무슨 문제든 잘못된 것을 바로잡아 아이가 고통 받지 않도록 해주고 싶은 충동을 느낀다. 하지만 우리 자신도 힘든 일을 겪음으로써 성숙할 수 있었다는 사실을 알고 있다. 그럼에도 불구하고 일부 부모들은 너무 과보호하기 때문에 심리학자들은 우리 자녀들이 고통에 맞닥뜨려 대처하며 성장하는 방법을 배우지 못할까봐 걱정하고 있다. 선의의 간섭으로 인해 자녀들이 어려움이 삶의 당연한 일부라는 사실에 대해 기본적인 이해를 하지 못하게 될 뿐 아니라, 회복탄력성이나 근성, 결단력을 기르지 못하게 하는 결과를 가져올 수도 있다. 따라서 다정하고 지혜로운 자녀 양육이란 정확히 어떤 것인가라는 질문을 하는 편이 좋을 것이다. 자녀들이 얼마나 많은 고통을 마주하게 놔둬야 할까? 자녀들에게 간섭하거나 보호하기에 적절한 때는 언제일까? 물론 자녀를 지나치게 방관할 수는 없다. 부모로서 자녀이 스스로 보호할 수 있을 때까지 보호하는 것이 우리의 책임이다. 하지만 아이들이 어려움을 겪게 허용할 지혜가 있다면, 아이들은 어려움으로부터 배울 수 있는 수많은 방법이 있다.

✋ 과제

공식 수행

- 잠시라도 고요히 자리에 앉아서 명상 수련을 하는 것은 언제든 유익하다. 매일 2분이나 5분, 아니면 10분간 가능한 대로 짬을 내서 앉아라.
- 집중 명상을 하고 싶다면 매번 20분씩, 일주일에 3~5회 정좌 명상을 하라.

일상생활 수행

2~3일 동안 세 가지 지혜로운 자녀 양육 수행 중 한 가지에 주의를 기울여라. 침묵과 계획되지 않은 시간, 어려움을 겪게 놔두는 것이 당신의 가정에 어떤 영향을 미치는지 관찰하라. 그러고 싶다면 일반적인 기준에서 한참 벗어난 것이라도 사람들을 심란하게 만들지 말고, 이 세 가지를 제각기 수련하는 것을 실험해보라. 가령 자동차를 타거나 식사를 하는 동안 잠시라도 조용한 시간을 가져보라. 혹은 일주일에 하루 적당한 날을 찾아 온전히 계획되지 않은 시간을 가져보라. 또한 나날의 삶 속에서 이 세 가지를 제각기 얼마나 누리고 있는지, 혹은 누리고 있지 않은지 곰곰이 생각해보라. 이런 것들을 당신 자신의 습관에 포함시키거나 본보기로 삼고 있는가?

☸ 붓다의 말씀

나는 이렇게 생각했다. "어린 소년이었을 때 아버지는 일을 하시고 나는 시원한 나무 그늘 아래 앉아 있던 것이 떠오른다. 당시에 육욕과는 멀리 떨어져 있었고 서투른 마음의 덕목도 가지지 못한 나는 명상의 첫 단계에 머물러 있는 상태였다. 은둔 생활에서 비롯되는 환희와 기쁨에는 통제된 생각과 평가가 따른다. 그것이 자각을 향한 길일 수 있을까?" 그 기억에 이어서 "그것은 깨달음을 향한 길이다."라는 사실을 알아차렸다.[84]

☑ 기억할 요점

- 자녀 양육의 지혜는 더 많은 일을 하기보다는 더 적은 일을 하는 것이다.
- 우리는 현명한 자녀 양육을 위해 최소한 세 가지를 고려해볼 수 있다.
  - 가정의 소란스러움을 따뜻하고 편안하고 자애로운 침묵으로 바꾸기
  - 부모와 자녀 모두를 위해 계획되지 않은 시간 만들기
  - 자녀들이 어려움을 겪으면서 적절히 어려움에 부닥치게 놔두면서, 자녀들이 그런 경험을 헤쳐 나갈 때 그들을 지지하기

🐘 논의할 질문

1. 현재 당신의 가정생활에서는 침묵을 얼마나 경험하고 있는가?
2. 당신은 계획되지 않은 시간을 얼마나 많이 가지는가? 당신의 자녀들은 어떤가? 만약 바꾼다면 무엇을 바꾸고 싶은가?
3. 어려움을 허용하는 것이 적절하지 않은 예는 무엇인가? 부모가 개입하는 것이 중요한 시기는 언제인가? 어려움을 허용하는 것이 배움과 변화에 도움이 될 수 있는 예를 들어보라.
4. 지혜로운 자녀 양육과 지혜로운 가정생활에 기여할 다른 아이디어가 있는가?

Sitting Together

제5부

봉사

a family-centered curriculum on mindfulness,
meditation, and Buddhist teachings

⁓ 5.1과 – 봉사 ⁓
깨달음

어린이 명상 과정의 자연관에 주목하라

제5부에서 어린이 명상 과정은 부모 명상 과정과 다소 차이가 있다. 여기서 다룬 철학적 가르침보다는 부모 명상 가이드에서는 나무와 숲을 주제로 영성과 자연 사이의 연결에 초점을 맞추고 있다. 아이들은 자연을 통해 생생하게 영성을 느끼며, 스스로 자연계와 연결되어 있는 존재라는 사실을 직관적으로 이해한다. 수업 계획안은 궁극적으로 세상에 봉사를 하기 위한 기반으로서 세상 모든 존재와 연결되어 있음을 강화하고 확대하는 법을 모색하는 것이다.

이 과에서 공부할 내용

- 봉사와 깨달음의 관계
- 참여의 세 가지 원칙

✿ 학습

역설적이게도 조용히 앉아 내면을 들여다볼수록 우리는 스스로 세상 모든 존재와 연결되어 있는 존재라는 사실을 감지한다. 우리 마음의 평화가 인간관계와 우리가 속해 있는 사회에 직접적으로 영향을 미친다. 특히 시간이 지나면서 우리는 인과관계를 알아차리게 되기 때문에, 연결감이 점점 더 확대되어 지구 반대편에 사는 존재들도 바로 옆에 있는 것처럼 느끼게 된다. 자신과 좀 더 친밀해질 때 우리는 편안하게 모든 생명과 친밀해지며, 우리의 관심 범위가 자신의 직접적이고 개인적인 욕구를 넘어 성장한다. 이처럼 세상과 동떨어진 느낌이 사라질 때, 우리는 타인에 대해 무한한 관심을 가지기 시작한다. 자기스스로를 돌보는 것과 다른 사람들을 돌보는 것 사이의 경계가 허물어지기 시작한다. 많은 수행자들이 수련을 할 때 처음에는 자기 자신에게 초점을 맞추다가 타인에게 호응하는 쪽으로 기울어지는 것을 느끼게 된다. 이 장은 그런 깨달음의 과정을 알아차리고, 그것이 이 세상에 의미 있는 참여가 되도록 하는 데 도움이 된다.

  봉사에 관한 이 장이 대체로 개인의 영적인 성장에 초점을 맞춘 명상 과정에 포함되어 있는 또 한 가지 이유가 있다. 우리는 특히 명상 수련을 하면서 자아 중심성에 빠질 수도 있다. 이론적으로 말하면 명상을 통해 우리는 세상 모든 존재와 연결되어 있다는 사실을 이해할 수 있을 것이다. 하지만 항상 그런 식으로 되는 것은 아니며, 때로는 동기에 따라 명상이 결국 이기심을 강화하기도 한다. 따라서 개인의 명상에 근거를 둔 영성 수행에 균형을 가져오는 한 가지 방법은 능동적이고 의도적으로 대의명분과 사회 문제, 세계 동향을 위해 힘쓰고 다른 사람들에게 유익한 일을 하는 것이다. 이런 식으로 명상과 참여는 서로 밀접한 관계를 갖게 된다. 필립 카플로(Philip Kapleau) 선사는 이렇게 쓰고 있다.

> 수행이 선방을 떠나 일상으로 이어지게 하고, 무슨 일이 일어나는지 지켜보라. 세상의 고통을 명상 수행의 대상으로 받아들이고, 엄청난 정진

이 일어나는 것을 지켜보라.[85]

　마지막으로 대부분의 사람들은 세상의 수많은 울음소리에 대응하라는 요구를 받고 있지만, 어떻게 해야 할지 모르고 있다. 일부러 세상에 귀를 막고 무지하게 살지 않는다면, 기후 변화와 생태계 붕괴, 인종주의, 경제적 불공평, 구조적 억압 등 우리 시대의 엄청난 도전을 피하기 어렵다. 많은 이들이 뭔가를 해보려고 마음먹지만, 어디서 시작할지, 어떻게 행동에 옮길지 잘 모른다. 처음 행동을 취하려고 할 때 우리는 부딪쳐 보기도 전에 질려서 단념하기 쉽다. 그렇지 않으면 일상에 쫓겨 너무 바쁜 나머지 만사가 저절로 해결되기를 바란다. 그렇게 되지 않을까봐 내심 두려워하면서도 말이다.

　다음 과에서는 영성 수행을 위한 몇 가지 필수적인 수행과 관점을 제공한다. 특히 다음과 같은 행동의 지침이 되는 내용이 있다.

1. 두려움 때문에 연결감을 가지고 참여하지 못하는 마음 상태를 다루는 법을 배우기.
2. 세상 모든 존재와의 연결감, 상호 의존성, 서로 어울려 존재함을 이해하기.
3. 행동을 위한 에너지원으로서 자기 자신과 타인들을 위해 좀 더 깊고 온전한 자애를 기르기.

　요컨대 여기서 제시하는 것은 무엇을 해야 한다거나 하지 말아야 한다는 것에 대한 직접적인 조언이 아니다. 이 장에서는 여러분이 확고한 의지를 가지고 중요한 대의에 자신의 능력을 발휘할 수 있도록 도구를 제공하는 것을 목표로 한다. 사회적 정의나 교육, 인종차별 없애기, 세계적인 구호 활동, 환경 문제, 농업 개혁, 빈곤 근절, 정치 참여, 대화, 건강관리 등 어떤 일에 마음이 끌리든, 이 장에서는 그 일을 위한 정신적 토대를 제공하고 있다. 결국 우리는 세계의 고통을 해결하거나 타인의 이익을 위해 노력함으로써 영적인 깨달음을 깊게 할 수 있다.

✋ 과제

공식 수행

- 잠시라도 고요히 자리에 앉아서 명상 수련을 하는 것은 언제든 유익하다. 매일 2분이나 5분, 아니면 10분간 가능한 대로 짬을 내서 앉아라.
- 집중 명상을 하고 싶다면 매번 20분씩, 일주일에 3~5회 정좌 명상을 하라.

일상생활 수행

뉴스 마음챙김. 유례없이 범람하는 미디어는 언제든지 뉴스를 접할 수 있다는 것을 의미하며, 어디를 가나 거의 피할 수 없을 정도다. 다음 주에 뉴스를 시청하면서 주의 깊게 마음챙김 훈련을 하라. 뉴스의 스토리나 영상이 마음에 들어올 때 생기는 심리적, 정서적 반응을 관찰하라. 어떤 특별한 뉴스에 에너지가 동요하는 것을 느끼는가? 당신이 눈 돌리게 되는 고통의 임계치가 있는가? 그 뉴스에 열중한 후에 당신의 생각은 어떻게 바뀌는가? 특히 다음 명상을 할 때 당신이 어떤 뉴스를 기억하고 있는지에 주목하라.

☸ 붓다의 말씀

마음챙김 명상을 하려면 '나 자신을 지켜본다.'는 생각을 가지고 시작해야 한다. 마음챙김 명상을 하려면 '다른 사람들을 지켜본다.'는 생각을 가지고 시작해야 한다. 자신을 지켜볼 때, 당신은 다른 사람들을 지켜보고 있다. 다른 사람들을 지켜볼 때, 당신은 자신을 지켜보고 있다.

당신 자신을 돌보면서 어떻게 다른 사람들을 돌보는가? 수행을 통해, 수행을 길들임으로써 가능하다. 이것이 당신 자신을 돌보면서 다른 사람들을 돌보는 방법이다.

다른 사람들을 돌보면서 어떻게 당신 자신을 돌보는가? 인내와 유순함, 호의적인 마음, 연민을 통해 가능하다. 이것이 다른 사람들을 돌보면서 당신 자신을 돌보는 방법이다.[86]

☑ 기억할 요점

- 명상을 통해 우리는 주변에서 일어나고 있는 일에 좀 더 주의를 기울이게 된다.
- 타인에 대한 봉사는 명상 수행 중에 자기중심성에 빠질 가능성을 줄이고 영성 수행을 깊게 하는 데 도움이 된다.
- 이미 대부분의 사람들은 세계적인 문제에 대해 깊이 우려하고 있지만, 어떻게 해야 할지 잘 모르고 있다. 명상을 통해 우리는 적절히 대응하는 데 도움이 될 토대를 마련할 수 있다.
- 이 장에서는 두려움을 다루기, 서로 연결되어 있는 존재에 대한 이해, 자애를 기르기 같은 기본적인 관점과 수행을 제공함으로써 우리의 현실 참여를 북돋운다.

🐘 논의할 질문

1. 명상과 현실 참여 사이에 어떤 관계가 있다고 생각하는가?
2. 당신이 사는 지역이나 나라, 그리고 세계의 다른 지역에 대한 뉴스에 대해 대체로 어떻게 반응하고 대응하는가?

3. 많은 성인들이 부모가 된 후에 뉴스에 대해, 특히 어린이에 대한 뉴스에 더 민감하게 되었다고 말한다. 실제로 어린이의 고통에 대한 뉴스는 보는 것만으로도 고역이어서 그런 뉴스를 아예 읽거나 보지 못하는 사람들도 있다. 부모가 된 후 뉴스를 받아들이는 태도가 어떻게 변화되었는가? 그로 인해 지역 사회의 문제에 대응하는 방식이 어떻게 바뀌었는가?

∼ 5. 2과 – 봉사 ∼
두려움

이 과에서 공부할 내용

- 행동을 가로막는 두려움의 역할
- 두려움을 다루는 법

🪷 학습

우리가 충만한 삶을 살지 못하게 가로막는 것은 무엇인가? 온전히 사랑하고 담대하게 자신의 가능성을 발휘하지 못하게 저지하는 것은 무엇인가? 대부분의 사람들은 자신의 삶이 구속이며, 답답하고 하찮다는 생각을 가진다. 이따금 밤하늘을 쳐다보고 우주의 광활함을 보라. 그 안에 자리한 우리의 존재가 얼마나 경이로운가. 또 이따금 우리는 세계정세를 포함하여 전체로서 지구를 본다. 세상에는 왜 그토록 많은 고통이 존재하는 걸까? 자기 삶의 고통도 간신히 다루고 있는 우리가 어떻게 도울 수 있을까?

우리 삶을 구속하고 끊이지 않는 세계의 고통에 우리가 여러모로 깊이 참여하지 못하게 가로막는 것은 두려움이다. 우리의 삶에는 많은 종류의 두려움이 만연되어 있다. 테러나 가정폭력에 대한 명백한 두려움이나 우리 자신과 가족의 부족한 능력에 대한 은근한 두려움, 다른 사람들에게 받아들여지지 않을지 모른다는 불안 등이 어디에나 스며들어 있다. 우리 사회는 대체로 적자생존의 매우 경쟁적인 집단이며, 안전이라는 미명 아래 공포에 근거한 치안 유지와 규칙, 두려움으로 포화된 미디어 위에 세워져 있다. 이런 구조적이고 개인적인 두려움으로 인해 우리는 스스로를 가두어 갑갑하고 동떨어진 삶을 살고 있다.

하지만 두려움은 너무나 원초적이고 강력한 것이어서 단순히 두려워하지 않기로 마음먹는다고 해서는 효과가 없다. 그보다는 두려운 마음 상태를 무력하게 만들기 위해 이름 붙이기, 이해하기, 두려움 해소하기의 점진적인 과정을 시작해야 한다.

이 과정에 들어가기 전에 두 가지 유형의 두려움을 구별하는 것이 중요하다.[87] 첫 번째 유형의 두려움은 당장이라도 우리를 칠 듯이 달려오는 자동차를 두려워하는 것처럼 우리의 웰빙을 직접 위협하는 것으로부터 생기며, 실제로 우리를 안전하게 지켜준다. 두 번째 유형의 두려움은 상상의 위협, 즉 잠재적인 고통으로부터 생긴다. 여기에는 원래의 위험이 사라진 후에도 우리의 신경계가 줄곧 깨어 있을 때 과거의 실제 사건에서 비롯된, 트라우마를 초래할 정도의 충격적인 공포에서부터 가족이나 업무에 대한 일상적인 불안 같은 덜 긴급한 공포까지 크고 작은 모든 두려움이 포함된다. 이 두 번째 유형의 두려움으로 인해 우리는 움츠러들어 다른 사람들과 연결감을 느끼지 못하고 사람들로부터 멀어진다. 우리는 자기 보호의 벽을 세우지만, 이 벽 안에 스스로 갇히게 되며 때로는 그 사실을 깨닫지도 못한다.

두려움을 알아차리고 두려움이 어떻게 작용하는지를 지켜보기 위해 마음에 두려움을 불러일으키는 문제를 떠올려보라. 실제로 몇 분 동안 그 문제에 대해 생각하라. 우선 그 문제를 곰곰이 생각할 때 신체에 나타나는 경험을 지켜보라. 두려워할 때 우리는 눈을 감거나 고개를 돌리거나 몸을 웅크리거나 숨을 얕게 쉰다. 그런 다음 신경계에 어떤 두려움이 있는지 알아차려라. 예를 들어 두려움이 몸속을 흐르는, 가볍게 나부끼는 에너지처럼 느껴질 수도 있다. 두려움이 마음속에 어떻게 나타나는지에 주목하라. '…하면 어쩌지'에 대한 수많은 생각이나 방어막을 세우려는 노력이 있을지도 모른다. 신체적으로, 그리고 에너지로 심장 부근을 느껴보라. 심장이 수축하고 있는가? 이완하고 있는가?

이제 두려움에서 벗어나면 어떤 기분이 들지 상상해보자. 물론 '두려움으로부터의 자유'가 놀라운 외부 상황이 멈추는 것을 의미하는 것은 아니지만, 가상의 두려움은 더 이상 우리가 당연히 가져야 하는 감정 상태가 아니다. 일단 두려움이 해소되기 시작하면 무엇이 가능할까? 신경계가 이완되고 마음을 열게 되며, 그렇게 함으로써 몸과 마음, 생각속에 에너지가 비축된다. 진정한 사랑은 이런 풍부한 상황에서 꽃을 피운다. 우리는 좀 더 자발적이고 통합되며 포괄적이고 독창적이고 관계적이 된다.

가슴 깊숙한 곳에서 우러나오는 삶을 살기 시작할 때, 우리는 다른 사람들과의 상호 관계를 재발견하게 된다. 에고로 규정되는 작은 자아를 보호하려는 욕구를 내려놓을 때, 우리는 모든 존재의 드넓은 세계('환상으로 규정되는' 세계라고 말할 수도 있다.)에 다시 연결된다. 일단 우리의 삶이 다른 사람들의 삶과 서로 어울려 존재한다는 사실을 알아차리면, 우리가 사는 방식은 갈등에서 유대로 바뀌기 시작한다.

🎎 명상: 열린 마음으로 활짝 깨어 두려움에 대처하기

두려움으로 인해 우리가 세상과 동떨어져 움츠러들게 되었을 때, 두려움을 다루는 한 가지 방법은 우리의 자아의식을 확대하고 조용히 마음을 열고 주변 환경으로 주의를 되돌리는 것이다. 명상 스승 타라 브랙(Tara Brach)이 개발한 다음 명상은 우리의 자아감을 확대하고 소속감을 회복하는 한편 두려움을 있는 그대로 놔두는 방법을 제공하고 있다. 이 명상법은 원래 힘겨운 개인적 상황에서 비롯되는 심리적 두려움을 다룰 목적으로 집필되었다. 하지만 그 방법은 또한 세계의 고통에 대해 처음 접할 때 생기는 두려움에 대처하는 데도 효과가 있다. 하지만 타라 브랙은 "당신의 두려움이 트라우마와 관련된 것이거나 감당하기 어려운 것이라면, 두려움과 함께 머무는 수행이 오히려 부적절한 격한 감정을 불러일으킬 수 있다. 이런 경우에 혼자 두려움을 직시하기보다는 믿을 만한 친구에게 도움을 구하거나, 명상 스승의 가르침이나 심리치료사의 노련한 도움을 구하라."라고 조언하고 있다.[88]

명상을 시작하기 위해 자리를 잡고 편안히 앉아라.

몇 분 동안 바디 스캔을 하면서 긴장을 풀어라. 특히 얼굴과 어깨, 손, 복부의 긴장을 풀어라.

이제 활짝 깨어 주위 공간에서 들리고 사라지는 소리를 알아차려라. 1~2분 정도는 그저 들어라. 소리가 시작하고 끝나는 것에 주목하면서, 가까이 들리는 소리를 알아차려라. 소리들 사이의 공간을 알아차려라. 좀 더 멀리서 들리는 소리를 알아차리고, 아득히 멀리서 들리는 소리에 귀를 기울여라. 긴장을 풀고 저 멀리서 들리는 소리까지 받아들이는 의식에 마음을 열어라. 보고 듣고 맛보고 감각을 느끼는 등 당신이 지각하는 모든 것이 무변광대한 앎의 영역에서 어떻게 나타나고 사라지는지를 느껴보라.

날숨에 가볍게 주의를 기울이면서 숨을 내쉴 때마다 허공으로 풀어주어라. 매번 호흡을 따르면서 허공으로 숨을 내쉬어라. 몸과 마음이 온전히 날숨을 따르면서 허공으로 풀려나는 것을 느껴보라. 당신의 의식이 무변광대한 공간에 뒤섞이는 것을 감지해보라.

숨을 들이쉴 때 아무것도 하지 않고 귀를 기울이고 깨어 있으면서 그저 열린 마음으로 머물러라. 그런 다음 이번에는 날숨을 내쉬어라. 숨을 들이쉬면서 수용적이고 드넓은 의식에 머물러라. 숨을 내쉬면서 긴장을 풀고 마음을 열어라. 이런 식으로 원하는 만큼 오래 호흡과 더불어 명상을 할 수 있다.

이제 이 타고난 열린 마음에 머무르면서 두려움을 불러일으키는 상황을 머리에 떠올려라. 자신에게 물어보라. "지금 이 상황에서 가장 나쁜 부분이 무엇인가? 내가 정말로 두려워하는 것이 무엇인가?" 이런 질문이 이야기를 만들어낼 수도 있지만 몸속에서 일어나는 감각에 깨어 있으면, 그 이야기는 자신의 감정에 좀 더 온전히 접근할 수 있는 통로가 된다.

목구멍과 가슴, 복부에 특별히 주의를 기울이면서 어떻게 마음속에 두려움이 일어나는지 관찰하라. 두려움에게 '정말로 있는 그대로 많이 존재하라'고 친절하게 권유할 수도 있다. 이제 숨을 들이쉬면서 가장 아프고 약한 부위를 호흡이 직접 어루만지게 하라. 두려움의 감각에 온전히 주의를 기울여라. 이런 열린 마음에 두려움이 떠다니면서 편안하게 풀어지는 기분을 느껴보라.

실제로 두려움이 어떻게 느껴지는가? 몸의 어느 부위에서 가장 강하게 느껴지는가? 그 감각이 변화하거나 몸의 다른 부위로 이동하는가? 두려움은 어떤 모양인가? 색이 있다면 무슨 색인가? 마음속에 두려움을 어떻게 경험하는가? 두려움이 오그라든 것 같은가? 마음이 어디론가 내달리거나 혼란스러운가?

숨을 쉬는 도중에 두려움이 나타날 때마다 불쾌하고 혼란스러운 삶의 파도에 조용히 연결되는 기분을 느껴보라. 숨을 내쉬면서 놓아주고 두려움의 파도가 얼마나 더 큰 세계에, 탁 트인 바다에 속해 있는지 느껴보라. 이 광대하고 부드러운 치유의 공간에 두려움을 내던져라. 숨을 들이쉬면서 당신은 다정하고 명료한 주의력을 가지고 지금 이 순간의 감각에 집중하라. 숨을 내쉬면서 당신은 살아있는 모든 존재의 두려움을 받아들일 수 있는 무변광대한 의식의 바다에 속해 있다는 사실을 깨닫게 되리라.

방어적이 되거나 감각을 잃은 기분이 들면 호흡 중에 신체 감각에 초점을 맞추고 그 감각에 온전히 집중하라. 두려움이 지나치게 크게 느껴지면 날숨을 길게 하여 편안하고 자유롭게 내려놓아라. 소리에 귀를 기울이거나 눈을 뜨는 것으로 다시 시작하는 것이 도움이 될 수도 있다. 광활한 우주를 기억하거나 마찬가지로 지금 이 순간에 두려움을 느끼는 모든 존재에 대한 연민을 떠올려볼 수도 있다. 어떤 사람이나 영적인 존재, 안전감을 주는 자연의 어떤 장소를 떠올려볼 수도 있다. 스스로 더 큰 세계에 속해 있다는 사실을 기억하고, 두려움이 몸과 마음에 나타나는 방식에 다시 주의를 기울여라. 시간이 지나면 두려움을 어루만지는 것과 열린 마음을 기억하는 것 사이의 절묘한 균형을 발견하게 되리라.

나날의 삶을 살아가면서 언제라도 두려움이 생길 때 그 감정과 함께 머무는 훈련을 할 수 있다. 호흡을 이용해서 스스로 두려움의 감각을 어루만지게 두고, 숨을 내쉬면서 두려움을 열린 마음으로 풀어놓아라. 이런 식으로 하면 에너지가 묻혀서 곪지 않게 된다. 이제 당신은 두려워하며 삶에서 달아나려고 하는 자아를 강화하기보다는 점차 담대해지고 온전히 충만한 기분을 느끼게 된다.[89]

✋ 과제

공식 수행

- 잠시라도 고요히 자리에 앉아서 명상 수련을 하는 것은 언제든 유익하다. 매일 2분이나 5분, 아니면 10분간 가능한 대로 짬을 내서 앉아라.
- 집중 명상을 하고 싶다면 매번 20분씩, 일주일에 3~5회 정좌 명상을 하라.
- 1회 이상 두려움에 대처하기 명상을 수행하라.

일상생활 수행

예상되는 고통이나 상실. 일상 중에 일어나는 두 가지 유형의 두려움에 주의를 가져가라. 즉 직접적인 위협으로부터 생기는 두려움과 어떤 것이 고통을 야기하거나 어떤 종류의 상실을 경험할지 모른다는 낮은 수준의 막연한 불안이 있다. 예를 들어 나는 아이들을 학교에 데려다줄 때 막연히 '이 애들을 다시 보게 될까?'라는 불안을 어렴풋이 느끼는 것을 알아차렸다. 이런 미묘한 불안을 알아차릴 때, 열린 마음으로 활짝 깨어 두려움을 마주하는 훈련을 하라.

✸ 붓다의 말씀

> 잘못된 길을 가게 되는 네 가지 원인이 있다. 무엇이 네 가지인가? 욕망과 미움, 망상, 두려움 때문에 잘못된 길을 가게 된다. 이것이 잘못된 길을 가게 되는 네 가지 원인이다.[90]

✅ 기억할 요점

- 두려움으로 인해 우리는 자기 자신의 삶과 주변 세계에 온전히 집중하지 못하고 마음을 닫고 타인에게 무관심하게 된다.
- 두 가지 유형의 두려움이 있다. 즉 직접적인 위협에서 생기는 두려움과 어떤 것이 고통을 야기하거나 어떤 종류의 상실을 경험할지 모른다는 낮은 수준의 막연한 수준의 불안이 있다.
- 두려움을 다루기 위한 첫걸음은 두려움을 알아차리고 이해하는 것이다.
- 두 번째 걸음은 두려움에 마음을 열고, 친절히 대응하며, 자기 자신과 주변 세계에 다시 연결감을 느낄 수 있도록 느긋하게 깨어 있는 태도를 기르는 것이다.

🐘 논의할 질문

1. 두 가지 다른 유형의 두려움을 경험할 때마다 매 순간 알아차릴 수 있는가? 두 가지 다른 유형의 차이는 무엇인가?
2. 당신은 몸과 마음, 생각에 나타나는 두려움을 어떻게 경험하는가?
3. 두려움이 해소되거나 느슨해지면 당신은 어떻게 두려움 없음을 경험하는가? 그것이 당면한 일을 진행하는 방식을 어떻게 변화시키는가?

가정생활 질문

4. 많은 부모들이 아이를 가지는 것은 그들이 이전에 경험해보지 못한 방식의 두려움을 불러일으킨다고 한목소리로 말한다. 아이를 가지는 것 자체를 두려워하는 이들도 있고, 아이에게 일어날지도 모르는 일에 대해 두려워하는 이들도 있다. 안타깝게도 우리

가 두려워하는 일 중에 실제로 일어나는 일도 있다. 부모로서 당신은 어떻게 두려움을 경험했는가? 당신의 두려움이 실제로 일어난 적이 있다면, 그런 경험이 예상했던 것과 어떻게 달랐는가? 두려움을 다스리는 데 무엇이 가장 효과적이었나?

∾ 5.3과 – 봉사 ∾
서로 연결되어있는 존재

이 과에서 공부할 내용

- 자아의 본성에 대한 다양한 관점
- 세상 모든 존재가 연결되어 있으며 서로 돕는 방식
- 우리는 혼자가 아니다
- 공동체의 필요성

❁ 학습

나는 누구인가?

제 1부에서 배운 명상과 마음챙김에 대해 돌이켜 생각해보라. 우리는 신체 감각을 관찰함으로써 들숨과 날숨을 지켜보는 것으로 시작한다. 두 가지 예에서 모두 호흡과 신체 감각이 우리의 일부라는 사실이 분명하지만, 우리의 정체성이 호흡과 신체로만 이루어져 있다고 말할 수는 없을 것이다. 마찬가지로 감정을 들여다보기 시작할 때도 감정이 생기고 사라지는 것에서 감정이 우리의 일부라는 사실을 알 수 있지만, 우리는 감정만으로 이

루어진 존재가 아니다. 또한 우리는 지나치게 생각과 자신을 동일시하기에 대체로 생각하는 것이 마치 우리의 자아인 것처럼 느낀다. 하지만 감정과 마찬가지로 생각을 좀 더 자세히 관찰할 때 생각이 끊임없이 결합되고 사라지는 것을 보면, 우리의 생각이 우리의 자아가 아니며 적어도 전적으로 그런 것은 아니라는 사실을 알 수 있다. 따라서 생각도, 감정도, 신체 감각도, 호흡도 우리의 자아가 아니라면, 그렇다면 우리는 누구인가?

서로 연결되어 있는 존재

베트남 출신의 선사 틱낫한은 오랫동안 자아와 세상 모든 존재의 본성에 대해 놀라운 방식의 깨달음을 설파했다. "꽃은 꽃이 아닌 요소들로 이루어져 있다."라고 그는 말하고 있다. 꽃이 존재하기 위해서는 씨앗과 땅, 비, 태양, 공기가 있어야 한다. 이런 요소들을 하나하나 보면 그중 어느 것도 꽃이 아니지만, 여러 요소가 결합되어 꽃을 이룬다. 틱낫한 스님은 이처럼 심오한 진리를 이야기하고 있다.

> 꽃을 깊이 들여다볼 때 한 송이 꽃을 피우기 위해 결합된 많은 요소들을 본다. 우리는 구름이 비로 모습을 드러내는 모습을 볼 수 있다. 비가 없이는 아무것도 자랄 수 없다. 꽃을 어루만질 때 나는 구름과 비를 만지고 있는 것이다. 이것은 그저 시가 아니며, 현실이다. 만약 꽃에게서 구름과 비를 가져간다면, 꽃은 거기 존재하지 않을 것이다. 붓다의 눈으로 볼 때 꽃에서 구름과 비를 볼 수 있다. 우리는 자신의 손가락을 태우지 않고도 태양을 만질 수 있다. 꽃은 분리된 존재가 될 수 없으며, 햇빛과 구름, 비와 서로 어울려 존재해야 한다. '서로 연결되어 있는 존재'라는 표현은 '존재'라는 말보다 더 현실에 가깝다. 존재는 사실 서로 연결되어 있는 존재를 의미한다.
>
> 나도, 당신도, 붓다도 마찬가지다. 붓다는 세상 모든 존재와 연결되어 있

는 존재여야 한다. '서로 연결되어 있음'과 '나 자신이라고 할 것이 없음'은 명상의 화두다. 나날의 삶 속에서 매 순간 연기(緣起)와 무아(無我)의 진리에 이르기 위해 우리는 수행을 해야 한다. 당신은 구름과 비, 아이들, 나무, 강, 지구와 닿아 있다. 그런 연결이 실체의 진정한 본질, 즉 모든 것이 덧없고(無常), 나 자신이라고 할 것이 없고, 서로 의존하고, 서로 연결되어 있는 존재의 본질을 드러낸다.[91]

세상 모든 존재가 연결되어 있다는 이런 견해는 핵심적인 불교의 가르침이다. 처음에는 개념적으로 이해할지 모르지만, 스스로 세상 모든 존재와 연결되어 있는 존재라는 사실을 직접 관찰하면서 우리의 깨달음은 깊어진다. 우리 문화나 가족 내력, 사회경제적 계층, 교육, 성, 환경 등 나라는 사람이 태어난 배경을 되돌아보는 시간을 가지는 것이 아주 유익할 수도 있다. 거시적인 관점을 가질 때 우리의 자아감이 확대된다. 말하자면 우리는 공동체와 지역사회, 국가, 생태계, 수십억의 다른 존재가 사는 지구에서 산다. 또한 미시적인 관점이 있다. 우리 몸에만 해도 인간의 세포보다 10배 이상 많은 박테리아 세포가 있으며,[92] 살아 있기 위해 우리는 외부 공급원으로부터 우리의 세포로 끊임없이 산소와 영양소, 물 분자를 전달해야 한다. 우리의 존재는 내부적으로나 외부적으로나 완전히 서로 의존하고 있다.

인드라의 그물

불교 전통에서 나온 또 한 가지 이미지는 유사한 방식으로 우리가 누구인가라는 문제의 본질을 이해하는 데 도움이 된다. 그물코마다 보석이 하나씩 달려 있는 어부의 그물을 상상해보라. 그 보석들은 서로 다른 보석들의 영상을 비추고 있다. 인드라의 그물로 알려진 이 비유는 본래부터 가지고 있는 고유한 자아, 즉 자율적인 자아가 없는 '공(空)한 자아'의 본성이 존재하며, 자아는 관계 속에서 존재한다는 사실을 설명한다.

내부와 외부의 생태계

살아있는 모든 존재와 서로 연결되어 있는 존재로 우리 자신을 이해할 때, 세상의 웰빙이 우리 자신의 웰빙과 동떨어져 있지 않으며, 거꾸로도 마찬가지라는 사실을 좀 더 온전히 알아차리게 된다. 이 말은 봉사, 그리고 봉사활동과 영성 수행의 관계에 접근하는 방식을 함축하고 있다. 우리 자신과 세계, 봉사활동, 영성 수행이 서로 연결되어 있다는 사실을 단적으로 보여주는 문제는 현재 우리가 겪고 있는 환경 위기다. 이제 우리는 누구나 광범위하고 복잡한 생물망을 이해하고 있으며, 우리의 건강이 가장 작은 미생물에서부터 가장 큰 반구상의 기상관측시스템에 이르기까지 모든 존재 하나하나와 얼마나 직접적이고 밀접하게 관련되는지를 알고 있다. 하지만 서로 의존하고 있는 것은 우리의 신체적 건강과 세계만이 아니다. 우리의 봉사활동과 영성 수행은 마찬가지로 살아있는 모든 존재와 상징적인 관계를 가지고 있다. 틱낫한 스님은 이렇게 쓰고 있다.

> 우리의 생태학은 깊이 있는 생태학이어야 한다. 깊이 있을 뿐 아니라 보편적이어야 한다. 우리의 의식은 오염되어 있다. 우리 자신과 아이들에게 텔레비전과 영화, 신문은 오염원이다. 이런 매체들은 우리 안에 폭력과 불안의 씨앗을 뿌린다. 우리가 화학비료로 경작하고 나무를 벌목하고 물을 오염시킴으로써 환경을 파괴하는 것과 같다. 우리는 지구의 생태계와 마음의 생태계를 보호해야 한다. 그렇게 하지 않으면 폭력과 무분별함이 훨씬 더 광범위한 삶의 영역으로 번지게 될 것이다.[93]

이런 식으로, 조용한 명상과 개인의 마음 수련은 세계에 대한 봉사와 참여의 형태로서 '중요하다.' 마음의 평화는 세계 평화에 직결된다. 타인에 대한 봉사와 더불어 균형감 있게 마음 수련에 힘쓸 때, 사회운동에 지나치게 휩쓸려 마음의 평화를 잃거나 명상에 너무 많은 시간을 쏟은 나머지 세계에 대한 봉사활동이 탁상공론이 되는 일이 없게 될 것이다.

우리는 혼자가 아니다

세계적으로 어떤 현안에 대해서든 생각보다 우려하는 시민들이 많다는 것은 어쨌든 다행스러운 일이다. 가령 나는 어린이 명상 과정의 자료를 위해 벌목에 대해 조사할 때, 이 한 가지 주제에 대해 전 세계의 수많은 수업계획과 논문, 기사를 접할 수 있었다. 그것도 오로지 영어로 된 자료였다. 평범한 사람들의 깊은 우려와 자신의 공동체 안에서 할 수 있는 어떤 수단을 동원해서라도 긍정적인 뭔가를 해보려는 그들의 의지에 적잖이 놀랐다. 어떤 문제를 다루기로 선택하든 우리는 혼자가 아니라는 사실을 아는 것은 중요하다. 알든 모르든 간에, 우리는 전 세계에 동지를 가지고 있다.

공동체

어떤 문제나 운동에 참여할 때 우리는 같은 욕구를 가진 다른 사람들을 발견하게 된다. 이런 일은 대체로 자연스럽게 일어나지만, 의도적으로 다른 사람들을 찾을 만한 두 가지 이유가 있다. 첫째, 다른 사람들과 협력할 때 우리의 노력은 상승효과를 가져온다. 우리는 개별적으로 할 때보다 더불어 할 때 훨씬 더 많은 것을 성취한다. 둘째, 공동체는 두려움에 대한 강력한 해독제다. 두려움이 결과적으로 소외감을 느끼게 한다면, 두려움을 줄이는 것은 우정과 소속감이다. 믿을 만한 타인들과 함께 할 때 우리는 무사하고 안전한, 따라서 좀 더 편안하고 즐거운 기분을 느끼게 된다.

명상: 세상 모든 존재가 연결되어 있음[94]

조용히 앉아서 당신의 몸에 온전히 주의를 가져가라. 몸의 견고함을 알아차려라. 바닥이나 의자를 누르는 체중과 치아와 뼈의 단단함, 근육과 피부의 덩어리에 주의를 기울여라. 이제 이 몸을 이루는 원자 하나하나가 당신이 먹은 음식에서 비롯되었으며, 결국 대지에서 생겨난 것이라는 사실을 알아차려라. 당신은 살로 만들어진 흙이요, 바위다. 또한 이 모든 견고한 물질이 흙으로 돌아가는 과정에 있다는 사실을 떠올려보라. 피부는 벗겨지고 머리카락은 빠지며 세포의 화합물이 연소된다. 이제 침과 눈물, 땀, 고동치는 혈액 등 몸속의 액체로 주의를 돌려라. 심지어 방광을 자극하는 소변의 압력에도 주의를 기울여라. 몇 분 전까지도 당신의 일부였던 부드럽고 축축한 날숨에 주의를 기울여라.

이 모든 수분이 강과 호수, 바다에서 온 것이라는 사실을 떠올려보라. 그 수분은 그저 통과해 흐르고 있는 것을 빌려온 것일 뿐이다.

몸이 살아 있는 감각에 주의를 기울여라. 체온과 맥박, 호흡과 소화 운동, 피부와 근육의 따끔거리는 활력을 알아차려라. 또 내쉬는 공기에도 주의를 기울여라. 들이쉬는 공기에 비해 얼마나 따뜻한가. 당신이 몸의 온기와 활기를 느낄 때, 사실은 식물이나 동물을 통해 당신에게 들어와서 당신의 존재에 받아들여진 태양의 에너지를 경험하고 있다는 것을 곰곰이 생각해보라. 이것도 그저 통과해 흐르는 에너지일 뿐이다.

이제 몸에 공기가 들어오고 나가는 것을 계속 경험하면서, 우선 공기가 어떻게 기도를 통해 허파 깊숙이 빨려 들어오며 혈류로 녹아들어 이 물리적 존재의 구석구석까지 도달하여 당신의 내면을 가득 채우고 나서, 몸의 생리 과정에 의해 바뀌어 다시 몸에서 나와 세상으로 되돌아가는지를 느껴보라.

이제 당신은 땅과 물, 불, 공기 등 네 가지 요소를 알아차렸을 것이다.

당신의 물리적 존재는 단지 빌려온 것일 뿐이며 4요소의 순환에 지나지 않는다. 세상의 일부일 뿐이며 잠시 스쳐 지나가는 몸속의 이런 요소들은 각각 무엇인가? 몸을 알아차리면서 당신은 세상 그 자체를 관찰하고 있는 것이 아닌가? 그렇다면 알아차림이란 세상 그 자체를 아는 것이 아니고 무엇인가?

통과해 흐르고 덧없고 서로 연결되어 있는 몸의 본성을 지켜보면서, 이제 당신은 세상과 동떨어진 느낌을 조금이라도 내려놓을 수 있는가?

🤚 과제

공식 수행

- 잠시라도 고요히 자리에 앉아서 명상 수련을 하는 것은 언제든 유익하다. 매일 2분이나 5분, 아니면 10분간 가능한 대로 짬을 내서 앉아라.
- 집중 명상을 하고 싶다면 매번 20분씩, 일주일에 3~5회 정좌 명상을 하라.
- 호흡이나 신체 감각 등 명상 중에 마음챙김을 하는 대상에 일일이 주의를 기울이면서 그 대상에서 자신을 발견할 수 있는가? 뒤로 물러나서 자신을 호흡이나 신체 감각 같은 것의 혼합물로 본다면, 참을성 있고 명확하고 자율적인 자아를 발견할 수 있는가? 당신의 자아감은 어디에서 오는가?
- 적어도 한 번 위에서 언급한 세상 모든 존재가 서로 연결되어 있음 명상을 수행하라.

일상생활 수행

혼자가 아니다. 당신이 관심을 가지고 인터넷에서 검색하는 한 가지 문제를 생각해보라. 당신의 관심사를 누구와 공유하는가? 지구 반대편에 사는 사람들인가? 같은 지역 사회 사람들인가? 다른 언어를 안다면 그 언어로도 결과를 검색해보라.

⛭ 붓다의 말씀

붓다가 좌선을 하고 있을 때, 사촌이자 제자인 아난다 존자가 말했다.
"붓다시여, 좋은 우정을 갖고, 좋은 친구를 갖고, 좋은 교류를 갖는 일은 성스러운 수행의 절반과 같다고 생각합니다."
붓다의 대답은 이러했다. "아난다여, 그렇게 말해서는 안 된다. 좋은 우정을 갖고 좋은 친구를 갖고 좋은 교류를 갖는다는 것은 실로 **수행의 전부**이다. 아난다여, 좋은 친구와 좋은 교류를 갖는 수행자는 여덟 가지 바른 길(팔정도)을 닦고 그 수행을 발전시킬 수 있기 때문이다."[95]

....

이 넷은 다정한 친구로 이해되어야 한다. 협조자인 여자, 기쁨과 슬픔을 함께 하는 여자, 좋은 지혜를 주는 여자, 동정하는 여자⋯

협조자인 친구,

기쁨과 슬픔을 함께 하는 친구,

좋은 지혜를 주는 친구,

동정하는 친구.

이 넷을 친구로서 충실히 사랑하라. 어머니가 자녀를 사랑하듯이.[96]

☑ 기억할 요점

- 명상 중에 우리는 호흡과 신체 감각, 감정, 생각이 존재하지만 끊임없이 변화하는 것을 지켜본다. 불자의 관점에서 그런 변화하는 경험의 흐름에 대한 자아감에 빈틈없는 주의를 기울이는 것은 불가능하다.
- 자아와 세상 모든 존재의 본성을 이해하는 한 가지 방법은 서로 연결되어 있다는 개념을 통해 가능하다. 꽃은 꽃이 아닌 요소들로 이루어져 있으며, 나 역시 나 아닌 요소들로 이루어져 있다.
- 그물코 하나하나에 달려 있는 구슬들은 다른 모든 구슬의 모습을 서로 비추는 인드라의 그물 이미지는 상호 의존성을 설명하는 비유이다.
- 내부와 외부의 생태계는 관련되어 있다. 우리 마음의 생태계는 지구의 생태계와 연결

되어 있다. 따라서 세상 모든 존재를 돌보기 위해서는 자신의 마음을 돌보아야 한다.

- 명상과 개인의 영성 수행은 타인에 대한 봉사와 참여를 위해 필수적이다. 마음의 평화는 세계 평화에 직결된다.

- 공동체와 친구는 두려움에 대한 강력한 해독제이며, 세상 모든 존재에 도움이 되고자 하는 우리의 노력에 상승효과를 가져온다.

🐘 논의할 질문

1. 당신의 자아감은 어디에서 오는가? 당신이 누구인지 규정할 수 있는가? 당신의 정체성은 고정되어 있나, 변화하고 있나?

2. 꽃이 아닌 다른 대상을 하나 골라 보라. 그리고 그것이 다른 요소로 어떻게 이루어져 있는지 설명해보라. 그런 요소들 중 하나를 빼더라도 그 대상은 여전히 당신이 아는 그것으로 존재할까?

3. 세상 모든 존재가 연결되어 있다는 관점을 가질 때 우리는 어떻게 두려움에 맞서거나 대처하는가?

4. 우리의 마음, 즉 내부 생태계가 세계의 생태계에 영향을 미치는 과정을 저마다의 방식으로 설명해보라.

5. 살아가면서 두려움과 효과적인 행동과 관련해서 공동체가 어떤 역할을 했는가?

가정생활 질문

6. 가정생활에서 서로 연결되어 있는 존재를 알아차릴 수 있는가? 가족을 가짐으로써 당신의 자아감은 어떻게 바뀌었는가?

❧ 5. 4과 – 봉사 ❧
대의를 위한 친절

이 과에서 공부할 내용

- 해야 할 일을 분별하기 위한 두 가지 질문
- 고갈되지 않는 정신력
- 자애 명상 수행하기

🪷 학습

우리는 다양한 욕구와 대의명분에 부응하여 연민에 따라 행동할 수 있다. 하지만 시간과 에너지, 돈, 재능을 기부해달라는 수많은 요구에 자칫하면 당황하기 쉽다. 모든 문제가 절박하고 위급한 것처럼 보일 수도 있고, 아무것도 하지 않는다면 받아들이기 어려운 결과를 초래할 것 같아 두렵다.

　그런 문제에 휘둘리지 않고 위안을 찾는 방법이 있다. 즉 오직 한 가지 대의에 노력을 기울이는 것이 실제로 다양한 대의에 도움이 된다는 사실을 알아야 하며, 이 사실을 이해할 때 우리는 오직 한 가지 문제에만 열정을 쏟는 것이 가장 좋다는 것을 깨닫게 된다. 서로 연결되어 있는 존재의 관점에서 한 가지 문제를 치유하는 것은 다른 문제들도 치유하는 것이 된다. 우리가 무엇을 하든, 아무리 사소해보이더라도 그 일은 중요한 파급 효과를 가진다. 예를 들어 당신이 투표권에 열렬한 관심을 가지고 있고 만인의 투표권을 보장하기 위해 애쓰고 있을 수도 있다. 이런 노력은 정치적 대의에 커다란 영향을 미치며, 따라서 어떤 법안이 상정되고 통과하여 그 법안이 환경이나 정의 등에 영향을 미치게 될지에 중대한 영향을 미칠 수 있다. 당신의 노고가 다른 대의에도 파급효과를 가져온다는 사실을 이해하고, 한 가지 대의에만 힘쓰도록 하라.

그러면 진정으로 해야 할 일을 어떻게 찾을 수 있을까? 이 문제를 분별하기 위해 두 가지 질문이 도움이 된다.

1. 내가 살아 있게 만드는 일은 무엇인가? 유명한 신학자인 하워드 서먼(Howard Thurman)은 이렇게 충고했다.

> 세상에 무엇이 필요한지 고민하지 마라. 당신을 살아 있게 만드는 일이 무엇인지 고민하고, 그 일을 해나가라. 세상이 필요로 하는 것은 바로 살아 있는 사람들이다.[97]

내가 살아 있게 만드는 일은 무엇인가? 그 문제에 대해 어디서 시작할지, 어떻게 행동에 옮길지 알기 위해 잠시 앉아서 명상을 하라. 처음의 답을 마음에 두고 다음 문제를 생각해보라.

2. 내가 보호하고자 투쟁하는 것을 나는 정말로 사랑하는가?[98] 작가이자 사회운동가인 나오미 클레인(Naomi Klein)은 사람들은 자기가 사랑하는 것을 보호하고자 투쟁한다고 말했다. 우리는 스스로 이런 것을 생각할 수 있을 것이다. 환경 문제를 개선하기 위해 애쓰는 사람이라면 흔히 숲이나 강 같은 집 근처의 특별한 장소나 멸종 위기에 있는 종에 대해 그런 연결감과 사랑을 느낄 것이다. 생활고에 시달리는 이웃이나 경찰서의 정책, 자동

차에서 사는 노숙자 가정 등 가난이나 인종주의, 정신 건강 문제를 개선하기 위해 애쓰는 사람이라면 우리 주변의 공동체가 우리에게 어떤 행동을 취하도록 요구할지에 대해 깊이 생각해볼 것이다.

고갈되지 않는 정신력

봉사하고 참여하고 타인의 고통을 덜어주려면 장기간에 걸쳐 상당한 에너지가 필요하다. 많은 사회운동가들은 부정행위에 화가 났거나 어떤 정책의 결과가 두려웠거나 해를 끼친 사람들에게 악의를 품었기 때문에 그 일에 뛰어들었다고 말한다. 분노와 공포, 증오 같은 이런 에너지는 강력하다. 하지만 누구든 세상을 변화시키고자 하는 열정을 처음 품게 되면 이런 에너지는 활활 타오르지만 뜨겁고 빨리 고갈된다. 이런 에너지는 결국 이렇게 소진된다. 게다가 화나 분노가 표출될 때, 그런 감정은 표현하는 사람은 물론이고 주변 사람들에게도 그 이상의 고통을 야기한다.

그러면 장기적인 사회운동과 참여를 위해 재생 가능한 깨끗한 에너지는 무엇일까? 친절과 관용, 사랑, 기쁨, 우정, 지혜, 마음의 평화는 우리의 활동에 고갈되지 않는 에너지를 제공한다. 이런 에너지는 수혜자뿐 아니라 기부자에게도 유익하다. 또 놀랍게도 우리는 이런 에너지를 무한히 가질 수 있다. 세상에는 넘치도록 많은 분노가 있지만, 그렇다고 해서 무한한 사랑과 친절, 평화가 줄어들지는 않는다.

🐾 명상: 대의(大義)를 위한 자애 명상

친절은 우리가 봉사활동에 참여하기 위해 가장 강력한 에너지원이다. 한 가지 문제에 대해 우리가 이미 가지고 있는 열정을 더욱 기르기 위해 자애 명상을 확대할 수 있다. 우리가 참여하고 있는 어떤 대의를 위해서든 2부에서 공부한 자애 명상을 독창적으로 바꾸어

쓸 수 있다. 다음은 인권에 대한 자애 명상이 어떻게 전개되는지를 보여주는 예이다.

편안히 앉은 자세로 눈을 감아라. 숨을 깊이 들이쉬고, 몸의 긴장을 풀고 천천히 조용히 내쉬어라. 몇 차례 들숨과 날숨에 주의를 두고 마음을 진정시키면서 호흡이 자연스러운 흐름으로 돌아가게 놔두라.

자기 자신: 이 봉사활동을 함으로써 내가 행복하기를. 나의 몸과 마음, 생각이 건강하기를. 내가 무사하기를. 내 마음이 평화롭기를.

멘토나 본보기, 영감을 주는 존재: 말랄라 유사프자이(Malala Yousafzai),[*] 존 루이스(John Lewis),[**] 아웅 산 수지(Aung San Suu Kyi)[***] 같은 내게 영감을 주는 이들이 행복하기를… 그들이 건강하기를!

친구와 동료들: 내가 봉사하는 단체의 설립자와 이사진, 직원들이 행복하기를… 그들이 건강하기를…

중립적인 사람들: 내가 직접 아는 사람들이든 아니든 간에 자신의 권리를 부인한 사람들이 행복하기를… 그들이 건강하기를…

---

[*] 파키스탄의 인권운동가. 어린 나이에도 위험한 상황 속에서 모든 어린이의 교육권을 위하여 투쟁한 공로로 2014년 카일라시 사티아르티와 함께 노벨평화상을 수상하였다

[**] 미국의 재즈피아니스트이자 작곡가. 모던 재즈 4중주단(Modern Jazz Quartet; MJQ)의 리더이다. 주요 작품으로는 《Two Bass Hit》, 《Toccata For Trumpet And Orchestra》 등이 있다.

[***] 미얀마의 정치가. 1991년 노벨평화상을 수상하였으며, 2015년 총선 승리를 이끌어 미얀마의 오랜 군부 집권을 종식시켰다.

원수나 거북한 사람들: 인권을 억압하는 사람들의 행동이 무지와 증오, 분노에서 비롯된 것이며 그들도 부지불식중에 고통 받고 있다는 사실을 알고, 그들이 행복하기를…

인권을 억압하는 정치가나 입법자, 지도자들이 행복하기를…

세상 모든 존재: 기본적인 인권이 부족한 고향 사람들이 모두 행복하기를…

고국의 그런 사람들이 모두 행복하기를…

전 세계의 그런 사람들이 모두 행복하기를…

마지막 몇 분 동안 당신의 마음 공간과 생각, 몸, 원하는 만큼 널리 주변 환경에 머무르면서 깨어 있어라.

🖐 과제

공식 수행

- 잠시라도 고요히 자리에 앉아서 명상 수련을 하는 것은 언제든 유익하다. 매일 2분이나 5분, 아니면 10분간 가능한 대로 짬을 내서 앉아라.
- 집중 명상을 하고 싶다면 매번 20분씩, 일주일에 3~5회 정좌 명상을 하라.
- 위와 같이 당신에게 중요한 문제나 사회운동에 초점을 맞춘 자애 명상을 포함시켜라.

반성. 조용히 앉아서 이 과에서 공부한 두 가지 문제에 대해 잠시 생각해보라. 내가 살아 있게 만드는 일은 무엇인가? 내가 보호하고자 투쟁하는 것을 나는 정말로 사랑하는가? 너무 산만한 생각은 내려놓고, 질문 대상을 우주나 당신의 마음으로 제한하는 것이 좋다. 무엇이든 당신에게 떠오르는 기억이나 이미지, 단어에 주의를 기울여라. 온갖 의무감, 즉 우리 시대에 닥친 최대의 위기를 떠맡아야 한다는 느낌에 귀를 기울여라. 일어나는 모든 가능성에 마음을 열어라. 예를 들어 당신은 정원 가꾸기를 좋아하고 가정 폭력에 관심을 가지고 있으며, 이 두 가지 열정이 얼마나 독창적으로 협력할 수 있을지에 대해 아이디어를 가지고 있을지도 모른다. 무엇이든 고통을 줄이기 위해 당신이 하는 일이 세상 모든 존재에게 유익하다는 사실을 믿어라. 또한 이런 탐구과정에 시간을 들여라. 당신이 자고 있거나 일하고 있을 때처럼 전혀 예상치 않은 순간에 문득 이런 문제들에 대해 명료한 답을 얻게 될 것이다.

✸ 붓다의 말씀

마음의 사 분의 일을 자애심으로 가득 채우고 살아라. 마음의 사 분의 이와, 마음의 사 분의 삼, 마음의 사 분의 사도 마찬가지다. 따라서 천지사방 어디에나, 그리고 자신에 관해, 전 세계를 적개심도 없고 악의도 없는 고귀하고 무변광대한 자애심으로 가득 채우고 살아라.
마음의 사 분의 일을 연민심으로 가득 채우고 살아라…
마음의 사 분의 일을 공감적 기쁨으로 가득 채우고 살아라…
마음의 사 분의 일을 평등심으로 가득 채우고 살아라…[99]

☑ 기억할 요점

- 고통의 원인은 세계적으로 서로 연결되어 있기에 한 가지 문제를 치유하고 개선하면 필연적으로 다른 문제도 개선된다.
- 우리가 어디에 참여해야 하는지를 분별하기 위해 자신에게 물어볼 수 있다. "내가 살아 있게 만드는 일은 무엇인가?", "내가 보호하고자 투쟁하는 것을 나는 정말로 사랑하는가?"
- 분노와 공포, 증오는 사회운동을 부추기는 강력한 에너지이지만, 이런 에너지는 결국 이렇게 소진되며 그 이상의 손해를 유발한다.
- 행동주의를 위해 재생 가능한 청정에너지원에는 친절과 사랑, 지혜, 평화가 포함된다.
- 자애 명상은 적절히 각색해서 쓸 수 있기 때문에, 우리는 자신이 참여하고 있는 봉사활동의 특수한 상황에 맞게 자애 명상을 하고 있다.

🐘 논의할 질문

1. 사고 실험으로 지역 공동체나 소규모 활동에 참여함으로써 관심 범위를 확대하는 데 어떤 이익을 가져오는지 파급 효과를 제시해보라. 예를 들어 지역 학교나 노인복지관에 태양 전지판을 설치하는 방법에 대한 논의는 그 한 건물에 국한되는 이상으로 영향력이 있다.
2. 세상에 봉사하는 가장 좋은 방법을 분별하기 위해 이 과에서 제시한 두 가지 질문 외에 다른 어떤 방법이 있는가?
3. 많은 사람들이 자신의 분노나 위반이 어떤 문제에 대해 뭔가를 하게 만드는 동기가 되며, 그것이 매우 효과적이라는 사실을 관찰한다. 장기적으로 분노가 사회운동가의 활

동에 해로운가? 친절, 기쁨, 지혜 등의 에너지로부터 봉사활동을 시작하게 되는 것이 현실적이라고 생각하는가?

4. 당신의 경우 '대의를 위한 자애' 명상을 어떻게 바꾸고 싶은가?

가정생활 질문

5. 당신의 가족은 지역사회 봉사활동이나 지원, 대의에 참여하는가? 당신의 아이들은 어떻게 참여하는가?

6. 아이의 영적인 발달에 봉사활동이 어떤 역할을 한다고 보는가?

~ 5.5과 – 봉사 ~
영적인 수행으로서의
자녀 양육과 파트너 관계

이 과에서 공부할 내용

- 영적인 수행으로서의 자녀 양육
- 영적인 수행으로서의 결혼과 파트너 관계

✾ 학습

처음 영적인 수행을 가정생활에 통합할 때 우리는 대체로 마음챙김과 불교의 가르침에 의지함으로써 자녀 양육이 개선될 거라고 생각한다. 마음챙김 자녀 양육이라는 이 개념에서 영성 수행과 자녀 양육은 비교적 별개의 것이며, 영성 수행과 원칙을 자녀 양육에 적용하고 있다. 이것이 마음챙김 자녀 양육에 대해 생각하는 아주 좋은 방법이기는 하지만, 우리는 시간의 한계에 부닥치게 된다. 영적인 수행은 날마다 해야 하는 것이며, 수년 동안 상당한 시간을 필요로 한다. 하지만 우리는 이미 자녀 양육과 가사만으로도 충분히 분주하다.

하지만 명상할 시간이 턱없이 부족함에도 불구하고 마음챙김 자녀 양육을 보는 또 한 가지 방법이 있다. 실제로 자녀 양육 자체를 영성 수행으로 볼 수 있다. 결국 우리는 자녀 양육 방법을 변화시키는 것 외에는 어떤 것도 할 필요가 없다. 말하자면 더 친절하고 부지런하고 깨어 있으며 덜 자기중심적이 되기 위해 의식적으로 자녀 양육이라는 힘든 일을 이용하는 것을 의미한다.

말하자면 줄곧 자녀들에게 세심히 주의를 기울이려면 마음챙김을 할 필요가 있다. 엄마가 된 후로 나는 아이들이 어디에 있는지, 안전한지, 무엇을 하고 있는지에 잠시도 주의를 기울이지 않은 적이 없었던 것 같다. 심지어 잠을 잘 때조차 내 마음 한 자락은 여전히 아이들을 향해 깨어 있는 것을 느낄 수 있다. 마음챙김 능력을 훈련하는 데 있어서 아이들의 행복을 위해 의식적으로 마음챙김을 하는 것이 얼마나 효과적인지를 과소평가해서는 안 된다. 아이들이 어릴 때 극도로 잠이 부족한 시기에도 우리가 마음챙김 수련을 하고 있다는 사실을 명심하라.

다시 말하자면 우리는 자신의 욕구에 집중하는 데서 아이들의 욕구로 초점이 바뀌기 때문에 자기중심성이 약화되기 시작한다는 사실을 알아차린다. 몇 년 전에 나는 알고 지내는 한 아이 아빠의 개인적인 경험담을 들은 적이 있다. 그는 어린 딸을 데리고 놀이터에 갔었는데, 딸이 콧물을 흘리고 있었다고 한다. 콧물을 닦아줄 도구가 아무것도 없었기에 그는 조금의 망설임도 없이 자신의 손으로 콧물을 훔쳤다. 그 순간 다른 사람의 콧물 같았으면 느꼈을 역겨움을 딸의 콧물에서는 전혀 느끼지 못했고, 그 사실이 스스로도 놀라웠다. 그는 세상 모든 존재가 연결되어 있다는 불교의 가르침에 대해 그때 뭔가를 깨달았다고 털어놓았다. 아빠는 딸의 콧물이 전혀 더럽게 느껴지지 않았다. 왜냐하면 그것은 딸의 콧물일 뿐 아니라, 그 자신의 것이었기 때문이었다. 우리는 자녀들과의 관계에서 이처럼 자타가 서로 연결되어 있는 존재라는 사실을 어렴풋이 알게 된다. 이 짧은 시간에 우리는 에고로 규정되는 작은 자아를 벗어나는 기쁨을 경험한다.

게다가 자녀 양육은 이전에 경험하지 못했던 혹독한 방식으로 우리를 시험한다. 자녀 양육을 하다보면 나쁜 습관과 우리가 더 성장할 필요가 있는 부분이 드러날 가능성이 있다. 그 과정에서 우리는 자신에 대해 좀 더 현실적이고 솔직한 평가를 하게 된다. 자기 자신을 좀 더 똑똑히 지켜볼 때 우리는 타인의 한계에 대해 훨씬 더 관대해질 수 있다. 자신의 결점을 지켜본 후에야 부모의 결점에 대해 좀 더 용서가 되는 사람들이 얼마나 많은 가? 친절과 용서는 영성 수행의 핵심이며, 자녀 양육을 통해 상당히 길러질 수 있다.

자녀 양육이 얼마나 영적인 수행과 뗄 수 없는 관계인지를 보여주는 몇 가지 예가 있다. 여러분도 자기만의 방식으로 자녀 양육이 얼마나 영적인 수행이 되는지를 탐색해보라. 하지만 많은 사람들은 여전히 부모의 역할에 집중하지 않으며 자기중심적이기 때문에, 단지 자녀 양육을 통해서만 이런 통찰이 일어나는 것은 아니다. 오히려 자녀 양육이 영성 수행의 장이 되기 위해서는 활짝 깨어 있어야 하며 자녀 양육에 대해 배우려는 태도가 필요하다. 이런 관점을 가질 때 자녀 양육은 가정생활에서의 영적인 성장에 온전히 통합된다. 이런 관점에서 우리는 아이가 성인이 되기까지 기나긴 자녀 양육 과정을 집중 영성 수행으로 생각할 수도 있다.[100]

파트너 관계도 영적인 수행이다

마음챙김 자녀 양육에 대해 생각해볼 때 가족이란 단지 부모와 자녀들만으로 이루어지는 것이 아니라 긴밀하게 협력하며 함께 아이들을 키우는 두 성인 간의 동료 관계이기도 하다. 이 동료 관계에는 결혼한 부부나 동거 커플, 이혼 후에 부모 역할을 도와주는 친척이나 친구 등 다양한 형태가 있다. 함께 양육하는 두 사람의 관계의 질이나 우리가 파트너와 협력하거나 협력하지 않는 방식은 아이들에게 엄청난 영향을 미친다. 그렇기에 마음챙김 자녀 양육에 대해 생각할 때 우리는 마음챙김 결혼이나 마음챙김 관계에 대해서도 생각해볼 필요가 있다.

대부분의 사람들이 영성 수행을 할 때 일정한 곡선을 따르게 된다. 처음 영성 수행과 명상 수행을 시작할 때 우리는 새로 시작한 영성 수행이 자신의 문제를 해결하고 상처를 치유하고 자신의 나쁜 습관을 없애는 데 도움이 될 거라고 기대한다. 처음에는 더 부드럽고 친절하고 현명한 선택을 하면서 개선되는 점을 보게 된다.

　헌신적인 노력을 하면서 수년, 혹은 수십 년을 보낸 후에는 온갖 노력을 기울였음에도 몹시 진전이 더디다는 사실을 감지하게 된다. 심지어는 그 모든 수행을 감내했음에도 막상 화가 나거나 두려운 일이 닥치면 완전히 거기 휩쓸리게 되기도 한다. 너무나 맥 풀리는 일이다.

　그러면 이런 생각이 들지도 모른다. "정말 열심히 했는데 이 방법도 통하지 않네. 다른 걸 해봐야겠어. 그런 식으로 열심히 해서는 안 되나봐. 긴장을 풀어야 할 거 같은데, 그렇게 할 수 있을까?" 이렇게 전혀 새로운 길이 시작되며, 내려놓을 때 우리는 그것이 자신의 통제하려는 욕망과 기대, 바로잡으려는 욕구, 실망을 부르는 완벽주의라는 사실을 발견한다. 그 모든 것을 내려놓을 때 상황이 기적적으로, 거의 예기치 못한 방향으로 펼쳐지기 시작한다. 진정으로 있는 그대로 자신을 받아들이기 시작할 때, 우리는 자신의 결점도 나름대로 아름답다는 사실을 발견한다. 우리는 자기 자신에게 마음을 열고, 따라서 다른 사람들에게도 마음을 열게 된다. 그러면 우리는 진정으로 자신이 찾고 있던 것이 무엇인지를 발견하기 시작한다. 그것은 무조건적 사랑이다.

　주의 깊게 지켜보면 우리의 파트너 관계는 동일한 곡선을 따를 수 있다. 처음에는 '이 사람이 내 삶을 완벽하게 만들어줄 바로 그 사람일 것'이라고 생각한다. 파트너의 결점이 보이기 시작할 때, 어떤 사람들은 일을 바로잡으려고 다른 사람을 바꾸거나 우리 자신을 바꾸려고 할 것이다. 우리는 높은 기대를 가지고 상황을 통제하고 개선되기를 바란다. 하지만 몇 년이 지나도 관계가 그다지 바뀌지 않아서 좌절할 수도 있다. 만약 우리가 지혜로운 사람이라면 '다른 방법을 시도해봐야겠어.'라고 생각할 것이다. 영성 수행을 할 때와 마찬가지로 우리가 다른 사람을 어떤 방향으로 바꾸고 통제하려는 욕구를 내려놓을 때, 비로소 그 사람의 결점까지도, 있는 그대로 모든 것을 사랑하는 법을 배우게 된다는 사실을 발견하게 된다.

　영성 수행의 곡선과 부부관계의 곡선이 단지 평행하기만 것만은 아니며, 두 곡선은 긴밀하게 협력한다. 영성 수행을 좀 더 깊이 할 때 우리 자신이 사랑하는 이에게 어떤 파트너인지가 불가피하게 변화한다. 마찬가지로 타인에 대한 우리의 요구와 욕구를 줄여나가는 법을 배울 때, 우리는 영성 수행이 자신의 에고에 기인한 욕구를 만족시키는 것이 아니라 욕구를 완전히 내려놓는 것이라는 사실을 배우게 된다.[101]

(이 논의는 신체적, 정신적 학대, 약물 남용이나 중독, 지속적인 배신행위가 없는 관계일 경우를 가정한 것이다. 이런 것 중 한 가지나 몇 가지 문제가 있는 경우라면, 전문가의 상담을 받아보는 것이 좋다.)

🤚 과제

공식 수행

- 잠시라도 고요히 자리에 앉아서 명상 수련을 하는 것은 언제든 유익하다. 매일 2분이나 5분, 아니면 10분간 가능한 대로 짬을 내서 앉아라.
- 집중 명상을 하고 싶다면 매번 20분씩, 일주일에 3~5회 정좌 명상을 하라.

일상생활 수행

자녀 양육. 아이들과 함께 하루를 보낼 때, 자녀 양육이 그 자체로 영적인 수행이 되는 것을 관찰하라. 또한 마음챙김과 불교의 가르침을 자녀 양육에 '적용'하기를 바라는 마음 상태를 지켜보라. 그렇게 함으로써 우리가 어떻게 이 둘을 분리해서 생각하는지를 알 수 있다.

파트너 관계. 가정 내의 근본적인 인간관계가 그 자체로 얼마나 영적인 성장이 되는지를 알아차려라. 이런 관점을 가질 때 상대방을 대하는 방식이 어떻게 바뀌는가? 마찬가지로 상대방의 영성 수행에도 당신이 필요한가?

❂ 붓다의 말씀

젊은 가장이여, 다섯 가지 방식으로 아내는 남편에 의해 보살핌을 받아야 한다.

1. 아내를 정중히 대함으로써
2. 아내를 경멸하지 않음으로써
3. 아내에게 충실함으로써
4. 아내에게 권한을 넘겨줌으로써
5. 아내에게 장신구를 줌으로써

따라서 남편에 의해 보살핌을 받는 아내는 다섯 가지 방식으로 남편에게 연민을 보여야 한다.

1. 아내는 자기 임무를 다한다.
2. 아내는 친지들을 반갑게 맞이한다.
3. 아내는 정숙하다.
4. 아내는 남편이 가져오는 모든 것을 잘 지킨다.
5. 아내는 능숙하고 근면하게 자신의 임무를 수행한다.[102]

☑ 기억할 요점

• 우리는 의식적으로 자녀 양육이라는 힘든 일을 이용해서 좀 더 친절하고 부지런하고

깨어 있으며 덜 이기적인 사람이 될 수도 있다.

- 영성 수행을 자녀 양육에 적용하는 것으로 생각하기보다는 자녀 양육 자체를 영성 수행으로 생각할 수 있다.
- 결혼이든 동거든 간에 가정 내의 기본적인 동료 관계도 또한 영적인 수행의 일부다.
- 사람이나 사물이 어떤 방식으로 되기를 바라는 욕구를 내려놓는 것은 우리 자신과 파트너 두 사람 모두를 위한 진정한 사랑의 시작이다.

🐘 논의할 질문

1. 학습 항목에서 자녀 양육이 영성 수행이 되는 세 분야로서 마음챙김, 자기중심성 줄이기, 자신의 결점 발견하기를 언급하고 있다. 자신의 경험에서 자녀 양육이 영적인 수행이 되는 다른 어떤 분야를 찾을 수 있는가?
2. 배우자나 동거인에 대해 생각할 때, 그들이 어떻게든 바꾸었으면 좋겠다고 바라는 점은 무엇인가? 그들이 바꾸지 않거나 바꿀 수 없다면 어떤 상황이 벌어질 거라고 생각하는가?
3. 결혼이나 동거는 어떻게 일종의 영적인 수행이 되는가?

온 가족을 위한
열 가지 명상

온 가족을 위한 열 가지 명상

아이들은 부모로부터 비언어적인 의사소통을 통해 간접적으로 많은 것을 배우지만, 부모는 영적인 성장에 집중하기 위해 의도적으로 여러 가지 활동을 시작할 수 있다. 다음은 가족이 함께 수행하는 열 가지 방법이다. 물론 열 가지를 동시에 하거나 전부 다 할 필요는 없다. 그저 한 가지를 선택해서 가족의 일상에 끼워 넣어보라. 적당한 때에 한 가지 수행을 더 추가할 수도 있다. 현실적으로 우리 가정에서는 한참 동안 어떤 수행을 하다 보면 알아차리지 못하는 사이에 그것이 시들해진다. 그러면 우리는 다른 수행을 고른다. 또한 아이들의 나이나 가정생활의 리듬, 여러분이 현실적으로 하루에 할 수 있는 일에 따라 다른 수행을 선택할 수 있다.

껴안기 명상[103]

마음챙김 껴안기는 두 사람 모두에게 안전감과 평화, 행복감을 가져다준다. 이 명상 수련을 하기 위해 필요한, 껴안을 상대로 가족 중 누군가를 찾아내거나 또는 혼자인 경우 자기 스스로를 껴안아라. 서로 마주 보고 서서 상대방의 눈을 들여다보아라. (그 사람이 어린아이라면, 무릎을 구부려서 눈높이를 맞추어라.) 합장한 손이 가슴 앞에 오게 하고 천천히 서로 절을

356

하는 것으로 시작하라.

그런 다음 상대방을 품에 넣어 천천히, 그리고 부드럽게 껴안아라. 서로의 품에서 함께 세 차례 호흡을 함께 한다. 길게 심호흡을 하는 것으로 시작하고, 천천히 내쉬면서 자신이 살아있다는 것을 알아차려라. 두 번째 호흡을 하면서 상대방이 살아있다는 것을 알아차려라. 세 번째 호흡을 하면서 상대방을 품에 껴안을 수 있어서 행복하고 감사한 마음을 길러라. 이제 조용히 상대방을 놓아주고 다시 서로의 눈을 들여다보아라. 명상을 마치기 위해 서로에게 절을 하고, 원래의 자세로 돌아오면서 따뜻한 미소를 보내라.

간단한 걷기 명상[104]

노소를 막론하고 일반적으로 삶의 속도를 늦출 때 더 행복하고 더 친절하며 우리가 다른 사람들에게 어떤 영향을 미치는지에 더 주의를 기울이며 이기심이 줄어들게 된다. 여기 누구나 좋아할 만한 최고의 명상이 있다. 이 명상은 특히 침착하지 못하고 들떠 있는 아이들에게 도움이 된다.

집 주변이나 공원이나 자연 탐사 오솔길로 산책을 나가 보라. 산책을 하는 동안 2분 걷기 명상을 할 예정이라고 미리 말해두어라. 산책할 때마다 걷기 명상을 하는 것을 습관화하면, 누구나 그 시간을 기다리게 된다. 왜냐하면 속도를 늦추는 데 익숙해지기만 하면, 이것은 즐거운 명상이기 때문이다. 아이들 중 한 명에게 길게 울리는 소리를 모방해서 '공' 소리를 내기 시작하게 하라. 처음에는 부끄러워할 수도 있지만, 곧 그런 소리를 내는 것이 재미있다는 사실을 알게 된다.

"고오오——————옹!" 호흡이 아니라 걷기에 세심하게 주의를 기울이고 아주 천천히 걸으면서 모두 숙연해진다. 처음 한 발을 지면에서 들어 올리면서 발에서 일어나는 모든 감각과 허공을 가로질러 앞으로 내딛으면서 지면에 닿는 발의 감각을 느껴보라. 그런 다음 다른 쪽 발에 대해서도 똑같이 알아차림을 기르고, 이 과정을 되풀이하라. 다른 사람이 종료 공을 울리게 하라. 만약 두 사람뿐이라면 교대로 하라. 걷기 명상을 마칠 무렵에는 모두들 걸음을 늦추고 좀 더 밝고 즐거운 기분을 느끼게 된다.

식사시간 명상

하루 한 끼의 식사에 식사시간 명상을 넣어라. 아이들 중 한 명이 다음과 같이 돌림노래 형식으로 명상을 주도할 수도 있다. 어린이 명상 과정의 한 과에서 공부한 마음챙김을 먹기에 통합할 수도 있다. 말하자면 본격적으로 대화를 시작하기 전에 모두들 마음챙김 하며 세 입 먹기를 하는 것이다. 마음챙김 먹기를 준비하기 위해 짤막한 감사 표현이 음식과 영양, 먹는 행위에 집중하는 데 도움이 된다. 다음과 같은 문구는 어린아이들에게 특히 효과가 있다.

> 이 음식에서
> 나는 뚜렷이
> 나의 존재를 지탱하는
> 전 우주의 존재를 봅니다.[105]

테디 베어 호흡 명상[106]

온라인: mindfulfamilies.net에서 이 명상의 시범 동영상을 볼 수 있다.

아이들이 바닥에 등을 대고 드러눕도록 한다. 아이들이 좋아하는 테디 베어나 동물 모양 봉제완구를 각자의 배 위에 올려놓도록 한다. 다리를 뻗고 팔은 편안히 옆으로 놓고 눈을 감도록 한다. 앉을 자리를 찾아 다음과 같이 명상을 하도록 한다.

배를 아래로 내리고 폐를 공기로 채우면서 길게 심호흡을 하며 시작한다. 그런 다음 온몸의 무게를 바닥에 내려놓고 긴장을 풀도록 하고, 천천히 숨을 내쉬어라. 그 동작을 되풀이하라. 길게 들이쉬고… 길게 내쉬어라. 온몸의 긴장을 풀어라.

호흡이 원래의 리듬으로 돌아가게 두어라. 이제 배에 마음을 기울여 알아차림을 가져가라. 배 위에 놓여 있는 테디 베어나 동물 모양 봉제완구를 느껴보라. 아주 천천히 조용히 배로 호흡을 하면서 봉제완구 동물을 흔들어 잠재워보라. 숨을 들이쉬면 배가 부풀면서 동물은 위로 올라가고, 숨을 내쉬면 배가 꺼지면서 봉제완구 동물은 아래로 내려간다. 숨을 들이쉴 때 올라가고 내쉴 때 내려간다. 천천히, 그리고 조용히 호흡하라. 호흡 방법을 바꿀 필요도 없고 그저 평소처럼 호흡하라. 아주 조용히 부드러운 움직임으로 그 동물을 말 태워준다고 상상해 보라.

테디 베어 호흡 명상을 하는 동안 주의할 일이 몇 가지 있다. 호흡에 주의를 기울일 때 호흡에 자연스러운 변화가 생기는가? 더 느리고 깊어지는가? 아니면 더 가볍고 얕아지는가? 들숨과 날숨 사이에 잠시 멈추는 것은 어떤가? 그것이 무엇과 같은가? 봉제완구 동물을 흔들어 잠재우는 시간이 길어질수록 들숨과 날숨의 호흡 간격이 길어지는가? 자신의 호흡에 주의를 기울일 때 신체의 느낌이 어떻게 바뀌는가? 마음은 어떻게 바뀌는가? 생각은 어떻게 바뀌는가?

좀 더 오래 테디 베어 호흡 명상을 계속하라. 잠시 후에 종을 울려 마칠 것이다.

태평스러운 새끼 돼지 명상[107]

당신의 아이와 함께 이 명상을 하기 전에 동화책『놀 때는 그냥 신나게 놀아(*Peaceful Piggy Meditation*)』(로렌 알더퍼 글, 케리 리 맥린 그림, 김선희 옮김, 담앤북스, 2016)를 읽는다면 더할 나위 없이 좋을 것이다.

태평스러운 돼지처럼 앉기 위해 다리를 꼬고 조용히 허리를 곧게 펴고 눈을 내리깔거나 감는다. 종을 울리면 주의 깊게 들어라. (종이 울리고, 종소리가 희미해져서 들리지 않을 때까지 놔둔다.) 이제 자신의 호흡을 알아차려라. 코를 통해 시원한 공기가 들어오고 따뜻한 공기가 나가는 것을 알아차려라. 당신은 아직도 태평한 돼지인가? 마음이 천지사방을 떠돌거든 호흡을 세어 보아라. 숨을 들이쉬고 하나, 숨을 내쉬고 둘,,, 마음이 잠잠해지면서 자신의 생각에 귀 기울일 수 있게 된다. 마음의 하늘에 구름처럼 생각이 스쳐지나가게 놔두어라. 생각이 떠다니게 내버려두고 자신의 호흡을 느끼는 것으로 돌아오도록 하라. 3분간 더 앉아 있다가, 종이 울리면 명상을 마친다.

내면의 미소 명상[108]

숨을 들이쉬면서 몸을 고요히
숨을 내쉬면서 몸을 편안히
숨을 들이쉬면서 얼굴에는 미소
숨을 내쉬면서 모든 걱정을 놓아버려라.

이제 그대의 미소가 내면의 미소로 바뀌게 하라.
마음속 가장 깊은 곳에서부터 미소를 느껴라.
그 미소가 그대의 팔을 통해 번지게 하라. 그대의 손에 번지게 하라.
그 미소가 그대의 다리를 통해 번지게 하라. 그대의 발에 번지게 하라.
그대의 얼굴에, 그대의 귀에, 그대의 마음에 미소
온몸으로 미소 짓게 하라.

숨을 들이쉬면서 지금 이 순간에 깊이 머물러라.
숨을 내쉬면서 지금 이 순간이 가장 경이로운 순간임을 알아라.

종을 울려 마친다.

집중하기[109]

집중하기는 당신 자신의 몸과 마음, 생각을 아이가 느끼는 방식에 나란히 가져가는 것을
의미한다. 특히 괴로운 순간에 더욱 필요하다. 신체적으로 당신은 조용히 아이와 똑같은

자세나 비슷한 자세를 취할 수 있지만, 아이가 놀림을 받는다는 기분이 들게 해서는 안 된다. 정신적으로 아이의 마음과 연결하는 것을 시각화할 수도 있다. 마지막으로 호흡의 리듬을 조절해서 아이의 호흡에 맞출 수도 있다. 그런 후에 천천히 느리게 호흡의 속도를 늦추어서 직간접적으로 아이의 호흡도 속도를 늦추도록 도울 수 있다. 이런 식으로 아이는 인정받고 이해받고 있다는 기분을 느낄 뿐 아니라 상황을 좀 더 온화하게 처리할 안전한 공간을 만들어낼 수 있다.

취침 시간의 자애 명상

취침 시간은 아이들과 자애 명상을 하기에 더할 나위 없는 시간이다. (명상 지도자인 그레고리 크라머Gregory Kramer는 두 아들이 장성할 때까지 매일 밤 잠자리에서 자애 명상을 했다고 한다.)

아이들과 함께 자애 명상을 하는 많은 방법이 있지만, 아이들이 어렸을 때 같은 방에서 자면서 나는 이런 식으로 자애 명상을 했다. 잠자리에 든 후에 우리는 숨을 깊이 들이쉬고 길게 내쉬기 시작했다. 그런 다음 나는 이렇게 말했다. "몸을 침대에 눕히고 매트리스의 탄력과 따뜻하고 포근한 촉감을 느끼며 하루의 모든 걱정을 내려놓고, 그저 긴장을 풀고 마음을 누그러뜨려라. 그런 후에 자신의 마음 공간으로 알아차림을 가져가면서 햇빛처럼 선명하게 타오르는 온화한 빛이 심장에서부터 몸 전체로, 머리에서 발끝까지 퍼지는 것을 마음에 그려보아라. 또 이 온화한 빛 안에 우리의 좋은 의도와 다정한 소원이 있다."

잠자리에서 우리는 다음과 같은 자애 문구를 사용한다.

_____가 건강하기를.
_____가 안전하고 보호 받기를.
_____가 행복하고 평온하기를.

자애 문구를 덧붙이거나 바꾸어도 좋다.

우리는 자애 명상의 대상으로 네 가지 부류를 사용하는데, 세 번째과 네 번째 부류는 매일 밤 아이들이 다른 사람이나 사물을 고르게 한다.

1. 우리 자신
2. 친척이나 친구, 선생님 등 지인. 특별한 사람이 힘든 시간을 보내고 있다면, 그들을 위해 소원을 추가한다.
3. 자연의 동물이나 열대우림식물, 혹은 지형. 예를 들어 "캥거루들이 좋은 서식지와 충분한 먹을거리를 갖기를."이나, "열대우림이 벌목과 남벌로부터 지켜지기를."
4. 세상 모든 존재.

온라인: mindfulfamilies.net에서 아이들을 위한 취침 시간 자애 명상에 대한 집중 설명을 제공하는 훌륭한 팸플릿으로 링크를 제공하고 있다.

가정의 성소

많은 가족들이 우리의 고매한 의도에 다시 연결하는 의식을 위한 신성한 공간을 가지고 있다. 가정의 성소는 아이들에게 매우 특별하다. 왜냐하면 이 공간은 아이들의 영성과 기쁨, 관심에 시각적 촉각적 표현을 제공하기 때문이다. 가정의 성소를 만드는 많은 방법이 있지만, 대체로 그런 공간은 아름답고 깨끗한 사적인 장소다. 가능한 몇 가지 요소는 다음과 같다.

• 표면을 덮을 깨끗한 천

- 양초
- 향과 향꽂이
- 꽃
- 명상 종
- 고리나 나무 이미지 같은 영성의 상징이나 불상
- 인생에서 특별한 사람의 물건이나 사진, 특히 시련을 직면한 사람들
- 해변에서 주워온 조개껍질이나 마른 잎사귀 같은 저마다에게 의미 있는 것을 나타내는 기념물
- 가까이 놓인 명상 방석이나 편한 자리

이 특별한 공간은 아이들이 일을 진행할 필요가 있을 때 갈 수 있는 안전지대다. 그 공간과 관련된 폭력이나 고통이 전혀 없는 장소를 선택하는 것이 중요하다. (예를 들어 그곳을 중간 휴식 장소로 만들지 마라.)

그 공간에 물건들을 배열한 후에 날마다, 혹은 매주나 매달 가족이 함께 하는 의식을 추가할 수도 있다. 이런 공식적, 비공식적 의식은 신성한 존재를 인정하고 감사의 마음을 기르고 의도를 정하고 타인을 위해 기원하는 데 사용될 수 있다. 또 가정의 성소를 만드는 다양한 방법이 있다. 대체로 의식을 정해진 일상으로 습관화하여 아이들이 기억할 수 있도록 하든지, 아이들이 관련된 단계에 익숙해지면 의식을 주도하거나 참여하게 하는 것이 좋다.

가족 명상

일부 명상 지도자들은 집에서 매일 가족 명상 시간을 가지는 것을 적극적으로 권장하고

있다. 반면에 부모의 개인적 수행만으로도 충분하다고 주장하는 명상 지도자들도 있다. 실제로 아주 유명한 명상 스승은 자녀들에게 집에서 명상에 참여하도록 요구하지 않았지만, 그의 아들은 자라서 스스로 불교의 승려가 되었다. 그 아버지는 오직 자신의 수행을 했을 뿐이며, 때때로 그의 아이들은 집에서 명상을 하는 아버지를 우연히 발견하곤 이따금 그와 함께 잠시 앉아 있다가 달아나기도 했다. 다른 가족들은 주 1회나 월 1회 간단한 의식과 몇 분간 명상을 했다. 부모와 자녀들은 모두 그때를 단란함과 신성함이 있는 매우 특별한 시간으로 기억한다.

가족의 스케줄에 가족 명상을 통합할 것인지 말 것인지, 언제 어떻게 통합할 것인지를 결정하는 많은 요인이 있다. 여기에는 아이들의 나이, 부모의 업무 스케줄 맞추기, 등교 시간이 언제인지 등이 포함된다. 일반적으로 가족 명상 시간은 매우 유익하다. 동시에 가족 명상을 전혀 하지 않거나 자주 한다고 해도 괜찮다.

대체로 가족 명상에 대해 아주 가볍게 생각하는 편이 낫다. 우리 아이들에게 명상하기를 권할 때는 항상 굉장히 부드럽고 긍정적인 태도가 필요하다. 모든 가족 구성원이 동시에 명상을 하는 것은 매우 유익하다. 그것이 가족 활동일 때 아이들은 더 잘 참여하기 때문이다.

가족 명상 수련을 통합하기에 대한 상세한 지침을 보려면, 케리 리 맥린(Kerry Lee McLean)의 저서 『가족 명상(The Family Meditation Book)』을 참고하라.

∾ 감사의 말 ∾

많은 분들의 노고와 지혜, 독창성에 힘입어 마침내 이 명상 과정이 빛을 보게 되었다. 이 분들 중에 몇 분의 이름은 지면을 빌어 밝히고 싶다. 누구보다도 먼저 거론할 사람은 매우 노련하고 걸출한 편집자 조쉬 바톡(Josh Bartok)이다. 즉흥적으로 내뱉은 말이 여러분의 손에 들고 있는 책으로 출간되기까지 모든 과정을 매끄럽게 이끌었다. 일찍이 그의 재능을 알아보고 영입한 위즈덤 출판사의 CEO와 조쉬 바톡(Josh Bartok), 이 두 분의 도움이 없었더라면 이 책은 세상에 존재할 수 없었을 것이다.

더럼가족명상회(The Mindful Families of Durham) 여러분들에게 특별히 감사드린다. 이 명상 과정의 수업 계획안은 대부분이 거기서 나왔으며, 두 전임 교사들이 교사용 지도서에 많은 기여를 했다. ('명료함'와 '일관성' 항목은 로라 디월트Lora DeWalt의 지도서에서, '어려움을 다루기' 항목은 엘리어트 턴불elliott turnbull의 지도서에서 가져온 것이다.) 여러분의 경험과 통찰에 감사드린다. 노스캐롤라이나 대학교 채플힐 캠퍼스(UNC-Chapel Hill)의 바바라 프레드릭슨(Barbara Fredrickson) 교수와 연구진, 그리고 나에게 초보자 마음챙김 워크숍을 맡겨준 샤론 샐즈버그에게도 무한한 고마움을 전한다. 내가 교사로서 경력을 시작하고 초심자를 위한 명상 자료를 만드는 법을 배우게 된 것도 이 워크숍을 통해서였다. 마찬가지로 나의 워크숍 초기 버전을 강연할 기회를 제공해준 한국과 말레이시아의 여러 불교 단체에 감사드린다. 권위 있는 조직자이자 에이전시인 베니 료(Benny Liow)의 노고에 특별히 고마운 마음을 전한다. 게다가 싱가포르와 인도네시아, 대만의 수행 센터와 사찰들이 나에게 젊은 이와 부모들을 가르칠 기회를 제공했다. 또 나는 아시아에서뿐 아니라 미국에 있는 아시아나 아시아 혼합 불교 공동체에서 모든 연령대의 사람들을 대상으로 사찰들이 만든 교육 프로그램을 진행할 수 있었다.

수십 명의 음악인과 화가, 교육자들이 기꺼이 자신의 재능을 공유해주었다. 벳시 로즈(Betsy Rose)와 조셉 에멧(Joseph Emet), 내트 니들(Nat Needle)은 각별한 아량으로 아름다운 음악을 제공해주었다. 마찬가지로 프랑스의 명상가이자 삽화가인 파스칼 라퐁드(Pascale Lafond)의 호의 덕분에 유쾌하고 가슴이 따뜻해지는 삽화를 실을 수 있었다. 또 나는 틱낫한, 수잔 카이저 그린랜드(Susan Kaiser Greenland), 크리스토퍼 윌러드(Christopher Willard), 케리 리 맥린(Kerry Lee MacLean), 하주 스님, 달마 레인 선센터(Dharma Rain Zen Center), 헤더 준트버그(Heather Sundberg), 카이라 주얼 링고(Kaira Jewel Lingo) (전前 시스터 차우 응히엠Sister Chau Nghiem), 페니 길(Penny Gill) 등의 선구적인 연구에서 영감을 받았다. 이 분들은 저마다 어린이 명상을 위한 방법과 정보, 수업 계획안을 선보였는데, 그중 다수가 이 명상 과정에 포함되어 있다. 이분들의 관대함과 솔직함에 진심으로 감사드린다. 성인용 명상 과정의 자료를 위해 샤론 샐즈버그와 길 프론스달(Gil Fronsdal), 틱낫한, 아잔 브람의 저술에서 영향을 받았다. 이분들은 저마다 초심자와 재가자들에게 특히 효과적인 글을 집필한 바 있다. 숀 윈스테드(Shawn Winstead)와 메리 브랜틀리(Mary Brantley), 잰 로자몬드(Jan Rosamond), 팔로마 카인(Paloma Cain), 브라더 팝 하이(Brother Phap Hai) 등 여러 법우들이 직접적으로 나의 원고 작업을 도와주었다. 붓다의 말씀을 포함시키자는 멋진 아이디어를 제공한 프란츠 맷캐프(Franz Metcalf)와 붓다의 말씀 구절들을 찾는 것을 도와준 마르고 존 맥러플린(Margo McLoughlin)에게도 감사드린다. 전 이노리버 유니테리언 유니버설리즘(Eno River Unitarian Universalist Fellowship)의 어린이 명상 프로그램 지도자인 캐시 크로닌(Kathy Cronin)은 자신의 전통에서 정말로 유용한 수업 계획안 역할을 했던 귀중한 자료를 공유해주었다. 듀크대학교의 도서관과 식당은 집필을 위해 더없이 조용한 면학 분위기를 제공해주었다.

이 프로젝트는 가장 중요한 연구비 지원을 받는 엄청난 행운을 누리게 되었다. 무엇보다도 처음 3년간 연구와 집필을 가능하게 했던 초기 연구비를 지원해준 허쉬 재단(Hershey Family Foundation)과 이어서 추가적으로 연구비 지원을 해준 헤메라 재단(Hemera Foundation)과 켄체 재단(Khyentse Foundation)에 감사를 드린다. 우리가 공유하는 비전에 참여해준 모든 분들께 감사드린다.

'베리의 보디사트바[菩薩]'에게 이 책을 헌정한다. 매사추세츠 주 베리에 있는 통찰 명상회(Insight Meditation Society)와 베리불교학연구센터(Barre Center for Buddhist Studies)의 명상지도자들과 직원들, 법우들에게 이 책을 바친다. 이런 공동체와 더 광범위한 통찰 명상 단체의 공동체들은 열여섯 살 이후로 변함없는 나의 영적인 가족이었다. 여러분 모두에게 무한한 감사를 드린다.

마지막으로 나의 남편과 아이들에게 깊은 고마움을 전한다. 가정생활에 깊이를 더하는 법에 대한 책을 집필하는 것이 실제로는 한동안 가족들로부터 멀어지게 만드는 모순을 우리 모두 깨달았다. 우리 귀염둥이 프리야(Priya)와 선재(Sonjae)는 노래를 평가하고 고르는 것을 도와주었고, 다른 어린이들을 위한 공예품을 만들고 시험했으며, 활동 책의 초고를 도와주었다. 나의 남편 환수 일미 김은 줄곧 더할 나위 없이 완벽한 파트너였다. 그는 나를 대신해 부모 역할을 도맡아 하면서 내가 글을 쓸 수 있도록 배려했으며, 매 순간 나에게 한결같은 격려와 지지를 보내주었다. 당신이 없었더라면 결코 이 일을 해낼 수 없었을 것이다. 마음속 깊이 사랑한다.

❧ 참고문헌 ❧

들어가는 글

1. 리자 밀러(Lisa Miller) 저, 『*The Spiritual Child: The New Science on Parenting for Health and Lifelong Thriving*』(New York: St. Martin's Press, 2015).

2. 헤더 준트버그(Heather Sundberg) 저, 『*Meditation Instructions for Elementary School Age*』(Woodacre, CA: Spirit Rock Meditation Center Family Program, 2007), 내부용 문건, 저자 개정판.

시작하기

3. 비구 수자토(Bhikkhu Sujato) 번역, "The Discourse on Mindfulness Meditation," MN 10, SuttaCentral, http://suttacentral.net. 저자 개정판.

1.1과 명상: 호흡 명상

4. *Access to Insight*(안드로이드 영어경전 프로그램)(Buddhist Publication Society, 1993, 2013) 웹사이트에서 냐나사타 테라(Nyanasatta Thera) 번역, "The Foundations of Mindfulness" MN 10 참조. 저자에 의해 성 대명사 편집.

1.2과 명상: 감각 마음챙김

5. 길 프론스달(Gil Fronsdal)의 Analogy, 『*The Issue at Hand*』(n.p.: Bookland, 2008) 19페이지.

6. 잭 콘필드(Jack Kornfield) 편저, 『*The Wise Heart*』(New York: Bantam, 2009),51페이지에서 변경.

7. *Access to Insight*(안드로이드 영어경전 프로그램)(2013)에서 타니사로 비구 번역, "Satipatthana Sutta: Frames of Reference," MN 10 참조. 저자 축약판.

1.3과 명상: 신체 마음챙김

8. 비구 수자토(Bhikkhu Sujato) 번역, "The Discourse on Mindfulness Meditation," MN 10, SuttaCentral, http://suttacentral.net. 저자 축약판으로 성 대명사 편집.

1.4과 명상: 걷기 마음챙김

9. 신첸 형(Shinzen Young) 저, 『*Break Through Pain: Practical Steps for Transforming Physical Pain into Spiritual Growth*』, http://www.shinzen.org/Articles/artPain.htm.

10. 샤론 샐즈버그 편저, 『*Voices of Insight*』(Boston: Shambhala Publications, 1999), 56페이지에서 변경.

11. 비구 수자토 번역, "The Discourse on Mindfulness Meditation," MN 10, SuttaCentral, http://suttacentral.net. 저자에 의해 볼드체 추가, 성 대명사 편집.

1.5과 명상: 감정 마음챙김

12. 길 프론스달과 아이네스 프리드먼(Ines Freedman) 저, 『*Introduction to Mindfulness Meditation: Online Course Materials*』(Redwood City, CA: Insight Meditation Center, 2009), 28페이지.

13. 비구 수자토 번역, "The Discourse on Mindfulness Meditation," MN 10, SuttaCentral, http://suttacentral.net. 저자 개정판.

1.6과 명상: 생각 마음챙김

14. 프론즈달과 프리드먼 저, 『*Introduction to Mindfulness Meditation*』, 105페이지.

15. 프론즈달과 프리드먼 저, 『*Introduction to Mindfulness Meditation*』, 41페이지.

16. 길 프론스달 번역, 『*The Dhammapada: A New Translation of the Buddhist Classic with Annotations*』(Boston: Shambhala Publications, 2005), verses 1 – 2.

1.7과 명상: 명상 수련하기

17. 비구 수자토 번역, "The Discourse on Mindfulness Meditation," MN 10, SuttaCentral, http://suttacentral.net. 저자에 의해 볼드체 추가, 성 대명사 편집.

1.8과 명상: 마음챙김 자녀 양육

18. 아미 슈미트(Amy Schmidt) 저, 『*The Life and Legacy of a Buddhist Master*』(New York: BlueBridge, 2005), 59 페이지에서 약간 변경.

19. 존 카밧진과 마일라 카밧진(Jon and Myla Kabat-Zinn) 공저, 『*Everyday Blessings: The Inner Work of Mindful Parenting*』(New York: Hyperion, 1997), 14페이지 참조.

20. *Access to Insight*(안드로이드 영어경전 프로그램) 레거시 에디션(1993, 2013) AN 3.42에서 타니사로 비구 번역, "The Bonds of Fellowship"(1993, 2013), AN 3.42 참조. 저자에 의해 이탤릭체, 볼드체 추가.

2.1과 친절: 개요; 은인

21. 헤네폴라 구나라타나(Henepola Gunaratana) 저, 『위빠사나 명상(*Mindfulness in Plain English*)』(Somerville, MA: Wisdom Publications, 2002), 181.(손혜숙 역, 아름드리미디어, 2007)

22. 샤론 샐즈버그 저, 『*Lovingkindness: The Revolutionary Art of Happiness*』, 40-41페이지, 'Metta (Mettanisamsa) Sutta: Discourse on Advantages of Loving-kindness'(Boston: Shambhala Publications, 2002)

2.2과 친절: 자기 자신

23. 아잔 브람 저, 『놓아버리기(*Mindfulness, Bliss, & Beyond*)』(Somerville, MA: Wisdom Publications, 2006)(한국어 판, 혜안 역, 궁리, 2012).

24. 샤론 샐즈버그 저, 『*Real Happiness*』(New York: Workman Publishing, 2011), 158-66페이지에서 약간 변 경한 대체할 만한 자애 문구.

25. 메리 브랜틀리(Mary Brantley) 저, 『*The Gift of Loving-Kindness*』(Oakland: New Harbinger Publications, 2008)에서 가져온 대체할 만한 자애 문구.

26. 비구 아난다요티 번역, Buddha Jayanthi Tripitak 2.2권 중 『*The King*』(2008년 2월 개정), UD 5.1, SuttaCentral, http://suttacentral.net. 저자에 의해 성 대명사 편집.

2.3과 친절: 친구와 중립적인 사람

27. 헤네폴라 구나라타나 저, 『*Mindfulness in Plain English*』, 183-87페이지.

28. 아잔 브람 저, 『놓아버리기(*Mindfulness, Bliss, & Beyond*)』67-69 페이지.

2.4과 친절: 화

29. *Access to Insight*(안드로이드 영어경전 프로그램)(2011)에서 비구 냐나몰리(Bhikkhu Nanamoli 번역, 『*Visuddhimagga*』 9:23 'The Divine Abidings: Loving-Kindness' 참조.

30. 잭 콘필드 저, 『*Buddha's Little Instruction Book*』(New York: Bantam, 1994), 21페이지에서 가져온 이미지.

31. 메리 브랜틀리 저, 『*The Gift of Loving-Kindness*』, 142 – 43페이지 "bowing to anger"에서 영감을 받음.

32. 제프리 브랜틀리(Jeffrey Brantley) 저, 『*Calming Your Angry Mind*』(Oakland: New Harbinger Publications, 2014) 중 첫 여섯 구절.

33. 메리 브랜틀리 저, 『*The Gift of Loving-Kindness*』, 207페이지에서 마지막 두 구절.

34. *Access to Insight*(안드로이드 영어경전 프로그램), (1994, 2013)에서 "The Elimination of Anger: With Two Stories Retold from the Buddhist Texts"에서 피야티싸 테라(Ven. K. Piyatissa Thera) 번역, 『*The Dhammapada*』, 4 – 5페이지 참조.

35. *Access to Insight*(1994, 2013)에서 "The Elimination of Anger: With Two Stories Retold from the Buddhist Texts" 중 피야티싸 테라 번역, 『*The Dhammapada*』, 133페이지 참조.

2.5과 친절: 용서

36. 샤론 샐즈버그 저, 『*Lovingkindness: The Revolutionary Art of Happiness*』(Boston: Shambhala, 2002), 76 페이지.

37. *Access to Insight*(안드로이드 영어경전 프로그램) (2010)에서 타니사로 비구 저 번역 "Fools and Wise People" 참조. 저자 개정판으로 성 대명사 편집.

2.6과 친절: 거북한 사람

38. 샤론 샐즈버그 저, 『*Lovingkindness*』, 157 페이지.

39. 보디 스님(Bhikkhu Bodhi) 번역, 『*The Numerical Discourses of the Buddha: A Translation of the Aṅ guttara Nikāya*』(Somerville: Wisdom Publications, 2012), 92페이지.

2.7과 친절: 세상 모든 존재

40. 샤론 샐즈버그 저, 『*The Force of Kindness*』(Boulder: Sounds True, 2005), 56페이지에서 가져와 개작.

41. 아마라바티 상하(Amaravati Sangha)가 팔리어를 번역한 『*Metta Sutta*』, SN 1.8.

42. 헤네폴라 구나라타나 저, 『*Mindfulness in Plain English*』에서 가져온 개념.

43. 샤론 샐즈버그 저, 『*Real Happiness*』.

44. 잭 콘필드(Jack Kornfield) 저, 『*The Art of Forgiveness, Lovingkindness, and Peace*』(New York: Bantam, 2002), 118페이지.

45. 샤론 샐즈버그 저, 『*Lovingkindness*』.

46. 잭 콘필드 저, 『*The Art of Forgiveness*』, 126페이지.

47. 샤론 살스버그 저, 『*Lovingkindness*』.

48. 잭 콘필드 저, 『*The Art of Forgiveness*』, 135페이지.

49. 샤론 살스버그 저, 『*Lovingkindness*』.

50. 잭 콘필드 저, 『*The Art of Forgiveness*』, 198페이지.

51. 아잔 브람 저, 『놓아버리기(*Mindfulness, Bliss, & Beyond*)』, 65페이지.

52. 조셉 골드슈타인(Joseph Goldstein) 저, 『*A Practical Guide to Awakening*』(Boulder: Sounds True, 2013), 359 페이지.

3.1과 윤리: 개요

53. *Access to Insight*(안드로이드 영어경전 프로그램) (2013)에서 비구 보디의 'Going for Refuge & Taking the Precepts'에서 발췌.

54. 비구 보디 번역, 『*In the Buddha's Words*』(Somerville, MA: Wisdom Publications, 2005), 173-74페이지 참조. 저자 개정판으로 성 대명사 편집.

3.2과 윤리: 생명을 해치지 말라

55. 틱낫한 스님 저, Mindfulness Trainings, http://plumvillage.org/mindfulness-practice/the-5-mindfulness-trainings.

56. 『*In the Buddha's Words*』, 158-59 페이지, '*Saleyyaka Sutta*' MN 41.

3.3과 윤리: 남의 물건을 훔치지 말라

57. 틱낫한 스님, http://plumvillage.org/mindfulness-practice/the-5-mindfulness-trainings.

58. 잭 콘필드 저, 『*The Wise Heart*』.

59. *Access to Insight*(안드로이드 영어경전 프로그램) 레거시 에디션(2010), AN 2.119에서 타니사로 비구 번역, "Hard to Find" 참조

3.4과 윤리: 성적 책임

60. 틱낫한 스님, http://plumvillage.org/mindfulness-practice/the-5-mindfulness-trainings.

61. 『*In the Buddha's Words*』중 Samajivina Sutta, AN 4:55

3.5과 윤리: 해로운 말과 유익한 침묵

62. *Access to Insight*(안드로이드 영어경전 프로그램)에서 타니사로 비구 번역 "To Cunda the Silversmith"(2013), AN 10.176. 참조 저자에 의해 성 대명사 편집.

3.6과 윤리: 지혜로운 말과 마음챙겨 듣기

63. 틱낫한 스님, http://plumvillage.org/mindfulness-practice/the-5-mindfulness-trainings.

64. *Access to Insight*(안드로이드 영어경전 프로그램)(2010), AN 5.198 타니사로 비구 번역 "A Statement" 참조.

3.7과 윤리: 해로운 소비

65. 틱낫한 스님, http://plumvillage.org/mindfulness-practice/the-5-mindfulness-trainings.

66. *Access to Insight*(안드로이드 영어경전 프로그램)(2013)에서 아차리야 붓다락키따(Acharya Buddharakkhita) 번역, 『*Dhammapada*』, 24-26페이지 참조. 저자에 의해 성 대명사 편집.

4.1과 성격: 개요; 보시

67. 데일 S. 라이트(Dale S. Wright) 저, 『*The Six Perfections: Buddhism and the Cultivation of Character*』(New York: Oxford University Press, 2009), 7~8페이지 참조.

68. 아잔 수치토(Ajahn Sucitto) 저, 『*Parami: Ways to Cross Life's Floods*』(Hemel Hempstead, UK: Amaravati Publications, 2012) 참조.

69. *Anguttara Nikaya Sutta* 3.6.37. 참조.

70. 바바라 보너(Barbara Bonner) 저, 『*Inspiring Generosity*』(Somerville, MA: Wisdom Publications, 2014), 17페이지 참조.

71. *Insight Journal* (Winter 2006) 중 'Ways of Giving' AN 8.31. 참조.

72. *Access to Insight*(안드로이드 영어경전 프로그램) (2013)에서 타니사로 비구 번역, Iti 1.26 참조.

4.2과 성격: 윤리와 카르마

73. 데일 라이트 저, 『*The Six Perfections*』에서 가져온 개념.

74. 현존하는 출처의 여러 버전 중 한 버전이 덕망 있는 성인에 의해 여기서 발견되었다. "Somdech Preah Maha Ghosanada: The Buddha of the Battlefields", http://www.ghosananda.org/bio_book.html.

75. *Access to Insight*(안드로이드 영어경전 프로그램) (2013) AN 6.63에서 'Intentional action: kamma (Skt: karma)' 참조. 저자 개정판.

76. *Access to Insight*(안드로이드 영어경전 프로그램) (2013), MN 61에서 타니사로 비구 번역, "Instructions to Rahula at Mango Stone" 참조. 저자 개정판.

4.3과 성격: 인욕

77. *Access to Insight*(안드로이드 영어경전 프로그램) (2013), SN 11.4에서 앤드루 올렌스키(Andrew Olendzki) 번역, "Calm in the Face of Anger" 참조. 저자 개정판.

4.4과 성격: 정진

78. *Access to Insight*(안드로이드 영어경전 프로그램) (2013) 중 비구 보디 저, "The Noble Eightfold Path: The Way to the End of Suffering"의 '네 가지 위대한 정진' 참조.

79. 『*In the Buddha's Words*』, 239페이지 'Analysis of the Eightfold Path' SN 45:8; V 8 - 10. 저자 개정판.

4.5과 성격: 선정과 고통에서 배우기

80. *Access to Insight*(안드로이드 영어경전 프로그램) (2013) SN 56.11에서 삐야닷시 테라(Piyadassi Thera) 저, "Setting in Motion the Wheel of Truth" 참조.

81. 『*In the Buddha's Words*』, 360페이지 'A Handful of Leaves' SN 56:31 참조. 저자 개정판.

4.6과 성격: 지혜

82. 아잔 수치토 저, 『*Parami*』, 88 - 89페이지에서 변경.

4.7과 성격: 지혜로운 자녀 양육

83. 메리 헬렌 이모르디노 양(Mary Helen Immordino-Yang) 저, 『*Emotions, Learning, and the Brain*』(New York: W.W. Norton, 2016), 56페이지 참조.

84. *Access to Insight*(안드로이드 영어경전 프로그램) (2013), MN 36.에서 타니사로 비구 번역, "The Longer Discourse to Saccaka" 참조. 저자 개정판.

5.1과 봉사: 깨달음

85. 스테파니 카자(Stephanie Kaza)와 케넷 크래프트(Kenneth Kraft) 공저, 『*Dharma Rain: Sources of Buddhist Environmentalism*』(Boston: Shambhala Publications, 2000), 245페이지 참조. 저자 개정판. '선방(meditation hall)'은 원래 '젠도(zendo),' '명상 수행(meditation practice)'은 원래 '좌선(zazen).'

86. *Access to Insight*(안드로이드 영어경전 프로그램) (2013)에서 타니사로 비구 번역, "The Acrobat" SN 47:19 참조.

5.2과 봉사: 두려움

87. 두 가지 유형의 두려움 사이의 구분은 페니 길(Penny Gill) 저, 『*What in the World Is Going On? Wisdom Teachings for Our Time*』(Bloomington: Balboa Press, 2015), 66페이지 참조.

88. 타라 브랙(Tara Brach) 저, 『*Radical Acceptance: Embracing Your Life with the Heart of a Buddha*』(New York: Bantam Books, 2003), 195페이지 참조.

89. 타라 브랙 저, 『*Radical Acceptance*』 개정판 참조.

90. 『*The Numerical Discourses of the Buddha*』(Somerville, MA: Wisdom Publications, 2012) 중 비구 보디 번역, 'Wrong Courses' AN 4.17.

5.3과 봉사: 서로 연결되어 있는 존재

91. 틱낫한 스님 저, 『*The World We Have: A Buddhist Approach to Peace and Ecology*』(Berkeley, CA: Parallax Press, 2008).

92. 『*Scientific American*』(30 November 2007)에 게재된 멜린다 웨너(Melinda Wenner) 저, 'Strange but True: Humans Carry More Bacterial Cells than Human Ones' 참조. http://www.scientificamerican.com/article/strange-but-true-humans-carry-more-bacterial-cells-than-human-ones.

93. 스테파니 카자와 케넷 크래프트 공저, 『*Dharma Rain: Sources of Buddhist Environmentalism*』, 86페이지 참조.

94. 보디팍사(Bodhipaksa)의 글에서 가져옴.

95. *Access to Insight*(안드로이드 영어경전 프로그램) (2013) SN 45.2에서 "Admirable Friendship" 참조.

96. *Access to Insight*(안드로이드 영어경전 프로그램) (2013) DN 31에서 나라다 테라(Narada Thera) 번역, "Sigalovada Sutta" 저자에 의해 성 대명사 편집.

97. 하워드 트루먼 센터(Howard Thurman Center)의 'History' http://www.bu.edu/thurman/about/history.

5.4과 봉사: 대의를 위한 친절

98. 이 부분의 아이디어는 마운트 홀리오크 칼리지(Mount Holyoke College)의 페니 길(Penny Gill) 교수의 연구 참조.

99. *Access to Insight*(안드로이드 영어경전 프로그램) (2012) SN 46:54에서 타니사로 비구 번역, "Good Will" 참조.

5.5과 봉사: 영적인 수행으로서의 자녀 양육과 파트너 관계

100. 수미 런던 김(Sumi Loundon Kim)의 "수행과 자녀 양육 Buddhist Parenting"(법보신문, July 2010)에서 변경.

101. *Lion's Roar online*(March 18, 2014)에 게재된 수미 런던 김의 "진정한 사랑Authentic Love"에서 변경.

102. *Access to Insight*(안드로이드 영어경전 프로그램) (2012) DN에서 나라다 테라의 "The Discourse to Sigala" 참조.

온 가족을 위한 열 가지 명상

103. 틱낫한 스님이 만듦.

104. 케리 리 맥린(Kerry Lee MacLean) 저, "Shambhala Family Camp"(미출간, 2005)에서 가져옴.

105. 틱낫한 스님 저, 『*Present Moment, Wonderful Moment*』(Berkeley, CA: Parallax Press, 1990) 참조.

106. 저자이자 마음챙김 지도자인 수잔 카이저 그린랜드(Susan Kaiser Greenland)가 만든 봉제완구 명상.

107. 케리 리 맥린(Kerry Lee MacLean) 저, 『놀 때는 그냥 신나게 놀아(*Peaceful Piggy Meditation*)』(로렌 알더퍼 글, 케리 리 맥린 그림, 김선희 옮김, 담앤북스)(Chicago: Albert Whitman, 2004) 참조.

108. 틱낫한 스님이 만들고 웬디 존슨(Wendy Johnson)이 가르친 내면의 미소 명상. 헤더 준트버그(Heather Sundberg) 저, 『*Meditation Instructions*』 참조.

109. 크리스토퍼 윌러드(Christopher Willard) 저, 『*Child's Mind*』(Berkeley: Parallax Press, 2010), 18페이지 '집중하기(Attunement)' 참조.

～ 추천도서 ～

명상

틱낫한 저, 『*Planting Seeds: Practicing Mindfulness with Children*』(Berkeley: Parallax Press, 2011).

존 카밧진 저, 『*Everyday Blessings: The Inner Work of Mindful Parenting*』(New York: Hyperion, 1997).

잭 콘필드의 "Path of Parenting, Path of Awakening." 샤론 샐즈버그 편저, 『*Voices of Insight*』(Boston: Shambhala Publications, 1999), 240 – 52페이지에서.

카말라 마스터스(Kamala Masters)의 "Just Washing Dishes." 샤론 샐즈버그 편저, 『*Voices of Insight*』, 49 – 61 페이지에서.

샤론 샐즈버그 저, 『*Real Happiness: The Power of Meditation*』(New York: Workman Publishing, 2011).

친절

잭 콘필드 저, 『*The Art of Forgiveness, Lovingkindness, and Peace*』(New York: Bantam, 2002).

안드리아 밀러(Andrea Miller) 편저, 『*All the Rage: Buddhist Wisdom on Anger and Acceptance*』(Boston: Shambhala Publications, 2014).

샤론 샐즈버그 저, 『*Lovingkindness: The Revolutionary Art of Happiness*』(Boston: Shambhala Publications, 2002).

틱낫한 저, 『*Anger: Wisdom for Cooling the Flames*』(New York: Riverhead Books, 2001).

윤리

스티브 암스트롱(Steve Armstrong)의 "The Five Precepts: Supporting Our Relationships." 샤론 샐즈버그 편저, 『*Voices of Insight*』, 216 – 30페이지에서.

틱낫한 저, 『*For a Future to Be Possible*』(Berkeley: Parallax Press, 2007).

성격

아잔 수치토 저, 『*Parami: Ways to Cross Life's Floods*』(Hemel Hempstead, UK: Amaravati Publications, 2012).
웹사이트 www.forestsanghapublications.org에서 PDF 다운로드 가능.

틱낫한의 "The Six Paramitas." 틱낫한 저, 『*The Heart of the Buddha's Teaching: Transforming Suffering into Peace, Joy, and Liberation*』(New York: Broadway Books, 1999), 192–213페이지에서.

데일 S. 라이트 저, 『*The Six Perfections: Buddhism and the Cultivation of Character*』(New York: Oxford University Press, 2009).

봉사

스테파니 카자와 케넷 크래프트 공저, 『*Dharma Rain: Sources of Buddhist Environmentalism*』(Boston: Shambhala Publications, 2000).

스테파니 카자 저, 『*Mindfully Green*』(Boston: Shambhala Publications, 2008).

틱낫한 저, 『*Love Letter to the Earth*』(Berkeley: Parallax Press, 2013)..

∽ 명상 과정 웹사이트 ∽

다음 주제에 관한 자료를 찾으려면 명상 과정 웹사이트 mindfulfamilies.net를 방문하시기 바랍니다.

어린이 명상 과정 수업 계획안

- 수업 계획안과 관련된 비디오 링크
- 최신 버전의 추가적인 스토리북

노래책

- 수록된 노래의 오디오를 다운로드하거나 구매하기 위한 링크
- 추가적인 음악

부모 명상 가이드

- 마음챙김 자녀 양육에 관한 추가적인 추천 도서

추가적인 참고자료

- 지역의 가족 명상 그룹을 시작하거나 운영하는 법
- 타인과 유대감 형성하기

수미 런던의 가족을 위한 명상

부모 명상 가이드

초판 1쇄 발행 2018년 7월 20일

지은이 수미 런던 김
옮긴이 김미옥

펴낸이 오세룡
기획 · 편집 정선경, 이연희, 박성화, 손미숙
취재 · 기획 최은영, 권미리
디자인 북디자인 우진 (woojin_a@naver.com)
　　　　고혜정, 김효선, 장혜정
홍보 · 마케팅 이주하

펴낸곳 담앤북스
주소 서울시 종로구 사직로8길 34(내수동) 경희궁의 아침 3단지 926호
대표전화 02) 765-1251
팩스 02) 764-1251
전자우편 damnbooks@hanmail.net
출판등록 제300-2011-115호

ISBN 979-11-6201-090-7 (03220)

이 도서의 국립중앙도서관 출판예정도서목록(CIP)은 서지정보유통지원시스템 홈페이지(http://seoji.nl.go.kr)와 국가자료공동목록시스템(http://www.nl.go.kr/kolisnet)에서 이용하실 수 있습니다. (CIP제어번호: CIP2018021554)